Fliegende Blätter

Fliegende Blätter

1. Jahrgang 1845

Nr. 1-24

1979

Olms Presse

Hildesheim · New York

(Fliegende Blätter, Band I, Nr. 1-24)
Dem Nachdruck liegt das Exemplar der
Universitätsbibliothek Erlangen zugrunde.
Signatur: Ztg. IV, 3

Zweite Nachdruckauflage
Nachdruck der Ausgabe München 1845
Printed in Germany
Umschlagentwurf: Paul König, Hildesheim
Herstellung: fotokop, wilhelm weihert KG, Darmstadt
ISBN 3 487 08182 2

Fliegende Blätter

Band II

Nro. 1—24.

München 1845.

Verlag von Braun & Schneider.

Inhaltsverzeichniß.

Bestellungen werden in allen Buch= und Kunsthand=
lungen, so wie von allen Postämtern und Zeitungs=
expeditionen angenommen.

Nro. 1.

Erscheinen monatlich zwei bis drei Mal. Subscriptionspreis
für den Band von 24 Nummern 3 fl. 36 kr. R.=W. od. 2 Rthlr.
Einzelne Nummern kosten 12 kr. R.=W. od. 3 ggr.

Das Heidelberger Faß.

Also geschah es in dem gesegneten Weinmonate des Jah=
res ein tausend acht hundert und zwei und vierzig, und die
Hitze war gar gewaltig in allen deutschen Gauen. Da wan=
derten zween Handwerksbursche von Darmstadt nach Heidelberg,
die Bergstraße entlang. Der Jüngere, ein Leineweber von
Profession war in Memmingen daheim, und hatte vor kaum
vier Wochen durch bayerisch Schwaben und Franken seinen
ersten Ausflug in die Welt begonnen. Mit den Schwalben
war er flügge geworden, und wollte sein Glück versuchen in
anderer Herren Ländern. Nun ist es aber nicht Jedermanns
Sache, sich behaglich zu fühlen unter wildfremden Menschen,
die unsere liebgewordenen Gewohnheiten belächeln und unsere
Ansichten bekritteln, denen der Ton unserer Rede nicht so zu
Herzen dringt, als den Leuten in der Heimath. So ging es
denn auch dem ehrlichen Leineweber mit jeder Meile Weges,
die er weiter schlenderte, tiefer zu Gemüthe, daß im deutschen
Reiche nicht alle eines Sinnes seien mit seinen Landsleuten,
und als er vom Main herüber kam gegen den Rheingau, dünkte
ihm selbst die Sprache nicht mehr recht just. Da überfiel ihn
das Heimweh, und wuchs in ihm mit dem zunehmenden Monde.
Als nun der Mond voll war, nahm er sich ein Herz, über=
wand die geheime Scheu vor den allenfallsigen Spottreden,

1

so ihm die leinewebende Sippschaft bei der unvermuthet schnellen Rückkehr würde angedeihen lassen, und lenkte seine Schritte
wieder heimwärts der weiland freien Reichsstadt zu, deren
Weichbild den ganzen Gesichtskreis seiner Wünsche umschloß.

Wie's der Himmel fügte, so fand er gute Gesellschaft
zur Heimreise. Ein Tischlergeselle aus Magdeburg schloß sich
ihm an, der, wie er sich äußerte, sein Felleisen bereits dem
Boten mitgegeben, da es ihm bei der großen Schwüle zu hart
am Rücken lag. Solchergestalt konnte er leichter fürbaß wandern, wozu auch sein fadenscheiniges Röcklein nicht wenig bei-
trug, welches dem Luftzuge freien Spielraum gestattete. Zudem prangte dasselbe in allen Farben der deutschen Bundes-
staaten, die er bereits am Knüttelstocke durchmessen, und gab
ihm ein lustiges, weltbürgerliches Aussehen. Zwar wollte dieß
dem Schwaben Anfangs nicht recht zu Sinne stehen, und es
dauerte eine geraume Weile, ehe ihm die Gesellschaft behagte;
aber der Magdeburger war ein fideler Bursche, der sein Theil
in der Welt gesehen und bei manchem Meister gedient hatte,
konnte auch leichtlich mit der Sprache fort, denn so etwas
lernt sich auf der Wanderschaft, die er nun, wie er sagte,
in's zwölfte Jahr trieb. So erzählte er manch spaßhaften
Schwank, den er erlebt, oder er sang ein lustiges Liedl nach
der Melodie:

Zu Straßburg in der schönen Stadt
Hat mich ein Mädigen lieb,

oder:

O du schöne Stadt Paris,
Wo ich die Herzeliebste ließ,
So süß,

Mein Mädigen süß und auch von Wuchs,
Sie hat zwei Aeuglein wie ein Luchs u. s w.

Der Leineweber lachte dagegen sein gut Theil, oder vergalt, hie und da, das Erzählte mit einem Kapitel aus der
Chronik der Stadt Memmingen und den Erlebnissen der wackern
Lohgärber und Leimsieder, so daselbst ihre Werkstätten aufgeschlagen. Dabei bot er dem Kameraden von dem Inhalte
seiner Schnapsflasche brüderlich an, und dieser gab ohne viel
Zuredens herzhaft Bescheid.

Nun war aber desselbigen Tages eine arge Hitze, und
der Staub legte sich gar sehr auf die Lunge, so daß bei dem

wackern Zuspruch des Tischlergesellen das Fläschlein des Schwaben wider Vermuthen leer wurde, ehe sie kaum die Hälfte
des Weges nach Heidelberg zurückgelegt hatten.

Es ist eine alte Wahrheit, daß der Mensch das Glück
nicht achtet, so lange er's in der Tasche trägt. Er hört noch
lächelnd zu, wenn es ihm Valet sagt, und erst da er es aus
den Augen verloren, schilt er sich selbst ob seiner Thorheit.
Just also erging es dem gutmüthigen Schwaben. So lange
noch ein Tröpflein am Glase hing, genügte ihm das Bewußtseyn, daß ihm das Durststillende Mittel nicht fehle. Als aber
der Magdeburger die Flasche bis auf den Grund geleert hatte,
da überkam ihm erst das peinliche Gefühl seiner trockenen
Kehle. Er seufzte nach einem Labetrunk, wie weiland die
Israeliten in der Wüste, aber der Sonnenbrand hatte die
Quellen auf eine Meile Weges im Umkreise versengt, und
ihm fehlte der Mosesstab und das Felsengestein, daraus er
Wasser hätte hervorlocken können. Der Tischlergeselle hingegen
schien es gerade darauf angelegt zu haben, seinem Weggenos-
sen den traurigen Mangel recht fühlbar zu machen. Wie diesem der Durst mit jedem Schritte wuchs, so nahm hinwie-
derum des Preußen Redseligkeit zu, und er erzählte ihm von
seinen Wanderungen am Rhein und im Elsaß, und wie er
dort Elfer getrunken habe von allen Sorten, und Vierund-
dreißiger die Hülle und Fülle um einen Spottpreis. Denn
die Wirthe daselbst wären froh, wenn sie ihn losbrächten,
ehe er ihnen sauer würde. Als er aber von Aachen anfing,
und wie ihm, als Landeskind und nächstem Vetter, der Dom-
kellermeister in Liebfrauenmilch Bescheid gethan aus großen
Baßgläsern, wie es im Schwabenlande etwa mit Scheps oder
Kartoffelfusel geschähe, da bat ihn der Leineweber inne zu
halten, falls er nicht wollte, daß ihm der Durst die Kehle
verbrenne.

Es stand auch die Sonne gerade senkrecht über den Schei-
teln der Handwerksburschen, und beide konnten nicht umhin,
unter dem Schatten eines Apfelbaumes im Straßengraben
Mittagsrast zu halten. Der Schwabe legte sich der Länge
nach auf den Rasen, zog die Mütze über das Gesicht herein,
um sich vor den leidigen Strahlen zu schützen, und wickelte
die Tragriemen seines Felleisens um den Arm. Sein sprach-
lustiger Kamerad aber, wie er sich vorher in seligen Erinnerungen ergangen, bemühte sich nun, dem lüsternen Webergesellen
die nächste Zukunft so freundlich als möglich auszumalen, so
daß diesem schon der Mund wässerte nach einem Schoppen

Neckarwein. Als er sich hierüber ausließ, verwies ihm der Magdeburger solch allzubescheidenes Begehr, sintemal sie sich heute Abend selbander ein tüchtig Bene thun wollten am Heidelberger Fasse.

Nun hatte der Schwabe vom Heidelberger Fasse schon gar mancherlei reden hören, und mochte gar zu gerne genaue Kunde haben, was eigentlich an der Sache wäre. Das war Oel in's Triebrad, und der Tischler fing ungesäumt ein Langes und Breites an, wie dieses Faß wohl kaum ein Paar Klafter niedriger wäre, als der Dom in Ulm, den er doch wohl kenne, oder der Münster in Freiburg, so daß auf seinem Spundloche eine Dorfgemeinde gar leichtlich den Kirmeßreigen tanzen könne, ohne just eine Deiche zu berühren. Die Länge desselben müße man nach Lachtern messen, und die Eisenreife, welche den Riesenbau zusammenhielten, hätten gut Ding die Stärke, daß ein Weberstuhl d'rauf Platz hätte zusammt dem Weber. Seit undenklichen Zeiten woge in seinem Bauche ein Meer jenes köstlichen Weines, welchen der Herbst an dem Neckargelände zeitige.

Im dreißigjährigen Kriege, als Tilly Heidelberg eroberte, blos weil es immer gut preussisch gesinnt gewesen, habe dieser aus purem Hasse gegen die Lutherischen des Fasses Boden einschlagen, und die halbe Stadt damit unter Wein setzen lassen. Seit dem Tage der Sündfluth sei die edle Gottesgabe nicht so vergeudet worden, als dazumal; Menschen und Vieh nicht gerechnet, so darinnen umgekommen. Zu allem Glücke sei kurz hierauf der König von Schweden, Gustav Adolph gottseligen Angedenkens, in die Stadt eingerückt, habe die Kaiserlichen vertrieben, alsbald den Boden wieder einsetzen und das Faß selbst wieder auffüllen lassen mit frischem Moste, welcher bisher gar wohl gegohren, und seit jenen Tagen — ein unerschöpflicher Quell — allen durstigen Seelen fließe, die Heidelberg passirten. Die leutseligen, gastfreundlichen Bürger der frommen Stadt seien auch gerade nicht engherzig und zurückhaltend mit ihrem Schatze, und der Schloßkellermeister habe Auftrag, den Zapfen wacker zu drehen, wenn ein Gast zuspreche, insonders ein preussisches Landeskind. Wer da wolle, dem bleibe es auch unverwehrt, sich rücklings unter den Hahn zu legen, daß der gesegnete Trunk ihm aus erster Hand in die Kehle dufte, und — — und — —

Dem Schwaben vergingen die Sinne. Solch verlockendes Bild des Ueberflusses bei solchem Mangel, — das machte ihm den brennenden Durst erst unerträglich. Die lebhafte Erzählung des Kameraden erregte seine Phantasie, daß er bereits in gierigen Zügen trank, und der Wein ihm wie goldenes Oel durch die vertrocknete Gurgel rann. Dieser Vorgeschmack der Dinge, die da kommen werden, machte ihm jede Zögerung unleidlich. Eilig raffte er sich auf; die Straße flog ihm unter den Füßen weg; die Sehnsucht verlieh ihm Hermessohlen, daß er kaum den Staub berührte trotz seiner breiten, benagelten Bundschuhe. Wie ein Federball ruhte das schwere Felleisen auf seinem Rücken. Noch nie während der ganzen Dauer seiner langen Wanderschaft war er dermassen gerannt. Der Magdeburger blieb weit zurück, und schaute ihm lachend nach. An dem Stadtthore angelangt, ließ er sich weder das Wanderbuch visiren, noch fragte er nach dem Herbergsvater. „Wo geht der Weg zum Heidelberger Fasse?" — mit diesen Worten fiel er den ersten Besten an, welcher ihm unter dem dämmernden Thorwege entgegen kam.

Der Angeredete, ein kleiner, dürrer grauhaariger Geselle in einem hellbraunen, verbleichten Koller, einer hohen, steifen Halskrause, und mit gelben Lederstiefeln, die ihm bis an die Schenkel reichten, schaute den Schwaben lächelnd an, griff alsbald nach einem Bund' mächtiger Schlüssel, so ihm an der Seite hing, und öffnete ein schmales Pförtlein an der Thormauer. Auf ein gegebenes Zeichen überschritt der Leineweber die Schwelle, hinter ihm aber fiel die Thüre in's Schloß, und der Graue drehte den Schlüssel um.

Ein feuchter Mauergeruch wehete den Eintretenden entgegen. Das Moos schillerte an den Wänden; durch einzelne, schmale Schießscharten drang das Tageslicht herein, eine trübe, unheimliche Dämmerung verbreitend, just helle genug, um die Eidechsen und anderes kriechendes Gethier unterscheiden zu können, das von den lauten Fußtritten verscheucht Zuflucht suchte in den Löchern der verwitterten Mauer. Fast wäre dem Schwaben ein geheimer Schauder überkommen, denn der kalte moderige Gang wollte kein Ende nehmen. Nur das Gefühl seines unbändigen Durstes übermannte die aufkeimende Furcht, und so schritt er denn fürder in Gottes Namen.

Voran der Schließer, hintendrein der Wanderbursche, so ging's Trepp' auf, Trepp' ab, durch Keller und Gänge, durch Gewölbe und Keuchen; die alten Thüren knarrten in den verrosteten Haken; die Fußtritte dröhnten und hallten nach; zu Häupten aber pfiff und schwirrte es vom Fluge aufge=

scheuchter Fledermäuse. Die Dämmerung hatte mählig einer
grauen Finsterniß Platz gemacht.

Endlich — und es war noch gerade recht an der Zeit,
ehe es den Schwaben gereuete, den Fuß in das unheimliche
Labyrinth gesetzt zu haben; endlich — da drang es ihnen
wie Weingeruch entgegen, wie ein Gottwillkomm' der Reben-
geister. Der Handwerksbursche jauchzete still in sich hinein.
Ein hohes, eisenbeschlagenes Doppelthor — der Graue hob
den Querbalken weg, und steckte den gewaltigen Schlüssel an
— die eichenen Flügel drehten sich in den Angeln — —
der Magdeburger hatte Recht!

Da lag er vor ihm, der ungeheuere, hölzerne Gigant,
mit dem Weinmeere in seinem Bauche, mit den eisernen,
klafterbreiten Gürtelbändern um die mächtigen Hüften, mit
den mauerdicken Deichen, welche das Alter und der Weingeist
schwarz gebeizt hatte, wie Ebenholz. Gleich dem Morgenrothe
drang es aus den Faßspalten, daß es im ganzen, endlosen
Gewölbe dämmerte. Ja wohl hätte allem Ermessen zufolge
der Münster zu Ulm in seiner Höhlung Platz gefunden und
die Memminger Kirche obendrein!

Der Preuße war um keine Silbe von der Wahrheit
abgegangen! Tanzten ja selbst auf dem Spundloche ein Paar
Dutzend fröhlicher Bursche mit ihren rothröckigen, bebänderten
Dirnen den Kirmeßreigen in wunderlichen Sprüngen, die
Dorfälteren aber umstanden sie im weiten Kreise, und wackel-
ten alle gar drollig nach dem Takte der Musik, die wie fernes
Gesumse in die Tiefe herabtönte.

Der Schließer griff den staunenden Schwaben bei der
Hand, und führte ihn ohne ein Wörtlein zu reden an die
Stelle, wo in der Tiefe des Faßbodens der Hahn eingelegt
war, von der Größe eines mittleren Dorfkirchthurmes. Hier
bedeutete er ihm, daß er sich auf den Rücken legen möge,
just so, wie's ihm der Magdeburger vorausgesagt. Dem
Memminger Webergesellen pochte das Herz über die Fülle,
die seiner wartete. Er gesegnete insgeheim die gottselige
Stadt ob ihrer sonderlichen Gastfreundlichkeit, und den wackeren
Kellermeister, der so geruhig that, was seines Amtes war.
Ohne Säumen gehorchte er, nahm sein Ränzlein vom Rücken,
legte sich hin, wie ihm geheißen war, lavirte mit dem Kopfe,
bis er's dafür hielt, so recht in der Strom=Linie zu sein,
und rief dann dem Schließer zu: „Nun, so laßt's laufen,
wenn's beliebt!" Da wendete sich langsam der schwere, mes-

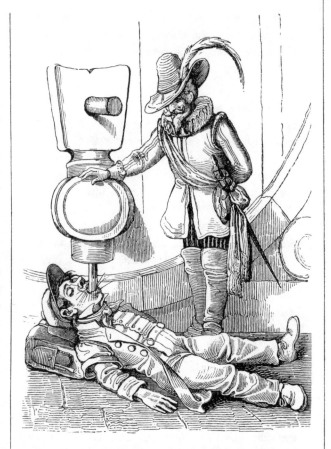

fing'ne Hahn, und der Wein träufelte herab wie geschmolzenes
Gold just in sein offenstehendes Maul, und er hätte sich tausend Schlünde wünschen mögen, um sich daran zu sättigen
nach Herzenslust!

„Karg sind sie nicht, die lobsamen Bürger von Heidel=
berg, — dachte er sich in seinem Gemüthe — auch duftet
der Trank wie Rosenöl und Gewürznelken; — aber, der
Guckuck hol's, er rinnt an der Gurgel vorbei, ohne sie zu
kühlen, und in den Magen, ohne den peinlichen Durst zu
löschen! Habt doch die Freundschaft, und dreht den Hahn
etwas weiter auf!"

Lächelnd willfuhr der Schließer seinem Wunsche, und die
Himmelsgabe stürzte wie ein kleiner Gießbach auf den durstigen
Kumpan hernieder. Das war nun aber doch des Guten schier
zu viel, und da der Wein den Weg in die Kehle nicht schnelle
genug fand, so benahm er ihm den Athem. Er wollte ab-
wehren; aber der Graue lächelte, und rieb ohne ein Wörtlein
zu sprechen, den verhängnißvollen Hahn immer mehr und mehr

auf. Vergebens mühte sich der Leineweber aus der gefährlichen Lage sich zu bringen; es däuchte ihm, als sei er an
den Boden gefesselt. Aengstlich sträubte er sich mit Händen
und Füßen, und weil ihm der Strom, welcher auf ihn her-
niederschoß, das Sprechen bereits unmöglich machte, so wendete
er flehend seine Blicke auf den Schließer. —

Da ward ihm aber gar schauerlich zu Muthe! Bei dem
Lichte, welches vom Weine wegging, vermochte er erst den
grauen Gesellen und seine unheimlichen Züge deutlich zu erkennen. Beim heiligen Georg von Mindelheim! — hatte er
ihn doch selbst gesehen in Altötting bei einer Wallfahrt, ganz
wie er leibte und lebte vor aberhundert Jahren, und jetzt erst
gewahrte er das Bärtlein am spitzen Kinn, und das fahle,
gelbe Gesicht. Es war Tilly, der alte bayerische Feldmarschall, welcher Heidelberg hatte unter Wein setzen lassen, wie
ihm der Magdeburger erzählte. Unter widerlichem, schaden-
frohem Lachen stemmte sich derselbe mit aller Kraft gegen den
Weberbaum, der als Hebel diente, um den Riesenhahn zu
drehen, und dem Rheinfalle gleich fluthete der Wein auf den
Burschen herab. Dabei hatten die oben auf dem Spundloche
ein Gelärm und Gejubel, stampften auf den Boden, daß die
Deichen sich bogen, und das alte Holzwerk krachte; die Trompeten schmetterten und die Baßgeigen brummten, daß sie das
ängstliche Gestöhne des Schwaben weit überschrieen. Nebenbei
dünkte es diesem, als vernähme er aus dem Gelächter deutlich
die Stimme des Magdeburgers, wie er dem Feldmarschall
zurief und zujohlte, er möge nicht auslassen, bis der Leineweber ersäuft sei! —

Schon schlugen die Wellen am Boden über ihm zusammen; schon begann die Weinfluth zu steigen bis zur Höhe
seiner Backenknochen; — da stählte die Angst ihm die Seh-
nen. In seinen Muskeln zuckte es, und er fühlte, wie ihm in
der äußersten Noth die Kraft wuchs, daß er die Faßreife über
'sKnie abbrechen, und die Deichen in den Händen hätte zer-
drücken können, wie Lichtspähne. So empfahl er sich dem
Schutze der sieben heiligen Nothhelfer; stemmte sich mit den
Füßen gegen den Hahn; that einen kräftigen Ruck, dann
noch einen — — und das Riesengebälke stürzte rücklings
über die Leghölzer zusammen, daß es durch die Hallen dröhnte,
wie ein Donnerschlag, und das Gewände erzitterte; als wäre
der Blitz in's Haus gefahren! Der Weingischt schäumte bis
an die Gewölbdecke, und die goldgelben Wogen rauschten über
den Schließer und die von der Höhe stürzenden Burschen und
Dirnen und Spielleute zusammen, wie Springfluth! Der

Webergeselle aber raffte sich auf, that einen Freudenschrei über
die gelungene Herkulesarbeit, und — erwachte.

Da thaueten bereits die Abendwinde die Rheinebene her,
und es dämmerte im Odenwald, und die stillen, freundlichen
Gründe der Bergstraße entlang. — Der Bruder Magdeburger
aber hatte sich von dem schlaftrunkenen Schwaben wegge-
stohlen, und aus Versehen sein Felleisen mitgenommen, nachdem er ihm vorher die um den Arm geschlungenen Tragriemen abgeschnitten. Die Hitze des Tages war vorüber, und
das wohlgespickte Ränzlein mochte ihm in der kühlen Dämmerung nicht allzu lästig fallen.

Als desselbigen Abends noch der Webergeselle nach Heidelberg kam, ging er verdrießlich und still geraden Weges
durch die Stadt, fragte weder nach dem Herbergsvater, noch
wo es sonst guten Neckarwein gäbe; am wenigsten aber nach
dem Heidelberger Fasse.

So Du willst leben gut und ächt,
Behalte nur die Regel recht,
Einem Andern zu thun, laß unterwegen
Was Dir selbst wär ungelegen.

An einem Ort, wo ich gern bin,
Zieht man mich an einem Härlein hin.

Wenn in der Eh' das Eine reich, das Andre arm,
So ist's eine Wirthschaft, daß Gott erbarm'!

Wann im Ehestand ist Fried' und Ruh'
Ein Stücklein Brod schlagt besser zu,
Als gute Speisen vielerlei,
Wo ist keine Freud' und Ruh' dabei.

Capitain Warner, mit der Menschheit zerfallen, sinnt auf Zerstörung der Welt.

Capitain Warner erfindet die Weltzerstörungsmaschine und unsichtbare Kugel, worüber er eine unmäßige Freude bezeugt.

Capitain Warner erblickt jenseits des Canals den ewigen Juden und nimmt ihn auf das Korn.

Der ewige Jude wird hierüber von panischem Schrecken ergriffen und läßt sich in das Deutsche übersetzen.

Der ewige Jude wird von den Germanen, die ihn bekannter Weise schon längst mit Ungeduld erwartet hatten, jubelnd empfangen.

Die Germanen nehmen den ewigen Juden in ihre Mitte und schaaren sich um ihn zu seiner Vertheidigung.

Unterdessen entsagt Mehemet Ali der Welt und zieht sich in die Stille zurück.

Besinnt sich aber eines Bessern und kehrt wieder um.

München,
Verlag von Braun & Schneider.

Nro. 2.

Erscheinen zwanglos. Preis der Nummer 9 kr. R. W.
od. 2 ggr. 24 Nummern bilden einen Band.

Deutsches Schauspiel zu Venedig.

Alexander, Erbprinz von W., hatte den Einfall, den schon mancher deutsche Prinz gehabt, Italien zu durchreisen; ob aus Begierde sich umzusehn, oder gesehen zu werden, das weiß ich nicht. Genug! er reiste, und zwar in der Gesellschaft eines der einsichtsvollsten Deutschen, des Kammerherrn von C.

Man erräth leicht, daß auch Venedig auf dieser Reise nicht unbesehn blieb; und diese prächtige, in mancherlei Betracht einzige Stadt gefiel dem Prinzen so wohl, daß er weit über die bestimmte Zeit in ihr verweilte. Freigebigkeit und Sanftmuth machten ihn überall beliebt, und bald befand er sich mit den vornehmsten Familien in einem gesellschaftlichen Zirkel, der von mancher Annehmlichkeit begleitet ward.

Nur etwas war kränkend für ihn! So oft er sich zu einem der ersten Nobili eingeladen sah, so oft ward auch das Fest durch ein kleines italienisches Schauspiel beschlossen und in solchem dieser oder jener deutschen Sitte gespottet.

Der Prinz, der sich hier nicht der Gewalt, wie in seinem Vaterlande, erfreuen konnte, ertrug es unwillig, aber doch stillschweigend, und alle seine Begleiter, bis auf den einzigen Kammerherrn, folgten dem Beispiele.

Dieser hingegen, bewußt seiner inneren Würde und der Erhabenheit seines Volkes, betheuerte oft gegen seine Freunde, daß er diesen Schimpf zu rächen gedenke, und daß blos

der Gedanke an die rachsüchtige Gemüthsart der Landesbewohner, ihn bis jetzt von einem Anschlage, der schon zur Reife gediehen, zurückhalte.

Indessen nahete sich der Augenblick des Abschiedes, und der Prinz lud noch den Tag vor seiner Abreise all die bisherigen Gesellschafter zu sich, um ihnen den Dank für ihre Gastfreiheit abzustatten. — Sie fanden sich zahlreich ein; der ganze Tag floß in Wohlleben dahin; die Abendtafel war schon geendet, und man war eben im Begriffe, sich an die Spieltische zu lagern, als der Kammerherr von C. die ganze Gesellschaft auf's höflichste anredete.

„Sie hätten, sprach er, so oft das Auge und Ohr des Prinzen, seines Herrn, durch Schauspiele ergötzt, die nicht anders als gut ausfallen können, da sie italienisch gewesen wären. Zwar sei es ihm unmöglich, mit gleich guter Münze Zahlung zu leisten; doch würde es ihm schmeicheln, wenn sie heut ein deutsches Stück, so gut es hier möglich zu machen, auf einige Augenblicke ihrer Aufmerksamkeit würdigten.“

Alle, selbst der Prinz, staunten. Zwar errieth dieser etwas von dem, was folgen könnte; aber wenigstens folgte er, mit nicht minderer Neugier, seinem Kammerherrn nach, der die Gesellschaft in den Hof des Hauses herunter führte.

Ganz in der Vertiefung desselben sahen sie eine Art elender Bretterbude zusammengefügt, vor welcher rings umher Stühle standen. Man ließ sich höhnisch lächelnd nieder, der Vorhang ging auf, und das spöttische Flüstern mehrte sich, denn der Schauplatz stellte eine ziemlich enge Straße vor, in welcher einige hin und wieder zerstreute Lampen das Düstere der Nacht schier noch vermehrten, als erleuchteten.

Endlich erschien ein deutscher Reisender, einfach, doch gut gekleidet, mit einem Gurt umschnallt, in welchem zwei Pistolen steckten; er sah sich überall neugiervoll, wie ein Mann, der sich an einem fremden Ort befindet, um, und ein kleiner Monolog bewies es bald unumstößlich.

„Er komme, sagte er, in tiefer Nacht hier zu Siena an, und sei ungewiß, ob er noch irgendwo Einlaß finden würde. Müde von der weiten Reise verlange er freilich nach Ruhe, aber kaum würde sie ihm dießmal zu Theil werden. Je nun! besser sei freilich besser: doch ein kleines Uebel ließe sich leicht erdulden, zumal wenn man ein Deutscher sei. — Denn was sei wohl diesem Volke unerträglich!“

„Ha! geirrt! (strafte er sich selbst:) Es ist wahr, wir ertragen ziemlich viel: Hunger und Durst, Hitze und Kälte, Gefährlichkeiten des Krieges und der Reise; nur etwas nicht, was doch sonst die Wollust mancher weichlichen Völkerschaft ausmacht; — ein Leben ohne Beschäftigung! — Möchte doch diese Nacht noch einmal so lange seyn! — Möchte doch der Schlaf mein Auge noch einmal so schwer drücken! Beschäftigung her! und ich wache gern. — — — Aber hätte ich denn gar keine? Ist hier nicht Licht? Habe ich nicht ein Buch? Freilich ist der Ort nicht der bequemste; doch was thut der zur Sache!“

Sogleich zog er ein Buch aus der Tasche, trat unter die nächste Laterne, und las. — Er hatte kaum angefangen, so zog ein andres aus einem Quergäßchen hervorkommendes

Wesen die Aufmerksamkeit der Zuschauer auf sich. Es war eine lange, weiße, gleichsam schwebende Figur, die den Deutschen sorgfältig von allen Seiten betrachtete, noch sorgfältiger von ihm gesehen zu werden vermied, sich endlich, da sie ihn emsig im Lesen vertieft sah, so nahe als möglich zu ihm wagte, über seine Schultern mit ins Buch schaute, und ihr Erstaunen über solches durch Mienen deutlich an den Tag legte.

Der Deutsche hingegen fand bald, daß Lesen eine Beschäftigung sei, die unter freiem Himmel, in so schwüler Nacht, und nach so weiter Reise nur noch mehr ermüde; seine Augen wurden immer schlaftrunkner, und er steckte mißvergnügt sein Buch wieder ein.

„Ist es denn aber wirklich so spät, daß Niemand mehr zu ermuntern seyn sollte!“ brach er etwas ungeduldig heraus, zog seine Repetiruhr hervor, ließ sie schlagen, und es schlug zwölf Uhr.

Mit jedem Schlage wuchs das Erstaunen des dahinter stehenden Geschöpfes, und aus seinem Blick sprach die dringenste Neubegier.

„Zwölf Uhr erst? murmelte der Deutsche; das ist so spät eben nicht in einem Lande, wo man nur allzugern die Nacht zum Tage macht. — Vielleicht erwecke ich noch irgend= wo eine eigennützige oder mitleidige Seele!" Er schlug an alle Hausthüren; aber vergebens!

„Nun denn! rief er zornig, weckt Klopfen euch nicht, vielleicht thut's dieß! — Hier zog er eine Pistole heraus, und drückte sie ab. Die Todtenstille der Nacht verstärkte den Schall; das arme weiße Ding bebte zurück, und sein lauter Schrei machte, daß der Reisende sich umsah.

Zwar zeigte seine erste Miene, daß eine Figur, wie diese, ihm kein ganz alltäglicher Anblick sei; aber doch faßte er sich bald, winkte ihr, näher zu kommen, und fragte: Wer sie sei?

„Laß das jetzt noch! erwiederte sie, und nahte sich: du sollst es bald hören; genug, daß ich dir nichts thun werde."

„Und wer befürchtet das? antwortete der Deutsche lä= chelnd. Dein Ausruf hat deine Zaghaftigkeit deutlich genug charakterisirt, und ich wette, du bist nicht weit von hier zu Hause."

„Getroffen, wenn du von ehemals, und gefehlt, wenn du von jetzt sprichst! — Aber wenn du anders mit mir re= den, und erfahren willst, wer ich sei, so beantworte zuvor mir einige Fragen."

„Warum das nicht? Sag' an!"

„Du lasest vorhin ein Heft, voll so krauser, sonder= barer Figuren, als ich noch nie sie sah; geschrieben konnte das doch nicht seyn?"

„Das war's auch nicht. — Du wirst doch Gedrucktes kennen?"

„Gedrucktes? — Gedrucktes? — Nein! der Begriff ist mir ganz fremd. Sage mir doch, wodurch unterscheidet es sich denn vom Geschriebenen?"

„Dadurch, daß **150** Menschen kaum die Hälfte von dem schreiben, was ein einziger in gleicher Zeit druckt; daß der Druck schöner, gleicher und dauerhafter, als jenes, und doch der Preis von ihm kaum den sechsten Theil des Erstern beträgt."

„Wichtige Vortheile! in der That sehr wichtige! rief das fragende Ding, und legte bedächtig den Spitzfinger der linken Hand über die gebogene Nase. — Eine Erfindung, durch welche Literatur und Kunst an Mittheilbarkeit mächtig gewon= nen haben müssen!"

„Allerdings!"

„Und der Erfinder dieser nützlichen Sache — ich habe die möglichste Hochachtung für ihn — wer war er?"

„Ein Landsmann von mir, ein Deutscher."

„Du ein Deutscher? Er dein Landsmann? Fürwahr! er macht dir Ehre; es muß ein trefflicher Kopf gewesen sein! Ich wollte viel darum schuldig sein, daß er der meinige ge= wesen. — Doch hiermit ist meine Neugier noch nicht gestillt. — Du hattest da auch ein anderes Ding, das zum Erstau= nen richtig die Stunde angab; was ist denn das?"

„Was sonst, als eine Taschenuhr!"

„Taschenuhr? Hm! zu meiner Zeit kannte man nur Sonnen =, Sand = und Wasseruhren; aber trotz ihrer Größe, Unbequemlichkeit und Kostbarkeit waren sie noch höchst wan= delbar und ungewiß. — Ich dächte, ein Ding so in der Tasche bei sich zu führen, und so zuverlässig in seiner An= zeige müßte ein herrliches Hilfsmittel auf weiten Reisen abge= ben, und dem Wanderer und Handelsmann gleich nützlich sein."

„Es freut mich, daß du so schnell den Nutzen von Din= gen erräthst, die dir zu meinem Erstaunen ganz fremd sind. — Wer bist du denn? Du sagtest vorhin: zu deiner Zeit; was ist denn das für eine Zeit?"

„Ei, was! Neugier steht einem Manne übel an! — Sage mir lieber, wer erfand das?"

„Auch ein Deutscher."

„Das brave Volk! Es verdient mein Lob. — Wer sollte dieß in diesen blauäugigen Barbaren gesucht haben? —

Doch es sei! — Nun da ich einmal nachzuforschen begonnen, besinne ich mich auf meinen alten Wahlspruch: Nie in halbem Wege wieder umzukehren. — Beantworte mir daher noch eine Frage, und ich gebe dir mein Wort, es ist die letzte vorjetzt. Du hattest da auch ein drittes Ding, das den Donner und Blitz im Kleinen nachmachte, und der Himmel weiß, wie? sogar in jene Thür, trotz der weiten Entfernung, eingeschlagen hat; wie nennt ihr denn das?"

„Eine Pistole."

„Und seine Natur? Die Art, wie es so heftige Wirkungen hervorbringt?"

Der Deutsche, der einmal ins Reden gekommen, nahm hier die zweite Pistole hervor, wieß sie ihm, drückte sie wie die erste ab, erklärte ihre Struktur, die Bestandtheile des Pulvers, seine Macht im Großen und Kleinen, und kurz — er verschaffte ihm, so viel sich's mit wenigen Worten thun ließ, einen hinlänglichen Begriff davon.

Das Erstaunen des forschenden Wesens stieg hier aufs höchste.

„Wie nützlich, rief es aus, dieß im Kriege sein muß! Wie dienlich zu Eroberung fester Städte! Wie schnell entscheidend in Schlachten! — O, ich beschwöre dich: wer erfand das?""

Wer sonst als ein Deutscher?

Der Geist — denn was verschweigen wir es länger, daß es ein Geist war? — bebte hier drei Schritte zurück.

„Immer Deutscher, und wieder Deutscher! Woher in aller Welt ist euch die Weisheit zu Theil worden? Wisse, so wie ich hier vor dir stehe, war ich einst, ohne Eigenliebe gesprochen, der Geist des Cicero, des weisesten Mannes seiner Zeit, des Vaters seines Vaterlandes, des Besiegers der Parthen, des Beredtesten unter den Sterblichen, des — doch wer kennte mich nicht? Erlaube lieber, daß ich auch als Geist noch die Bescheidenheit beibehalte, die mich im Leben zierte. — Aber zu meiner Zeit waren, aufrichtig zu reden, deine Landsleute eines der dümmsten Völker, das je die Sonne beschienen: rauh, wild, ohne Ackerbau und Viehzucht, ganz den Wissenschaften und Künsten fremd, ewige Jäger, ewige Krieger, in Thierhäute eingenäht, und selbst beinah unbezähmbare Thiere. — Doch allem Ansehen nach müßt ihr euch indeß trefflich geändert haben. — Wenn ich mir nun vollends meine damaligen Mitbürger denke, nach dem großen Vorsprunge, den sie vor euch hatten: im Krieg und Frieden unerreichbar, Redner, Dichter, Geschichtschreiber, Herren der halben Welt, das erste Volk unter der Sonne! — O gewiß! sie müssen jetzt nah an die Gottheit grenzen! — Daß ich sie sehen könnte! Wenige Minuten noch, und das Dasein der ersten

Stunde nöthigt mich wieder zur Unterwelt hinab, von der ich vielleicht in den nächsten 1800 Jahren mich nicht entfernen, und nur in weiten Einöden mit mir selbst schwatzen darf, weil es dem Murrkopf Minos scheint, als hätte ich hier oben ehemals dann und wann zu viel gesprochen."

Der Deutsche lächelte; „So, sagte er, wie ich bin, sind alle meine Landsleute, oder könnten's wenigstens sein; — Gefallen wir dir doch also, so wie wir zu euch kommen?"

„Allerdings."

„Und du möchtest gern sehen, wie die deinigen, oder wenigstens deren größter Theil zu uns kömmt?"

„O für mein Leben gern!"

„Nun so warte einige Augenblicke! Ich verstehe ein wenig Magie. Dir zu gefallen, will ich sie nützen."

Er winkte, und sogleich erschien auf jeder Seite der Gasse ein Savoyard:

„Kauft Hecheln, kauft!" — „Schön Schattenspiel an der Wand, schöne Margaritha! Wer schaut!" — so schallte es aus beider Munde.

„Sieh! fuhr der Deutsche fort: Sieh, Cicero, so kommen deine Nachkommen, die ehmaligen Herrscher der Welt, die ersten unter den Menschen, das Volk mit dem mächtigen Vorsprunge, so kommen sie größtentheils zu uns. — Gefallen sie dir?"

Der Geist verstummte. Denn eben schlug es ein Uhr, und er schien mit Unwillen von dannen zu fliehen.

Aber mit noch größerm standen die edlen Venetianer auf; beurlaubten sich mit kalten Lächeln, und hätten vielleicht bald sich thätig gerochen, wäre nicht Prinz und Kammerherr schon des nächsten Tages verschwunden.

(Nach Meißner.)

Die Viborger.

Einem Jeden gefällt seine Weise wohl,
D'rum ist die Welt der Narren so voll.

Zu Viborg in dem Saale, da saßen sie zu Rath,
Und lärmten und decretirten von Sprache, Recht und Staat;
Da ließen sie auch die Vögel, kommen vom ganzen Land,
Von Schleswig und von Holstein bis zu der Elbe Strand.
Und als die Vögel kamen, so führt' man sie herein,
Und hieß den Platz sie nehmen am Sünderstühlchen ein.
„Ihr Vögel von Schleswig und Holstein sollt euch nicht
unterstehn,
„In Zukunft mehr zu singen, zu pfeifen und zu kräh'n;
„Ihr müßt Viborgisch lernen, und dies zwar alsobald,
„Daß fürder nur erklinge Viborgisch durch den Wald.
„Es sticht uns wie mit Messern ein jeder andre Laut,
„Das kommt von unsrer Ohren entsetzlich dicker Haut.

Am Frieden soll man nicht verzagen,
Sieht man auch gleich die Harnisch tragen.

Wahre Geschichte
von dem berühmten Räuber-Hauptmanne
Rinaldo Rinaldini.

Zum ersten Male mit schönen Bildern edirt.

In des Waldes düstern Gründen
Und in Höhlen tief versteckt,
Schläft der kühnste aller Räuber,
Bis ihn seine Rosa weckt.

„Rinaldini!" rief sie schmeichelnd,
„Rinaldini, wache auf!
Deine Leute sind schon munter,
Längst schon ging die Sonne auf!"

Und er öffnet seine Augen,
Lächelt ihr den Morgengruß;
Sie sinkt sanft in seine Arme,
Und erwiedert seinen Kuß.

Draußen bellen schon die Hunde,
Alles flüchtet hin und her;
Jeder rüstet sich zum Kampfe,
Ladet doppelt sein Gewehr.

Und der Hauptmann, wohl gerüstet,
Tritt nun mitten unter sie:
„Guten Morgen, Kameraden,
Sagt, was gibts denn schon so früh?"

„Unsre Feinde sind gerüstet,
Ziehen gegen uns heran.“
„Nun wohlan, sie sollen sehen,
Daß Rinaldo fechten kann.“

Seht sie streiten, seht sie kämpfen,
Jetzt verdoppelt sich ihr Muth!
Doch umsonst, sie müssen weichen,
Und vergebens strömt ihr Blut.

Rinaldini, fest entschlossen,
Schlägt sich muthig kämpfend durch,
Und erreicht im düstern Walde
Eine alte Felsenburg.

Ja, das will ich, Dianora!
Will ein braver Bürger sein, —
Und ein ehrlich Handwerk treiben,
Stets gedenkend dabei dein.

Hinter hohen düstern Mauern
Lächelt ihm der Liebe Glück!
Es erheitert seine Seele
Dianorens Zauberblick.

Lispelnd sprach das holde Mädchen:
Höre an, Rinaldo mein,
Werde tugendhaft mein Lieber,
Laß das Räuberhandwerk seyn.

Die Communisten.

„Ja, du redest immer von Gleichheit und Gütertheilen, allein ich setze den Fall, wir haben getheilt und ich, ich spare meinen Theil, doch du verschwendest den Deinigen, was dann?"

„Ganz einfach! Dann theilen wir wieder!"

Papier und Druck von Fr. Pustet in Regensburg.

München,
Verlag von Braun & Schneider.

Nro. 3.

Erscheinen zwanglos. Preis der Nummer 9 kr. R. W.
od. 2 ggr. 24 Nummern bilden einen Band.

Die Marienkrone zu Filisur.

Im Graubündt'ner Lande in dem Flecken Filisur lebte vor geraumer Zeit Herr Peter Buol, ein rechtschaffener, gottesfürchtiger Mann, weit und breit im „Ländle" als tüchtiger Bergmann bekannt. Er hatte viel Gruben in der Nähe, und die Erzknappen hielten auf ihn als einen wackeren, wohlgesinnten Herrn und ihren erfahrensten Steiger. Der Himmel segnete auch seine Arbeit, und wo er Stollen schlug, traf er auf edle, erzhaltige Gänge. So hatte er auch in letzterer Zeit einen mächtigen Gang aufgemacht, und die Steiger waren bis in eine Tiefe von achtzehn Lachtern auf Silberadern gestossen. Der Gang that sich aber noch immer mehr auf, und der fromme Bergmann nannte ihn in dankbarer Anerkennung des Himmelssegens: „Marienkrone", und empfahl ihn dem Schutze der heiligen Mutter Gottes.

So groß aber der Gewinn war, welchen er aus der Grube zog, so vergällte ihm doch ein böser Spuck die Freude über sein Glück. Seit längerer Zeit war kein Freitag in der Woche vergangen, daß nicht ein kleiner, mißgestalteter Bergkobold in der Grube sein Unwesen trieb, die Stollen auf und ab fuhr, die mit Erz gefüllten Eimer umstieß, die Grubenlichter auslöschte, und den Knappen sonst noch manchen Schabernack spielte. —

3

Das hätte wohl Allen die Arbeit in der Grube verleiden können; da aber der Kobold nur den lustigen Schalk spielte, auch gerade Niemanden ein Leides zufügte; so gewöhnten sich die Erzknappen allmählig an den drolligen Kunden mit der schwarzen, schmutzigen Lederkappe und dem blinkenden Berghammer im Gürtel, ließen sich durch seine Schwänke nicht irre machen in der Arbeit, ja, hatten selbst ihren Spaß mit dem Zwerglein, dem sie den Namen „Silbernickel" beilegten.

Das war nun gut, und da Herr Peter Buol merkte, daß seiner Leute Arbeit gedieh, auch der Segen nicht aus der Grube wich; gedachte er so mancher Sage, wie ein freundlich gesinnter Gnom den Steigern Glück brachte, und grämte sich nicht weiter um des Spuckes willen. Silbernickel schaltete nun ungestört in der Grub fort, und da er gewahrte, wie man ihn duldete, und freundlich gegen ihn verfuhr, so vergalt er's den Bergknappen mit manchem guten Dienste, warnte sie vor bösem Wetter oder sonst einer drohenden Gefahr, und that hie und da mit seinem Berghammer eine Silberader auf, woran keine Seele gedachte.

Unter den Knappen der Marienkrone war Einer mit Namen Klaus, ein böswilliger Mensch, feindselig gegen alle Grubenleute, und selbst gegen den Herrn barsch und unhöflich. Hätte ihn dieser nicht als einen tüchtigen Arbeiter gekannt und um seines Weibes und der zwei unmündigen Kinder willen seiner geschont, er würde ihn längst vom Brode gejagt haben. Denn Klaus war nebstdem ein böser Trinker, und verspielte nicht selten unter anderen wilden Gesellen am Samstage Abend den ganzen Lohn, so daß Frau und Kinder die Woche hindurch am Hungertuche zu nagen hatten. Wie er sich an keinem unschuldigen Scherze erfreute, so war ihm auch Silbernickel im Herzen verhaßt, um so mehr, als es dieser just auf ihn abgesehen zu haben schien. So faßte er denn den Entschluß, die kleinen Neckereien, welche ihm der Kobold angethan, diesem bei nächster Gelegenheit tüchtig entgelten zu lassen.

Zur selbigen Zeit waren die Erzknappen auf eine Kluft im Schachte gestoßen. Sie mochte sich wohl auf zwanzig Klafter in die Tiefe erstrecken, und das Rauschen eines Bergstromes tönte gar schauerlich aus dem Schlunde herauf. Hart daran arbeitete Klaus im Gesteine. Er war die Woche über in böser Stimmung, denn das Kartenspiel hatte seinen Verdienst aufgezehrt, und da ihm seine wüsten Gesellen noch darüber geborgt, so hatten sie auch Anwartschaft auf seinen nächsten Wochenlohn. Zudem war aber der Winter vor der Thüre, und er wußte nicht wie der Seinigen Noth zu stillen. Da tobte der Ingrimm in seinem Herzen, und weil er just nichts Anderes hatte, um d'ran seinen Zorn zu kühlen, so schlug er mit seinem Hammer so heftig gegen das Gestein, daß ihm der Schaft in den Händen blieb, das Eisen aber von der Wand zurückprallte, und in die Tiefe hinabstürzte.

Wie leises, höhnisches Gelächter tönte es an der Seite des Knappen. Hurtig wendete er sich dem Schalle zu; da gewahrte er Silbernickel, welcher schadenfroh sich über den Schlund hinausbeugte, und dem versinkenden Hammer nachlugte. In der Brust des Erzürnten aber kochte es, und er dachte nicht anders, als der Kobold sei auch an diesem Ungemache schuld. Mit einem derben Fluche packte er sofort

den Zwergen rücklings bei der Ledergurte; — ein kräftiger Stoß — und dieser stürzte dem versinkenden Hammer nach in die schwarze Kluft, und es war deutlich zu vernehmen, wie die Wasser über den fallenden Körper zusammenschlugen!

Schwerathmend stand Klaus an der grausigen Tiefe. Es ward ihm schauerlich zu Muthe, und wie Mord lastete es auf seiner Seele. Angstvoll schaute er in die tiefe, dunkle Nacht des Schlundes, als harrete er der rächenden Rückkehr des Kobolds, — und harrete nicht vergebens. Denn das Wasser in der Tiefe fing an zu brausen und zu leuchten, wie das Erz im Schmelzofen, und das Gewände der Kluft brannte, wie glühendes Silber, und an dem steilen Schachte klimmte Silbernickel empor, hohnlachend, den abgebrochenen Hammer in die Höhe haltend. Den Bergknappen rüttelte es wie im Fieberfroste. Als aber der Gnom die Höhe erreicht hatte, warf er ihm den abgeschlagenen Hammer zu, und wo er niederfiel, erbebte das Gestein, und die Wände ließen nach. Da dröhnte es wie ein Bergsturz die Grube entlang, ein gellender Schrei drang aus der Tiefe, darauf ein Getöse wie nachrollendes Gestein.

Bleich und bebend schlugen die Erzknappen auf die Brust. Es war ein großes Unglück in der Grube geschehen; der Gang, darinnen Klaus arbeitete, war verschüttet. —

Von dem Tage an ließ sich Silbernickel in dem Schachte nicht mehr blicken; aber mit ihm blieb auch der Segen aus. Die Gänge zerschlugen sich und wurden taub, und die Grubenleute stießen häufiger als je auf Erzräuber, ein schlimmes Zeichen für den Bergmann. So ging die Marienkrone ein. —

Mehr denn fünfzig Jahre darnach, da Zeit und Wetter gehaust in der zerklüfteten Grube, hatten sich große Felsenmassen abgelöst, und waren in die Tiefe nachgesunken. Waghalsige Bursche, die sich in den Schlund hinabgelassen, stießen auf einen Berghammer, der bis über die Hälfte eingekeilt war in das härteste Gestein. Bald hierauf brachte man einen Leichnam zu Tage, welchen Niemand kennen wollte. In der kalten, lichtleeren Gruft des Schachtes war er unversehrt geblieben, als hätte ihn der Tod erst gestern die Augen geschlossen. Dennoch war er gar schauerlich anzusehen; denn das Haupt saß ihm verdreht auf dem Rumpfe mit dem Gesichte gegen den Rücken. Es war Klaus. —

———

Jaromir.

Ja er ist's, der Unglücksel'ge!
Ja er ist's, denn ihr genannt,
Ist's, den wir schon lange suchen,
Ist's, dem alle Lippen fluchen;
Der in Landmanns Nachtgebet
Hart an, an dem Teufel steht,
Den der Vater seinen Kindern
Nennt als furchtbares Exempel,
Leise warnend: hütet euch
Nicht zu werden diesem gleich.
Ja er ist's, der Unglücksel'ge,
Ja er ist's, den ihr genannt,
Ist's, den jene Wälder kennen,
Ist's, den Mörder Bruder nennen,
Ist der Räuber Jaromir.

———

Künstlers Wanderjahre.

Aphorismen aus meinem Tagebuche.

I.

O gold'ner Frühlingsmorgenschein — —
Wie freudig funkelt die Sonne d'rein!
Wie winkt es vom Gebirge her
So wonnebang, so sehnsuchtsschwer!
Ich hör' der Lerche freudig Schmettern —
Was fesselt mich noch an die düst're Stadt?
Noch ist die Welt vernagelt nicht mit Brettern;
Wohlan — ich bin der dumpfen Mauern satt.
Die Pinsel aufgepackt; zur Hand die Mappe,
Der Malstock sei mein Wanderstab;
So wand're ich im frohen Trappe
Der duft'gen Ferne zu, Berg auf, Thal ab!
Umschwebe mich, holdsel'ge Frau,
Du Poesie, die ich stets lieb' im Stillen,
Daß ich mit Hilfe meiner guten Brillen
Die Schöpfung bei dem rechten Licht' beschau;
Daß ich den Geist, der in ihr haust,
Vermag so recht herauszuwühlen,
Daß mir's gelingt, wie Meister Göthe's Faust,
Alle sieben Tagwerk in der Brust zu fühlen.

Und spür' ich dann den Geist recht vehement,
Laß mich den Augenblick beim Schopfe fassen:
Die schwerste Kunst ist, den Moment
Nicht unbenützt vorübergehen lassen. —

Dann frisch die Kreide zugespitzt,
Die Leinwand her, die Farben aufgetragen!
Denn — was man schwarz auf weiß besitzt,
Kann man getrost nach Hause tragen!

II.

Ich habe manche dunkle Nacht
Auf den Gebirgen zugebracht.
Auf hoher Kuppe, einsam und allein
Saß ich im stillen Mondenschein
Ganz in der Schöpfung Majestät versunken — —
Nicht Worte hat ein jegliches Gefühl — —
Wie seufzt' ich oft, in tiefer Wonne trunken:
O guter Mond, was gehst du doch so still! —

Ja, Mondenlicht in jeder Phase
Versetzt, man weiß es selbst nicht wie,
So recht in eine schwärmende Ekstase!
Und hätte nur die Industrie

Die Kunst nicht gar so weit zurückgelassen,
Gäb's eine Farbe, gleich den blassen
Gebrochnen, schwärmerischen Strahlen — —
Was wollt' ich da für Mondlicht malen!
So aber — ach, man räsonnirt,
Man schilt den Künstler, der sich müht und quälet,
Und denkt nicht d'ran, daß uns das Mittel fehlet,
Das unsere Zwecke sanktionirt.
Gebt uns nur einen archimed'schen Stand,
Und aus den Fugen heben wir die Welt! —
So lang jedoch der Stoff den Geist gefangen hält,
Bleibt auch der Genius gefesselt an den Sand.

So sinnend stieg ich vom Gebirge nieder.
Schon schwang die Nacht ihr düsteres Gefieder;
Doch — eh' ich dessen mich versah,
War ich der stillen Kneipe nah,
Darinn' ich meinen Wohnsitz aufgeschlagen,
Mein Pathmos und mein Tivoli! —
Schnell ward, was ich begehrte, aufgetragen,
Und bald war ich — ich wußte gar nicht, wie —
Von ewigen Gedanken trunken —
Ganz in mich selbst und — in den Krug versunken!

III.

'S'ift trüb! — Der Nebel hüllt der Berge Spitzen!
Da sitze ich in Mitte meiner Skizzen.
Nun, liebe Seele, lab' dich erst daheim!
Laß deiner Dichtung gold'ne Ader fließen;
Der Nachgenuß — das ist erst recht genießen;
Dem trunk'nen Dichter holpert jeder Reim.
Doch — ehe du dein Werk beginnst,
Geziemt es sich, daß du dich wohl besinnst.

Seyn oder Nichtseyn, das ist hier die Frage!
Ob ich, wie große Geister unf'rer Tage
An einem mächtigen Carton soll schwitzen?
Ob ich die Geister zu entfesseln wage,
Die schlummernd in der Blase sitzen?
— Frisch d'ran, frisch d'ran! Im Oel liegt Harmonie;
Die Farbe — ja, das ist die Melodie,

Die um das kalte Wort sich schlinget!
Was der Verständigsten Verstand nicht zwinget,
Das wird im Liede einem Kind verständlich,
Und mit der Farbe da verhält es sich ganz ähnlich.
Die Farbe nur gibt Licht, — und wie man jetzt
Die Töne massig auf einander setzt,
Läßt sich doch auch die Wirkung gut erkennen;
Man möchte die Manier schier plastisch nennen!
D'rum wacker darauf los! Auf die Palette
Die Farben aufgelegt. — Ha, wie sie strahlen!
Heran, du Staffelei, nun gilt's zu malen,
Als ob ich tausend Hände hätte.
Ich fühl' von Genialität ein Meer
Durch alle meine Adern rinnen!
Kaum kann ich folgen.   Ach, ich fühl es schwer,
Daß zu des Geistes Flügeln nicht so schnelle
Ein körperlicher Flügel sich geselle!
Doch — Muth mein Herz — hier — hier die Sonne —
Sie leuchte halb in sommerlicher Wonne,
Halb sei sie zugedeckt von Wetternacht;
Nur der Contrast ist's, der die Wirkung macht!
Hier eine stille, lange, große Haide,
Recht melancholisch hingepinselt,
Darob der Sturmwind seine Elegieen winselt;
Und hier, vom Tannenbaume überdacht,
Der Hütte freundliches Asyl,
Die Quelle d'ran, des weichen Rasens Pfühl,
Und d'rüber hin ein warmer Sonnenglast,
Als hielte hier Waldfräulein seine Rast,
Und wer es sieht, dem lacht das Herz vor Freude.

Das Hochgebirge schließ' den Hintergrund,
Das macht die Landschaft fertig erst und rund!
Ein kühner Pinselstrich — der läßt sich gut —
Die Farben nicht gebrochen, ganz und satt,
Wie sie der Chemiker bereitet hat, —
Ich hasse Halbheit! — Auch ist wohl d'rauf anzutragen,
Daß die Lasur noch ihre Wirkung thut;

Die gibt dem Meisterwerk erst Glanz und Gluth;
Das kann dir jeder Töpfer sagen!
Was das Format betrifft — ich hab' mich stets ergötzt
Am Uebermächtigen und Grandiosen.
Auch tappt die Welt nur nach dem Großen,
Ob auch der Neid d'ran seine Hauer wetzt.

Was mir die Seele dehnt so weit und mächtig,
Das faßt kein Rähmchen ein, eng, schmal und schmächtig; —
Was ich empfind' in Künstlerbrunst, —
Entfalte in der Länge sich und Breite,
Nur groß, nur groß — zwölf Schuh nach jeder Seite —
Kurz ist das Leben, — aber lang die Kunst!

Der Lotteriespieler.

Schuldner: Hier ist Ihr Geld, nun fort zur Thür hinaus,
Und wagen nimmer Sie zu kommen mir in's Haus.

Gläubiger: Bin Excellenz Ihr unterthänigster Knecht;
Der reiche Mann hat grob zu sein das Recht

Schuldner: Sie sehen, Fortuna hat mich nicht erhört.
Die Nummern kamen, aber all' verkehrt.

Gläubiger: Was kümmern mich Ihre hoffnungslose Qualen
Ich frage nur, wann Sie mich denn bezahlen.

Schuldner: Wie? Sie fragen, wie's mit der Zahlung steht?
Das weiß ich nicht, ich bin ja kein Prophet.

Der deutsche Auswanderer.

Ja, ja, so ist's, es kann nicht anders sein,
So stell' ich mir das Leben drüben vor;
Auf schnell! Schifft nach Amerika mich ein;
In Deutschland bleibt wohl künftig nur ein Thor.

O weh! O weh! Welch gräßlicher Betrug!
O Vaterland! Wie sehn' ich mich nach dir!
Ich sterbe hier elendiglich am Pflug —
Und Frau und Kind holt Löw' und Geier mir.

München,
Verlag von Braun & Schneider.

N̲ro̲. 4.

Erscheinen monatlich **2** bis **3** Mal. Preis der Nummer 9 kr.
R.W. od. 2 ggr. **24 Nummern** bilden **einen Band.**

Elfenliebe.

I.

Das will ich jedem guten Gesell, der zur Höh' ausreitet, sagen,
Er reite nicht nach der Elfenhöh, und lege sich da zu schlafen.

„Elfenhöh" dänische Ballade.

Auf dem wellenförmigen Boden des schwedischen Nord=
landes durchfegt den größten Theil des Jahres ein kalter,
eisiger Wind die unermeßlichen Moräste und Haiden, und
bricht sich an den Gletschern und Felsbänken, welche aus
den Sümpfen emportauchen. Da tosen in tausendfachen Stür=
zen Quellen und Bäche in die Thäler, zusammenrinnend im
braunen Seegewässer. Von Felswänden umstarrt, aus deren
Ritzen nur hie und da eine geisterbleiche Birke hervorwuchert,
von schwarzen Föhren umrauscht, brechen sich die dunklen Wo=
gen am Schilfgestade, und das hohe feuchte Moos ist meist
von bösen Kobolden, Trollen und Swartalfen bewohnt. Ihren
Lieblingsplatz aber haben sie in dem einsamen Thale des
Lulea = See's.

Nicht weit von der Stelle, wo sich die Lulea = Elf mit
den Fluthen des See's vereint, stand eine Hütte. Hier wohnte
Roger, der Fischer, mit seinem Sohne Nils. Keine
freundliche Nachbarschaft suchte den Alten heim in den langen
trüben Winternächten; denn weit und breit in der Umgegend

4

war Alles öde und unbewohnt. Nach dem nächsten Flecken hatte man eine geraume Strecke Weges zu gehen, aber auch dahin verirrte sich der Fischer mit seinem Sohne nur ein paar Mal des Jahres, etwa um rothen Lachs, Hechte oder Forellen zu Markte zu bringen, und mit dem geringen Erlöse kargen Vorrath für den Winter einzutauschen. Der Alte war gar menschenscheu, ernst und einsilbig, und bildete einen sonderbaren Gegensatz zu dem jungen, lebensfrischen, blondhaarigen Burschen, der die Augen so leutselig umherwarf, wenn er seine Waare ausbot. Das waren aber auch die langersehnten Freudentage, wenn es nach Quickjock ging, allenfalls an hohen Festen, wo ihm die Orgeltöne der Kirche so gewaltig an's Herz sprachen, oder am Markttage, wo er mit dem Vater zusprach bei der gastfreundlichen Muhme, welche den ersten Kramladen hatte im Orte.

Dadurch ward aber Nils nicht verwöhnt. Es behagte ihm auch in seiner Einsamkeit gar wohl, und drückte ihn die Luft innerhalb der rauchigen Pfähle seiner väterlichen Hütte, so nahm er die Flinte von der Wand, verfolgte Wolfs- und Luchsfährten, und streifte auf den Bergwäldern und Felsen umher. Es kam ihm just nicht darauf an, manch' frostige Winternacht hindurch ein angeschossenes Stück zu verfolgen. Nebstdem hatte er eine gar helle, klare Stimme, und spielte die Geige, als hätte er's einem Ellisermädchen abgelauscht. Da aber der Vater sein einziger Lehrmeister war, so konnte er es zu keinem frohen Liedlein bringen; denn was dieser ihm vorsang von Hagbar und schön Signill, die um ihres Liebsten willen verbrannte, und vom wilden Räuber Brun, den die Jungfrau erschlug, klang Alles so düster und schwermüthig, wie des Sees Rauschen oder wie des Schilfes Gestöhn, wenn die Welle durchfährt, oder wie der Sturmwind, der durch die Fichten weht.

Ostern war gekommen. Nils zählte nachgerade neunzehn Jahre; da ließ ihn der Vater allein nach Quickjock wandern in die Kirche. Noch wehte kein Lenzhauch; der Schnee schrillte auf den Haiden und übereisten Mooren, und kaum daß eine Dämmerung auftauchte am Himmel nach einer langen Nacht. Der Junge hatte lange im Orte verweilt, und es war spät an der Zeit, als er heimzukehren gedachte. Doch traute er seiner Kenntniß der Gegend, und der hellen, glänzenden Nacht voll leuchtender Sterne und glühender Nordlichter, deren Strahlen im farbigen Wiederspiele an den Eisfeldern und Isbräden des Quickjock-Falls sich brachen, und ihm jede Fährte im Schnee erkennen ließen. Getrost wanderte er seines

Weges weiter. Die Osterlieder der Kirche, wie sie zusammenflossen mit dem vollen Orgeltone, klangen in seinem Ohre nach. Dabei dröhnte und krachte es im Gebirge, die lauere Luft rüttelte an den Eispyramiden der Gletscher. Sie seufzten und stöhnten wie im Schmerze über des Winters baldigen Abschied, und ihre Thränengüsse schwellten die Lulea-Elf, daß ihre Wogen mit doppeltem Gebrause sich über die vielen Abhänge stürzten, um unten für kurze Augenblicke auszurasten in dem beruhigenden Seebecken, welches sie wie liebend, wie besänftigend aufnahm in seine Felsenarme. Dieß Dröhnen und Tosen der nahen Elf, das Seufzen der Gletscher, deren zackige Säulen so gespensterhaft durch die blaue, kalte Mondlichtferne luegten, dann die eigene Stimmung, in welche er gerathen war, ohne zu wissen wie, bewegten den Jungen ganz eigen wundersam, und es ward ihm allmählig unheimlich zu Muthe, da er doch sonst keine Furcht kannte. Er verdoppelte seine Schritte, um baldmöglichst in die Ebene zu gelangen. Aber als verwirrte ein böser Kobold seine Sinne, so verlor er zuletzt auch die Richtung heimwärts, und vermochte sich nicht mehr in den Platz zu finden, auf den er gerathen. Das Glitzern und Flimmern der Schneefläche blendete sein Auge, und bei jedem Schritte brach die schwachübereiste Decke. Es mußte Thauwind geweht haben vom Schonenland herüber, das verschlimmerte den bösen Weg, und Nils mußte jeden Schritt vorwärts erst mit seinem starken Fichtenstocke prüfen, ob nicht etwa trügerisches Eis eine jähe Kluft verberge. So wurde er zum Hinsinken müde. Seine Tritte wurden schwerfällig und mehrten seine Noth. — Da kam es ihm plötzlich vor, als gäbe der Boden unter ihm nach. Schnell wollte er der Gefahr entrinnen, und setzte seinen Stock an, um sich über die gefährliche Stelle hinweg zu schwingen; — aber es war zu spät; das Eis brach und er stürzte wohl sechs Klafter tief in eine Höhlung im Berge.

Betäubt lag Nils einige Minuten; doch bald ermannte er sich wieder, denn er war auf hohes Moos gefallen, und es kam ihm schier vor, als hätten ihn weiche Arme herabgetragen. Wie im Traume geschah es ihm, als er sich in der schmalen Schlucht umsah, welche zwischen senkrechten, nicht zu erklimmenden Felsen eingeengt war. Alles erschien ihm fremd, da er doch kaum eine Stunde Weges von seiner Hütte entfernt sein konnte, auch sonst Wege und Stege kannte im Gebirge, wie die Winkel am heimathlichen Herde. Es däuchte ihm, als habe sich das Gestein erst während seines Falles gespalten. Nebstdem wehete es hier wie Lenzluft. Am Gießbache, der sich durch den Schacht hinwand, grünte junges, duftiges Gras,

Farrenkräuter und Sumpfblumen, und die gelben Wasserlilien schwankten ob den glänzenden Wogen; durch den Bruch in der Eisdecke über ihm leuchteten die Sternlein herein, und spiegelten sich im thauigen Moore. — Nach manchem vergeblichen Versuche fand es Nils unmöglich, die Felsenwände zu erklimmen, und suchte einen andern Ausweg aus der Tiefe. So ging er denn die Schlucht entlang. Mit jedem Schritte aber, den er vorwärts machte, erweiterte sich der Thalgrund. Wie graue Schatten wichen an beiden Seiten die Wände zurück; ein eigener, warmer Glanz zitterte durch's Geäste der zerstreuten Föhren und Kiefern. Je weiter er vordrang, desto mehr däuchte es ihm, als ginge er geraden Weges dem Frühlinge entgegen. Blümlein, wie im Mai, dufteten auf zu ihm aus dem hohen Moose, frischgrünende junge Fichten streuten ihren würzigen Geruch aus, und ein warmer Hauch spielte in seinen Haaren. Er wußte nicht, wie ihm geschah: da vernahm er näher und näher ein seltsames, wunderbares Getön von Harfen und Geigen. Hinter den Föhrenstämmen sich haltend, drang er behutsam vorwärts, dem Glanze entgegen, der durch's Gezweige flimmerte. Da sah er durch die Lücken des Gebüsches, wie der Thalgrund allmählig sich öffnete zu einem weiten Halbkreise, umhegt von goldadrigen Felsen. In den Steinwänden drinn glitzerte und schimmerte es wie von gegossenem Krystalle; eine hohe, schlanke, durchsichtige Säulenreihe trug das Gewände, welches wiederstrahlte vom Glaste des Erzes und Edelgesteins. Prunkende Säulen nach allen Seiten, mit Kränzen von Bergrosen geschmückt, verloren sich in der Tiefe des Felsens. Aus dem Grunde drang ein wundersames Licht, welches Sterne und farbige, feurige Garben ausgoß wie ein Springquell, so übermächtig strahlend und leuchtend, man hätte den Glanz eines Lenzmorgens für Dämmerung dagegen halten mögen. Im thauigen Wiesgrunde aber, der sich davor ausdehnte, spiegelte sich das Bild des Feenbaues, wie in einem stillen, grünen See; d'rauf tanzten die Elfen ihren Reigen. In lieblichen Windungen bewegte sich der schöne Chor um die Königin, die in der Mitte auf einem Mooshügel saß, und wo ihre Füße den Rasen berührten, gingen Blümlein auf, und bildeten die duftigen Elfenringe. Ein Theil der Mädchen saß im Vorgrunde, schlug die Goldharfen, und sang ergreifende Weisen dazu. —

Nils gedachte zu träumen. Was er sah und hörte, berauschte ihn, wie junger Most. Mit klopfendem Herzen drang er vor bis an den Saum des Kreises, wo ihn das junge Lerchenholz vor den Blicken der Elfen verbarg. Eine gute Weile hatte er gelauscht, als die Zauberlieder leise verhallten

und ein leichter Nebel sich von der Felswand niedersenkte. Es schwamm vor seinen Blicken. Da lehnte er sich an einen Lerchenstamm, und die Augen fielen ihm zu.

II.

Groß Feuer löscht des Wassers Fluth,
So auch den brennenden Brand;
Doch wer ist's, der die heiße Gluth
Der Liebe dämpfen kann?

„Axel und Waldborg."

Eine weiche Hand strich Nils über die Stirne. Es kam ihm vor, als erwache er vom Traume, und als er die Augen aufschlug, hielt er sich wie geblendet die Hände vor. Hatte doch noch nie solch ein Blick dem seinigen begegnet. Das Elfenmädchen aber, das vor ihm stand, hielt ihn gar freundlich bittend zurück, als ihm ein leiser Schauer überkam, und

er der gefeiten Stelle entfliehen wollte, eingedenk der unheimlichen Mährchen, welche ihm der Vater erzählte. Lächelnd bat sie ihn zu bleiben. Ein warmer Hauch wehete von ihren Lippen; die Hand, welche ihn hielt, fühlte sich so weich und warm, und sie sprach so traulich und kosend zu ihm, daß Nils allmählig allen Schauer vergaß. Als nun die schöne, schlanke Maid ihm erzählte, wie sie ihn schon oft gesehen, als er ihr Gebiet durchstreifte, um dem Wilde nach= zuspüren; wie sie ihn von Tag zu Tag heimlich lieber ge= wonnen und ihn selbst verlockt hätte an diese Stelle; da ward es dem Jungen so überaus wonnig zu Gemüthe, und es hielt ihn an dem Platze gefesselt, wo ihm ein Liebes= frühling aufging in den blauen Augen des Elliser=Mädchens. Erwiedernd gab er sich ihren Liebkosungen hin. Der ge= spenstige Spuk im Thalgrunde war verschwunden, und die Sternlein leuchteten so freundlich nieder, wie Ritzen in der Himmelsdecke, durch welche die goldene Märchenwelt schimmert. Als aber der Mond unterging hinter den Eisfeldern der Is= bräden, da bedeutete sie ihm, wie sie nun scheiden müsse, und wie schwer ihr dieß auf's Herz fiele. Nils hatte fast auf den Heimgang vergessen. Zögernd folgte er der Weisung der Jungfrau, welche ihn dem Ausgange der Schlucht zuführte, und als er von ihr Abschied nahm, ward es ihm ganz schmerz= lich zu Muthe. Als sie ihn aber bat, sie an gleicher Stelle bald wieder heimzusuchen, da hatte er wohl nie in seinem Leben eine freudigere Zusage gethan. Darnach spielte es wie leiser Hauch um seine Lippen, und die Elfin verschwand im Nebel.

Leicht vermochte nun Nils den Weg in des Vaters Hütte zu finden; leichter noch fand er die Steige wieder, die ihn des folgenden Abends zu seiner Lieb brachten. Da begannen seine seligen Nächte. Der Liebe Kuß erweckte den schlummern= den Lenz seiner Seele, und die Lieder, welche ihm das Elfen= mädchen lehrte, klangen d'rein wie Nachtigallenschlag.

„Nenne mich Ellide," so bat ihn die schöne Maid, und dem Jungen kam es vor, als läge in dem Worte die Sprache der Sterne, der Duft von tausend Blumen. Er nannte sie seine Ellide, und das klang den ganzen Tag über so sehn= suchtsvoll in ihm fort, daß er die Nacht kaum erwarten konnte, wo er es ihr wieder zurufen durfte. Ellide hatte ihm strenge geboten, ihre Liebe mit keinem Laute zu ver= rathen. Es kam ihn schwer an, den großen, weiten Himmel im engen Raume seines Herzens zu verschließen. Aber er hielt, was er versprach, und war still und einsilbig vor seinem Vater. Diesem fiel aber das träumerische, hindämmernde Wesen seines Nils längst auf. Er merkte in ihm eine böse Verän= derung. Der sonst so lebensfrische Junge brütete den Tag über hin, wortlos und in sich verschlossen, und was ihn sonst

freudig aufregte, ging nun theilnahmlos an ihm vorüber. Sein empfängliches Herz hatte das mächtigste Gefühl mit solcher Kraft, so ausschließend in sich aufgenommen, daß alles Uebrige unterging in dem einen Gedanken, den er dachte — Ellide. Die Lieder, welche ihm sein Mädchen ge= lehrt, waren das Liebste, womit er sich den Tag über be= schäftigte. Den Alten aber erfaßte es jedesmal wie trübe Ahnung, so oft er den Weisen seines Nils lauschte.

Das dauerte fort eine geraume Zeit. Dem kurzen Früh= linge war ein schnellreifender Sommer gefolgt. Dem Fischer fiel es auf, wie sein Sohn alle Abende die Hütte verließ, wenn sich der letzte Tagesstrahl im Lulea=See spiegelte. Aber ehe es ihm möglich ward, seiner Spur zu folgen, war die= ser verschwunden.

Einmal so war Nils wieder in später Nacht heimge= kehrt. Er luegte, ob der Vater schlief; und da er sich hiervon überzeugt hielt, nahm er die Geige von der Wand. Er hatte ein Lieblingsplätzchen am See. Ein Felsvorsprung ragte über das Wasser hin. Zwei Birken hatten ihre Wurzeln einge= graben in die Steinritzen. Das hohe Schilf rankte d'rüber hin, und der Wellenschaum netzte das Moos, wenn der See hoch ging. Hierher setzte sich Nils, und es war ihm, als tauchte das Bild seiner Herzliebsten aus den Seewogen empor mit den blauen, lächelnden Augen, und den goldgelben Haaren, und winke ihm sehnsüchtig zu. Da fuhr er über die Saiten, und sang, was ihm seine Ellide erst den jüngsten Abend gelehrt hatte:

Jung Olof ließ satteln sein graues Roß;
Er reitet vorbei an der Meerfrau Schloß,
Er reitet vorbei an des Schloßes Thor:
Da stehet die holde Meerfrau davor.
    Wie die Linden zittern im Haine.

Willkommen, willkommen, jung Olof mein,
Wie lange, wie lange schon harrt' ich dein!
Sag, Junge, wo ist dein Heimathland?
Sag, Junge, woher dein gülden Gewand?
    Wie die Linden 2c.

Am Kaiserhof ist der Vater mein,
Da hab' ich Mutter und Schwesterlein,
Die legten mir mit der weißen Hand
Um Hüft' und Lende mein gülden Gewand.
    Wie die Linden 2c.

Da hab ich Aecker und Auen und Hain,
Da steht auch gemacht mein Brautbettlein,
Da hab ich auch mein Bräutlein still,
Dafür ich leben und sterben will.
    Wie die Linden 2c.

Da lud ihn die Meerfrau zu sich herein,
Sie trank ihm zu ihren klarsten Wein,
Sie schlang ihren Arm um die Hüfte hin,
Ihre Locken schatteten über ihn.
    Wie die Linden 2c.

Wie die jungen Linden duften im Thau,
So duftet der Athem der Zauberfrau.
„Und sage, wo ist nun dein Heimathland?
„Und sage, wer gab dir das güld'ne Gewand?"
    Wie die Linden 2c.

„Wo hast du Aecker und Auen und Hain?
„Wo steht nun gebettet dein Brautbettlein?
„Wo wohnt die schlanke, goldlockige Maid,
„Um die du gegangen, um die du gefreit?"
    Wie die Linden 2c.

Hier hab ich mein' Heimath und Fluren und Hain;
Hier sollst du mir betten das Brautbettlein;
Sei du mir selber das Bräutlein still,
Um das ich leben und sterben will.
    Wie die Linden 2c.

Also sang Nils in die mondhelle Nacht hin, und der helle Klang verlor sich im leisen Rauschen des Wassers. Da legte sich eine Hand auf seine Schulter. Erschrocken sah er sich um; sein Vater stand neben ihm. Er hatte seines Kindes Lied belauscht. Als ahnte er, welch' ein Lehrmeister seinen Nils in diesen seltsamen Weisen unterrichtete, so drang er erst liebevoll, dann ernst und mahnend in ihn, daß er sein Herz aufthun möchte vor seinem alten, treuen, einzigen Freunde, seinem Vater, vielleicht daß dieser Trost und Heilung wüßte, woher ihm solche Noth wäre. Aber Nils blieb nach wie vor verschlossen selbst gegen seinen einzigen Freund, denn also hatte er es seiner Ellide zugesagt.

(Schluß in nächster Nummer.)

Fannytismus.

Pas de quatre, ausgeführt zu Ehren des Fräuleins Fanny Elsler von: Bruder Jonathan, John Bull, Robert Macaire, dem deutschen Michel und dem Corps de ballet.

Hans.

In dem schönen Mythenlande
Schleichet traurig Hans herum,
Denn das Land ist gar zu klaffisch,
Und der Hans ist gar zu dumm.

Ich weiß ein Geschäft, da können Sie d'ran verdienen fl. 50,000. Will ich Ihnen sagen wie so. — Sie wollen geben Ihrer Tochter zum Mitgift fl. 100,000, ich nehm' sie aber mit fl. 50,000, haben Sie fl. 50,000 auf der Hand Profit. —

Wollen Sie sich bei einem guten Geschäft betheiligen mit fl. 10,000? — Sie verneinen? — Vielleicht mit fl. 5,000? — Auch nicht? — Mit fl 2000, mit fl. 1000, mit fl. 500? Alles nicht?! — Nun, so leihen Sie mir zwei Thaler! —

Die Götter Griechenlands.

Als noch die Deutschen glaubten, in Griechenland sei gut sein,
Da luden sie die Götter auf Besuch nach Deutschland ein.
Die Götter alle nahmen die Ladung freundlich auf,
Doch gingen, bis sie kamen, noch viele Jahre d'rauf.
Indeß' hatt' sich geändert der Deutschen hoffend Loos,
Und Haß und Gegenhaß ward bald in Hellas groß.
Als dann die Götter reisten und kamen an das Ziel,
So fanden sie in Deutschland die Aufnahm' ziemlich kühl.

München,
Verlag von Braun & Schneider.

Nro. 5.

Erscheinen monatlich **2** bis **3** Mal. Preis der **Nummer**
9 kr. R.W. od. 2 ggr. **24** Nummern bilden **einen Band.**

Elfenliebe.

(Schluß.)

III.

Heim ging die Jungfrau Else,
Ihr Herz von Sorgen wund;
Darnach am Monatstage
Lag sie im schwarzen Grund.

„Ritter Ange und Jungfrau Else."

Ein kurzes Frühroth leuchtete des anderen Tages am Himmel. Der Schiffer und sein Sohn hatten vor Anbruch des Morgens die Netze ausgeworfen. Schweigend saßen sie am Ufer. Endlich hub der Alte an: „Es hat mich lange gedrängt, mein Nils, dir von einer Zeit zu erzählen, da auch auf meinem Lebenshimmel die Morgenröthe der Jugend zitterte. — Noch kennst du nur die Stelle, wo deine Mutter liegt und den langen Schlaf schläft; du bist alt genug, um zu erfahren, was ihr das Herz abdrückte in ihren Maitagen!" Nils horchte auf, und der Alte fuhr also fort:

„Ich war ein Junge, kaum einige Jahre älter als du. Meines Vaters Hütte stand dazumal am jenseitigen Ufer des Lulea=See's, wo dort der Morgenstrahl auf dem Fichtenwalde ruht, der bis tief in die Landzunge hereinreicht. Schon vor meinem achtzehnten Jahre ward ich vater= und mutterlos, und lebte ein einsames Leben innerhalb der rauchigen Holzwände, welche den väterlichen Herd umschlossen. Diese öde Wirth=schaft kam mir eben nicht sonderlich lustig vor. Bei allen

dem war es auch nicht geheuer in der Umgegend. Trollen und Gnomen und sonst viel unheimlich Geistervolk hausete drüben, und sie drangen bis in den Stall meiner Hütte, so daß ich oft in der Dämmerung die Zwerggestalten mit ihren rothen Lappen auf dem Kopfe an mir vorüberhuschen sah. Dieser Spuk vermehrte das Unheimliche der heimathlichen Stelle, deren Leere mir seit dem Tode meiner Eltern ohnehin sehr schmerzlich fiel. Schon war ich daran, mich als Knecht an den Ohm in Quickjock zu ver=dingen, der nebst seinem Kramladen manch gutes Stück Acker=land besaß. Da begab es sich, daß ich mich noch vor Aus=führung meines Planes in den Julitagen auf der Jagd ver=ging. Die Kälte war grimmig, und so sehr ich fühlte, daß mein Leben auf dem Spiele stand, so konnte ich doch den Schlaf nicht überwinden, der mich schier zu Boden drückte. Ich mußte nachgeben, und so legte ich mich denn auf den schneebedeckten Boden unter einer breitästigen Fichte nieder, und entschlief.

Es mochte kaum ein Stündlein vergangen seyn, als eine wohlthuende Wärme mir die erstarrten Glieder durchdrang, und ich im Traume eine helle, freundliche Musik vernahm, so deutlich, daß ich d'rob erwachte. Voll Staunens merkte ich, wie ich auf üppigem Grasboden lag, einen Kreis frisch=blühender, bunter Blumen um mich, welche die Luft rings

5

mit Wohlgeruch erfüllten. Es war, als athmeten die Fich=
tenäste Sommerluft aus, so mild und lau wehete es mich
an, da doch rings umher hoher Schnee auf dem winterlichen
Felde lag. Anfangs kam es mir vor, als ob ich mich noch
in meinem Traume fortbewegte; aber gar bald gelangte ich
zur Ueberzeugung, daß ich auf die Elfenhöhe gerathen seyn
müßte. Ihre Musik war es, die ich im Schlafe vernommen,
unter ihrem Reigen war der Schnee geschmolzen, und keimten
die Elfenringe empor. Voll Schrecken raffte ich mich auf,
um die gefeiete Stelle zu verlassen; aber der Druck eines
weichen Armes hinderte meine Bewegung. Eine schöne, blasse
Dirne stand vor mir. Mit einer Stimme, wie Meerfrauen=
gesang, bedeutete sie mir, daß ich ihr und ihren Elfenschwe=
stern mein Leben zu verdanken hätte. Unfehlbar wäre ich auf
meinem eisigen Bette erfroren, hätte nicht — da sie mich
auf ihrer nächtlichen Wanderung gewahrten — ihr Tanz
und ihr Zauberlied einen Frühling um mich aus dem Schnee
hervorgelockt. So sprach die blonde Maid zu mir, und ihre
Worte klangen alle so lockend, daß sie mir unwiderstehlich
die Seele einnahmen. Ueber kurz — so setzte sie sich zu mir
nieder unter den Fichtenbaum, legte ihre Hände in die mei=
nen, sang mir liebliche Mährchen vor, und vom Gezweige
herab flüsterte und klang es dazu wie Amselschlag. Das be=
wegte mein tiefstes Herz, und als ich ihr Valet sagte, fügte
ich das Versprechen bei, des anderen Tages wieder zu kommen.
Ich hielt auch, was ich zusagte. Von nun an verging keine
Nacht, die ich nicht bei schön' Adelin verträumte. Meine Liebe
wuchs wie die Alpenblumen in den Tagen des Hochsommers,
und die ihre ward nicht schwächer mit der Zeit. Wollte mich
hie und da ein unheimliches Gefühl übermannen, daß meine
Liebe jenen geisterhaften Wesen gehörte, mit denen wir
Menschenkinder nichts gemein haben sollten, die sich nicht
selten unhold und feindselig gegen uns zeigten, so wußte
schön' Adelin derlei Gedanken durch ihre Liebkosungen gar
wohl aus meinem Herzen zu verdrängen. So gab ich mich
ihr hin mit Leib und Seele. Den Plan, meine Hütte zu
verlassen, ließ ich fallen, und der Ohm in Quickjock mochte
sich um einen andern Knecht umsehen.

Um dieselbe Zeit wollte sein Sohn Hochzeit halten mit
deiner Muhme. Auch mich ließ er laden zum Halnigdansen
auf den Freitag nach Pfingsten, und ich konnte meine Zusage
nicht verweigern. Als ich aber schön' Adelin mein Vorhaben
kund that, da ward sie betrübt, als dränge sich ihr ein ah=
nendes Gefühl an's Herz. Je näher der Tag rückte, da ich
zur Hochzeit wandern sollte, desto drängender und flehender

wurden ihre Bitten, daß ich bei ihr bleiben möchte nur dieses
Mal; dabei standen ihr die Thränen in den blaßblauen Au=
gen. Doch hatte ich keinen Grund, von meinem Versprechen
abzugehen, um so mehr, als ich binnen drei Tagen wieder
zurückkehren wollte. So nahm ich denn Abschied von ihr, zehn=
mal wieder umkehrend und sie besänftigend, und als ich mich
endlich losgerissen hatte aus ihren Armen, und meiner Hütte
zuging, da war mir's selber so schmerzlich zu Muthe, daß
ich fast beschloß, daheim zu bleiben. Doch — dem Himmel
sei Dank — ich überwand mein thörichtes Gefühl!

Des anderen Tages zu guter Zeit machte ich mich auf
den Weg nach Quickjock. Der helle, sonnige Morgen, dessen
erster Strahl die Firnen beschien, machte mich heiter und fröh=
lich gestimmt. Ich wäre ein glücklicher Junge gewesen, hätte
sich nicht die Erinnerung an schön' Adelin so oft trübselig
in mein Herz eingeschlichen. — Nachgerade mußte ich über
den Zustand meines Gemüthes nachdenken, und je freudiger
die Sonne in den Tag hinein schien, desto unheimlicher kam
mir die Liebe zu dem Elfenmädchen vor. So schnell eilte ich
noch nie den Fußsteig längs des Seegestades und durch den
Föhrenwald hin, wie dieses Mal. Immer däuchte es mir,
als erlausche Adelin meine geheimen Gedanken, und blicke
gespensterhaft drohend hinter jedem Föhrenstamme, hinter jeder
Felsenkuppe vor, die mir am Wege aufstieß. Mir war erst
wieder wohl um's Herz, als es Thal abwärts ging, und der
Kirchthurm des Fleckens mir so sonntäglich entgegenblickte.

Freundlich empfing mich die Muhme und ihr Sohn mit
dem wackeren Bräutlein. Sie wurde nicht müde mit Vor=
würfen, daß ich so lange gesäumt, sie heimzusuchen. Wie
ging mir die Seele auf, als ich mich wieder unter rothwangi=
gen, lebensfrohen Menschen bewegte! Als ich mit der Muhme
Töchterlein am Arme hinter den Brautleuten in die Kirche
wanderte, nach langer Zeit wieder der fromme Klang der
Orgel an mein Ohr schlug, und die schönen, segnenden Worte
des Pastors; da erfaßte mich ein tief inniger Schmerz über
meine Verirrung und über die sündhafte Neigung zur Elfen=
dirne, und ich gelobte mir selber, abzulassen von dem bösen
Wahne, der meine Sinne umstrickt hielt. So wendete ich
mich an den frommen Mann, der über den Vetter und seine
junge Braut den Segen ausgesprochen, schüttete ihm mein
Herz aus, und erzählte ihm von der bösen Neigung, die sich
meiner bemächtigt hatte. Der redete zu mir warnend, trö=
stend und rathend, so daß ich fest ward in meinem Plane.
Gerne gab ich den Bitten der Muhme und ihrer Tochter, der

schlanken Mary, nach, die mir's nicht gestatteten, als ich mich nach dem ersten Halligdansen heimwärts auf den Weg machen wollte. Ich blieb einige Tage, und wenn es mich auch nicht selten sehnsüchtig gemahnte an schön' Adelin und an die Mondnächte, da meine Hände in ihrem Schooße lagen, und ihre Locken mir um's Haupt flatterten, so schauete ich in Mary's dunkleres Auge. Das verscheuchte die trüben Bilder meiner Seele. Nach der Hand lauschte mir es Mary wohl ab, daß mich etwas ängstige, und da sie so theilnehmend nach meinem Kummer fragte, konnte ich nicht umhin, und erzählte ihr eines Abends vom Ellisermädchen und von meiner Liebe. Mary erschrak und eine Thräne stand ihr im Auge. Doch faßte sie sich bald, und ich will nie vergessen, wie freundlich mahnend sie mir an's Herz redete, wie sie mir ihr Amulet aufdrang, das sie bisher um den Hals hing, und wie sie des andern Tages so herzinnig von mir Abschied nahm, als ich wieder heimzuwandern beschloß.

Zu Hause angelangt, überwand ich die Sehnsucht, die mich hinaustrieb zu schön' Adelin, hielt mich wacker an Bibel und Gebetbuch, wenn ich des Abends Spuk verspürte, oder gedachte an Mary's rothe Wangen; unter Tages aber ließ ich mir keine Arbeit verdrießen, und schaffte nach bester Kraft, um das Ziel zu erreichen, das ich mir vorgesetzt hatte. Oefter als gewöhnlich, ja wider Willen, trieb mich's nach Quickjock. Zwar schlug ich's der Muhme rundweg ab, als sie mich im Kramladen zurückhalten wollte, da mein frisches Gemüth hätte versauern müssen. Doch ließ ich ihr meine Absicht merken auf ihr Töchterlein, und sie ward darob nicht ungehalten. Das war mir vorderhand genug, und ich ging mit neuer Lust und Kraft an's Tagewerk. Auch segnete der Himmel meine Arbeit. Der Fischfang fiel reich aus; zudem löste ich aus den Körben, die ich flocht und selbst zu Markte trug, ein gut Stück Geld. — Sofort ging ich daran, meine Wohnstelle von dem Platze zu entfernen, wo Gespensterfurcht und böse Erinnerungen mich ängsteten. Ich wendete mein erspartes Geld daran, und baute meine Hütte an die Stelle, wo sie jetzt noch steht. Nach Jahr und Tag, da Alles wohnlich und geräumig eingerichtet war, eine Kuh im Stalle lag, und der Kohl blühte im Gärtlein vor dem Hause, ging ich frisch an's Werk, freite um die schlanke Mary und die Muhme sagte sie mir zu. Mary hatte mir selber schon längst zugesagt. Sie ward mein Bräutlein, und meine seligen Tage begannen. Nichts trübte mein Glück; denn die Erinnerung an schön' Adelin war längst verwischt aus meiner Seele, und die Stelle, wo ich meinen neuen Herd aufgeschlagen, blieb frei vom Geisterspuke.

Vier Wochen nach Pfingsten sollte Hochzeit sein. Ich hatte mich stattlich herausgeputzt, und wanderte seliger Hoffnungen voll nach Quickjock, die kleine Wiegengabe unterm Arme, die ich meinem Bräutlein bringen wollte. Alles war bereit, da ich ankam. Bald war Mary mein angetrautes Weib, und ein kurzes, fröhliches Hochzeitmahl folgte. Nach dem Kronabtanzen nahmen wir heimlich Abschied von Schwiegermutter und nächster Sippschaft, und Mary folgte mir in ihre neue Heimath. Es war ein schöner, freundlicher Tag, und wir gingen selbander den Fußsteig, daß wir in ein Paar Stündlein den See erreichen konnten. So wünschte es Mary. Ob ihr auch manches Thränlein unter den Wimpern hervorquoll, als sie der Eltern Haus verließ, so ging sie doch freudig ihrem neuen Haushalte entgegen. Der Abend dämmerte über's Gebirg herüber, und röthete den Wellenschaum der Lulea-Elf, an deren Ufern uns der Weg hinführte. Es war uns beiden gar tiefwonniglich um's Herz! Wir sprachen nichts, und ließen uns doch gegenseitig in die Seele schauen. Ich fühlte, was sie dachte, da sie sich fest an meinen Arm schmiegte. Der Mond stieg zwischen den Goldwolken empor, und es kam uns beiden vor, als sei er noch nie so schön aufgegangen. Als wir den Wald betraten, zitterte sein Licht zauberhaft durch das Geäste. Mary legte sich mir an's Herz. Es bewegte sich ein Schwall von Empfindungen in ihrem Gemüthe, daß sie sich der Thränen nicht erwehren konnte. Gedachte sie auch, einer frohen Zukunft entgegen zu gehen, so lagen doch ihre Jugendträume hinter ihr, als die Gefühle, welche sie im Vaterhaus bewegten, wie der Tag, der so eben von uns geschieden war. Wir setzten uns nieder auf einen Windwurf, und ich beugte mich über sie, um ihr die Thränen wegzuwischen vom Auge. Da drang es plötzlich wie ein Wehruf zu uns her. Schnell rafften wir uns empor. Es dämmerte tiefer im Wald. Auf einer Felsenkuppe aber, die jenseits des Flusses über dem Wasser hing, stand ein Weib, die Arme wie drängend und abwehrend gegen uns erhebend. Ihr weißes Gewand schimmerte wie Schnee im Mondenlichte, und ihr lichter Schleier flatterte im Abendwinde. Schauerlich wie der Norne Lied, tönte ihr Spruch über das rauschende Gewässer herüber zu uns:

> König Egir's Töchter im Lulea-See —
> Ihr Brautlied drang aus den Wogen.
> Da bewegt' es die Elfin wie Liebesweh,
>   Wie Liebesweh;
> Hei Schatz, du hast mich betrogen.
>
> Eine Wiegengabe bringe ich dir,
>   Einen Segen in's bräutliche Bette:
> Und nach fünf Monden und aber nach vier,
>   Und aber nach vier,
> Da liegt sie dir auf dem Brette.

5 *

Adelin — — so rang sich ein Angstschrei aus meiner Seele! Das Weib verschwand im Felsen, und meine Mary lag mir leblos im Arme. Ich trug sie auf meinen Händen in die Hütte. Ihr Leben kehrte zurück; aber ein nagender Schmerz bewegte sich in ihrer Seele. Der Zauberspruch hatte ihr einen unheilbaren Stich in's Herz gethan. All' meine starke Liebe, womit ich sie umschloß, wie der Sonnenschein die Lenzblüthen, brachte ihr die Heiterkeit nicht wieder. Sie dämmerte fort, wochenlang — mondenlang; und wenn ich sie gebrochenen Muthes an's Herz drückte, dann weinte sie still vor sich hin, und mir blieb keine Hoffnung, den geheimen, fortwuchernden Gram ihr je aus der Seele reißen zu können. Selbst die Ahnung der seligsten Menschenfreude, die bald zur Gewißheit ward, richtete sie nicht auf. —

Nach neun trüben, schmerzhaften Monaten aber lag sie auf dem Brette, wie die Elfin gesungen; und ihr zugefallenes Auge konnte die Frucht ihrer unglückseligen Liebe nicht mehr schauen. — Da brach mir der letzte Rest meiner Stärke, und ich fiel über mein todtes Weib hin, laut weinend und jammernd, und hatte nur einen Wunsch, gestorben zu sein mit ihr! — —

Du, mein Nils — du warst noch die einzige Stütze, die mich hielt. In deinen Zügen dämmerte mir das Bild meiner abgeschiedenen Mary auf, und als ich sie eingegraben hatte an der Stelle, wo sie jetzt noch schlummert, da klammerte ich mich an dich, als das letzte Glied der Kette, die mich an die Welt fesselte. Ich schloß mich ab von den Menschen, deren Freude mir weh that. Du warst der einzige Punkt, um den sich meine ausschließende Liebe bewegte. Ich freute mich über dich, wie über einen aufgehenden Stern in der Winternacht. So bin ich grau geworden. Willst du mir am Abende meiner Tage den Anker ausziehen aus der Scholle, an die er mich noch hält? Mein Nils, mein einziges Kind! Soll dich ein Schmerz verzehren, dafür dir dein Vater keinen Trost geben kann, weil du dein Herz verschließest, wenn er anklopft und dich fragt: Was fehlt dir?" — —

Nils saß stumm und bleich auf der Felsbank. Das war ihm Alles tief schauerlich zu Gemüthe gegangen. Aber die Liebe zu Elliden war mächtiger in ihm als jedes andere Gefühl. Er schlug die Augen nieder, und wendete sich ab von seinem Vater.

IV.

Herrgott, sei gnädig mir armen Mann,
Meinem einzigen Kind hab ich Leid angethan!
„Herzog Freudenberg und Fräulein Adelin."

Sorgfältiger denn sonst beobachtete der alte Fischer des andern Tages seinen Sohn. Auch Nils that, was er vermochte, um heiter zu scheinen, und hatte sich fest vorgenommen, am Abende daheim zu bleiben. Als jedoch die Dämmerung kam, und die Nebel sich senkten, konnte er seiner Sehnsucht nicht mehr Meister werden. Im Augenblicke, da er sich für unbelauscht hielt, entschlüpfte er den spähenden Blicken des Vaters, und ging die gewohnten Steige, die ihn zu seiner Liebsten führten.

Aber der Alte hatte seiner wohl in Acht. Die Richtung verfolgend, die sein Junge von der Hütte weg genommen hatte, gewahrte er bald seine Fährte im thauigen Grase. Ein dichter, grauer Nebel hatte sich von den Bergen niedergezogen, und gönnte kaum die Aussicht auf ein Paar Schritte vorwärts. Doch führte die einmal aufgefundene Spur den Fischer auf den rechten Weg fort. So mochte er wohl über eine Stunde gegangen seyn, als er das Rauschen der Lulea = Elf zu seiner Rechten vernahm. Es war Abend geworden, und

die Sonne bereits hinter den Firnen verschwunden. Alles still im weiten Umkreise, man hörte jede Welle an die andere schlagen und hinziehen durch's Geröhricht am Ufer. Da schien es, als bräche ein rother Schein durch den Nebel, ein eigener, zitternder Glanz, nicht wie die Abendröthe, die bereits dem Dunkel gewichen war. Einzelne Töne klangen aus nächster Ferne. Der Alte fühlte sich wie von geheimen Schauer ergriffen.

Es waren bekannte Stimmen, die ihm der Wind entgegen trug. Die Felsenwände mit ihren dunklen Tannen und Kiefern traten näher; er konnte sie unterscheiden trotz der unbestimmten Formen, welche sie im Nebel annahmen, und sie erweckten in ihm ängstliche Erinnerungen an bekannte Plätze. Da hörte er das Lied singen von den wahrsagenden Nachtigallen am Brunnen, die schön' Sidselills Tod kündeten ihrem Liebsten, ganz in jener wundersamen Weise, wie sie Adelin ihm gelehrt hatte, und unter seinen Füßen, so weit er sehen konnte, dehnten sich die Elfenringe aus. Wie im Fieberfroste zitterten ihm die Knice. — Sein Sohn — sein einziges Kind — hatte er nicht deutlich Nils Stimme vernommen? Klang

nicht das Lied von den wahrsagenden Nachtigallen wie ein prophetischer Sang? Er wollte rufen — die Stimme versagte ihm. Jetzt brach der Mond durch den sinkenden Nebel, und beleuchtete die Stelle vor ihm. Ein dumpfer Angstschrei rang sich los aus seiner Brust. Adelin — — sie war es, — dieselbe, welche auch ihn einst zur Liebe verlockt, — dieselbe, deren Spruch den Tod brachte über seine Mary, — und Nils, sein Nils in ihren Armen! — Erschrocken fuhr dieser empor, und als er seinen Vater gewahrte, bleich und bebend, das fahle Gesicht vom Mondlicht beleuchtet, die Haare flatternd im feuchten Nachtwinde — da stürzte er lautlos zusammen!

Aber wie bitterer Hohn lag es auf den Zügen der Elfendirne. Sie hatte ihre verschmähte Liebe gerächt, und wie damals auf der Felsenkuppe, so schimmerte ihr schneeiges Gewand und wehte ihr weißer Schleier im Winde, und mit den Armen den Hervorstürzenden abwehrend, sang sie nach der alten Weise:

> Du hast mir gebrochen die Lieb und Treu,
> Hast ein fremdes Bräutlein umschlungen.
> Und nach zwei Wochen und aber nach zwei
> Und aber nach zwei,
> Da liegt die Mutter beim Jungen!

Alsdann zerrann sie, wie die Wolke vor dem Sonnenlichte. Der Alte aber schleppte seinen Sohn heim, der an einem schlimmen Fieber dahin siechte, und nach vier Wochen grub er ihm ein Plätzlein aus neben seiner schlanken Mary. —

Wenn die Nacht mit schwarzem Schleier
Auf die müde Erde sinkt,
Und die Mitternacht erklingt,
Eilen zu der Liebe Bunde
Eduard und Kunigunde.

In des Schlosses stillem Garten,
Tief im Mantel eingehüllt,
Schleicht Fernando, gräßlich wild,
Murmelnd aus dem düstern Munde:
Eduard und Kunigunde.

Unter blühenden Cypressen
Sitzt das holde Liebespaar,
Ahnt nicht Tod und nicht Gefahr,
Liebend tönt's von ihrem Munde:
Eduard und Kunigunde.

Fackeln scheinen, Schwerter klirren,
Und Fernando eilt herbei,
Tod euch! tönt sein Mordgeschrei,
Tod euch, noch in dieser Stunde!
Eduard und Kunigunde.

Von sechs Kugeln schwer getroffen,
Sinken beide in die Knie,
Lebe wohl, vergiß mein nie!
Rufen noch mit bleichem Munde
Eduard und Kunigunde.

Und Fernando stehts mit Kummer,
Fühlt nun Reue, tiefen Schmerz,
Sticht den Dolch sich in das Herz,
Einet mich zu Eurem Bunde:
Eduard und Kunigunde.

Und die Ritter und die Knappen
Ahmen ihren Herren nach,
Traurig jeder sich erstach,
Jammernd in der Todesstunde:
Eduard und Kunigunde.

Hörst du, wie im Hain es seufzet!
Bleiche Geister wallen dort
Zu der Rache Schreckensort,
Klagend tönt es in die Runde:
Eduard und Kunigunde.

Weltschmerz.

Ich habe gesungen von Mädchen und Wein,
Vom Vaterland und von Treue.
„Von deutschen Eichen und deutschem Rhein!"
Sang immer ich wieder auf's Neue.

Die Mädchen, die brachen mir lachend das Herz,
Es färbte der Wein mir die Nase;
Das Vaterland lachte ob meinem Schmerz,
Und höhnte des Dichters Ekstase.

Da macht' ich zur Geissel mein ruhiges Lied
Und schmähte so Fürsten als Krone:
Doch ward die Regierung des Sängers bald müd,
Mir wurde Verbannung zum Lohne.

Da sitz ich nun grimmig am schmählichen Ziel,
Hab' alt mich und dürftig gesungen;
Ein Korb voll Weltschmerz als Kinderspiel,
Sonst hab' ich bis jetzt nichts errungen.

Ich aber nehme den Globus herbei,
Und schwöre der Welt die Vernichtung, —
Und schlage die Kugel mitten entzwei,
Und fluch' der modernen Richtung.

So hol' denn der Satan was sonst mir Genuß,
Für mich ist kein Trost mehr vorhanden;
Es reite der Teufel den Pegasus!
Und reite er ihn gänzlich zu schanden!

Große Oper.

GOETS.

Finale des ersten Aktes.

Ich werde mich rächen	Wir werden uns rächen
Du wirst dich rächen	Ihr werdet euch rächen
Er wird sich rächen	Sie werden sich rächen.

Finale des letzten Aktes.

Ich sterbe den Tod des Verräthers	Wir sterben den Tod des Verräthers
Du stirbst den Tod des Verräthers	Ihr sterbt den Tod des Verräthers
Er stirbt den Tod des Verräthers	Sie sterben den Tod des Verräthers.

Bestellungen werden in allen Buch= und Kunsthand=
lungen, so wie von allen Postämtern und Zeitungs=
expeditionen angenommen.

Nro. 6.

Erscheinen monatlich zwei bis drei Mal. Subscriptionspreis
für den Band von 24 Nummern 3 fl. 36 kr. R.=W. od. 2 Rthlr.
Einzelne Nummern kosten 12 kr. R.=W. od. 3 ggr.

Der Wirth am Berge.

Friedrich, der erste hohenstauffische Herzog von Schwa=
ben, hatte unter den Mannen seines Hofhaltes einen jungen
Ritter, Herr Johannes geheißen, der, obwohl er arm war,
dennoch, um seiner großen Klugheit und Tapferkeit willen, von
seinem Herrn sehr hoch und werth geachtet wurde. Dabei
war derselbe von milden Sitten, unvergleichlicher Schönheit
des Leibes, und wohlerfahren im Waffenwerk und allen rit=
terlichen Künsten. Diesen nun ließ der Herzog eines Tages
zu sich entbieten, und sprach zu ihm: „Lieber Freund Johan=
nes, da mein erstgeborner Sohn und dereinstiger Nachfolger
nunmehr zu seinen Jahren gelangt ist, und ich demselben eine
Gemahlin beizulegen Bedacht nehmen muß, also habe ich dich,
um deiner großen Treue und Klugheit willen, ausersehen, mir
zur Ausführung dieses meines Vorhabens, Hilfe und Beistand
zu leisten. Nimm dir also wessen du bedarfst, um dich auf's
schnellste und beste zu rüsten, und reite mit stattlicher Begleit=
ung hinunter nach Freiburg, entbiete Herzog Berchtold meine
Dienste und freundlichen Gruß, und bringe meine Werbung
um die Hand seiner Tochter, der schönen und tugendreichen
Jungfrau Mechtildis, für meinen Sohn, Herzog Friedrich,
auf das beste bei demselbigen an, denn diese ist es, welche ich
meinem Sohne zur Gemahlin, und mir zur Schnur erkoren
habe.''

6

Herr Johannes hatte nicht sobald die Botschaft vernommen, zu welcher er ausersehen worden, als er sich auf das schnellste und beste beschickte, seinen Urlaub nahm, und freudigen Muthes seine Straße fuhr, die Sendung auszurichten.

Am Hoflager des Herzogs Berchtold angelangt, wurde, sobald selbiger die Ursache seiner Ankunft erfahren, Herrn Johannes große Ehre und Gunst erwiesen, und seine Werbung mit Freuden angenommen. Alsbald wurde ein prächtiges Fest veranstaltet, Banket, Turnier und Lustbarkeiten jeglicher Art, die Verlobung von Herrn Berchtolds schöner Tochter zu feiern. Bei jedem Anlaß erwies sich Johannes, des Herzogs Brautwerber, als der stärkste und muthigste Ritter,

beim Lanzenrennen, oder im Schwerdtschwingen und Kolbenschlagen, so wie geübt in anmuthiger Rede, und erfahren in manch einer schönen Kunst, womit er Ritter und Frauen, Alt und Jung zu vergnügen wußte, also daß ihn alle aufs herzlichste liebgewannen. Doch zumeist gewogen ward ihm die schöne Herzogstochter selber, und wie er, um zu seinem Herrn heimzukehren Urlaub nehmend, vor ihr stand, und so hellen, freundlichen Blickes auf sie schaute, da trat unbemerkt eine Thräne in ihr schönes Auge, und sie konnte nicht hindern, daß nicht der leise Wunsch in ihr sich regte: ihr künftiger Gemahl möge diesem gleichen! — Und als er nun vollends sich entfernt hatte, da fühlte sie wohl, er habe ihr Herz mit sich hinweggenommen, doch gelobte sie sich, ihre Empfindung niemals zu offenbaren, und den Willen des Vaters zu vollbringen, denn sie war eine fromme und gehorsame Tochter.

Aber auch dem Johannes war es gleichermaßen ergangen. Als er seinem Geleite voraus, über die glänzende Morgenau, der Heimath entgegen ritt, da versuchte er es umsonst, wie er es zu thun früher gewohnt war, ein fröhliches Jagd-, Schlacht- oder Minnelied, deren er selber kunstreich zu

setzen wußte, in die frische blaue Luft hinaus zu singen. Die wohltönende Stimme versagte ihm, seine Brust war beklommen, still sinnend ritt er vor sich hin, und erwog betrübten Muthes, wie so große Tugend und Schönheit er an Jungfrau Mechtildis erfunden, und wie er sein Leben lang solch Gemahl in treuer Liebe und Verehrung halten würde, und wie recht betrübt es doch sei, daß dieses nun und nimmermehr geschehen könne.

Wider alle Vermuthung empfing ihn Herr Friedrich von Schwaben, welchem er Boten vorausgesendet, und den glücklichen Ausgang zu wissen gethan, mit gar trauriger Geberde, und redete zu ihm also: „O mein lieber Freund Johannes, wie wohl und reiflich hatte ich mein Vorhaben erwogen, und wie gedachte ich weislich zu handeln, indem ich dir diese Brautwerbung auszurichten befahl, und ist nunmehr solche eine Ursache großer Trübsal und Unmuthes geworden, denn du sollst wissen, daß mein junger Herr Sohn allbereits ohne mein Vorwissen seine zukünftige Gemahlin erwählet und sich derselben mit einem theuern Eidschwur verlobet hat. Auch vermögte ich diese seine Wahl nicht zu schelten, denn es ist gleichermaßen eines reichen und mächtigen Herzogs Tochter und tugendvolle Jungfrau, adeligen Gemüthes, in mancherlei Kunst und Wissenschaft wohl unterwiesen, und von großer Schönheit, und möchte ich selbige wohl als eine liebe Tochter annehmen, hätte ich nicht mein Wort an Herrn Berchtold durch dich allbereits schon verpfändet, und wollte ich lieber das Leben lassen, als solches nicht einlösen. Jetzo mein werther Johannes, bezeige dich als einen getreuen und verständigen Diener und Freund, und entdecke mir einen Rath und Anschlag, wie ich mein gegebenes Wort bei Ehren erhalte, ohne meinen Herrn Sohn zu einer Gemahlschaft zwingen zu müssen, welche seinem Sinne also sehr widerstrebet. Findest du ein Mittel, solchem Verdruße zu begegnen, so will ich es dir lohnen mit großen Ehren und Würden und reichem Gute, und dich zeitlebens werth halten als meinen liebsten und getreuesten Freund!" —

Als der Herzog seine Rede beendiget, da erblühete eine helle Röthe auf dem Antlitze seines Dieners Johannes, und die Hoffnung in seinem Herzen erhob freudig ihr leuchtendes Panner. Er beugte das Knie und sprach vergnügten Muthes: „Gnädigster Gebieter, so verscheuchet denn Eueren Kummer, dieweil ich zuversichtlich glaube, mit Gottes Beistand Euer Vertrauen zu rechtfertigen, und Euer Anliegen zu einem für alle Theile frohen Ende zu bringen, unbeschadet Euerer Ehre und gegebener Versprechung. Laßt mich unverweilt von hinnen und harret getrost erwünschter Botschaft, die Euch in Bälde von mir zukommen soll!"

Nachdem ihm ein solches verstattet worden, so kehrte Herr Johannes auf das schleunigste wieder zurück an das Hoflager des Zähringers, woselbst er indessen großes Trauern und Wehklagen erfuhr, denn die schöne und tugendreiche Herzogstochter war inzwischen in ein also schweres Siechthum verfallen, daß die erfahrensten Aerzte und Meister der Kunst an ihrem Aufkommen verzweifelten, und für gewiß dafür hielten, daß in kurzer Frist die Sichel des unerbittlichen Todes diese glanzvolle und süßduftende Blume von der Erde hinwegnehmen würde. Herr Johannes erbat sich die Gnade, der Jungfrau alsogleich vorgestellt zu werden, dieweil er eine Botschaft an sie allein zu bringen gekommen sei. Als denselben nun Herr Berchtold in das Gemach der Tochter geführt, und er an ihr Lager getreten, sich auf das Knie niedergelassen, und von ihr bemerkt worden — da sahen Alle, so zugegen, mit großem Staunen, was ihnen wie ein übernatürliches Wunder erschien, denn die blassen Wangen der Jungfrau wurden mit schimmernder Röthe überzogen, das erloschene Auge strahlte von neuem Glanze, ein mildes Lächeln öffnete die geschlossenen Lippen, und ein Blick des innigsten Wohlwollens ruhte auf dem in tiefer Bewegung des Gemüthes vor ihr knieenden Johannes. Als die Jungfrau sich in etwas wieder gefaßt hatte, brach sie zuerst das Stillschweigen, und erhobenen Hauptes sprach sie mit leiser aber fester Stimme: "Geliebter Herr und Vater, warum sollte ich jetzo, wo ich vielleicht in dieser Stunde noch von Euch und dem Leben mich trennen muß, nicht ungescheut das Geheimniß meines Herzens, welches, so mir Hoffnung längeren Lebens geblieben, nichts auf der Welt mir zu entreißen würde im Stande gewesen seyn, nunmehr nicht freudig bekennen? Ja, mein Johannes, da ich deine hohe Tugend und adelige Gesinnung, Klugheit und Muth und große Treue an dir erkannt, da hatte meine Seele sich dir zu eigen gegeben, und ich gedachte welch ein großes Glück es seyn müßte, wenn ich als dein Gemahl mein Leben lang in getreuer Liebe dir angehören dürfte. Da aber dieses nicht geschehen können, dieweil mein geliebter Herr und Vater über mich ein anderes beschlossen, so gelobte ich bei mir als eine getreue Tochter in allem mich gehorsam zu bezeigen. Nunmehr nimmt Gott die schwere Verpflichtung von mir, und freudig folg' ich seinem Rufe, indem ich hoffe, daß er nach seiner Barmherzigkeit uns alle nach kurzer Trennung in seiner Herrlichkeit vereinigen werde,

und sage ich also hiermit Euch allen mein letztes Lebewohl!"

Als die Jungfrau geendigt, nahm sie Herr Berchtold mit großem Trauern in seine Arme und sprach: "O meine geliebte Tochter, hätte ich dieses zuvor wissen sollen, so wollte ich dich gerne Herrn Johannes zur Gemahlin gegeben haben, und darfst du deiner Wahl dich nimmer schämen, denn obwohl nicht von hoher Geburt oder großem Reichthum, besitzet derselbige so hohe Gaben und glanzvolle Tugenden, daß er solchergestalt wohl ebenbürtig zu nennen!" —

Auf diese Rede erhob sich Johannes rasch und mit freudestrahlenden Mienen, eilte auf Herrn Berchtold und die Jungfrau zu, deren Hände er zu wiederholten Malen an

seinen Mund drückte; alsdann rief er mit großer Bewegung: "Preis und Ehre sei dem allmächtigen Schöpfer Himmels und der Erden, ohne Ende ist seine Güte und wunderbar seine Fügungen uns zum Heil!" Hierauf entdeckte er Herrn Berchtold die Ursache seiner Rückkehr und Alle lobten und dankten Gott, der so bittere Schmerzen in süße Lust und so schwere Trauer in also große Fröhlichkeit verkehret.

Da die Jungfrau schnell von ihrem Siechthume sich erholte und wieder zu vorigen blühenden Kräften gelangte, so ward alsbald die Hochzeit auf das herrlichste ausgerichtet, und erhielt Herr Johannes gleichermassen vom Herzog Berchtold sowohl, als von Herzog Friedrichen weite Lehen und großes Gut an Burgen und Ländereien mit reichen Gefällen und Einkünften. Zu seinem Hauptsitze wählte er ein schönes Schloß auf einem hohen rebenumpflanzten Berge am Nekar, zwischen den Städten Weiblingen, der Wiege des Hohenstauffen = Geschlechtes, Eßlingen und Stuttgart, von welcher herab er einen großen Theil seiner Herrschaft über= schauen konnte, die er in Kurzem durch Freigebigkeit, Gerech= tigkeit, Milde und weise Einrichtungen zu dem blühendsten und fruchtreichsten Garten des ganzen Gaues gestaltete. All sein Leben lang, welches er bis zu den höchsten Jahren brachte, die dem Menschen zu erreichen vergönnt sind, blieb er seinem Herrn und Wohlthäter in Dankbarkeit und uner= schütterlicher Treue ergeben, und nach dessen Tode seinem Sohne, dem nachmaligen Kaiser Conrad, den er auch auf seinem Kreuzzuge in's heilige Land begleitete. Stets übte er nach der Väter Sitte gegen Alle, die bei ihm einsprachen, die bereitwilligste Gastlichkeit, und weil seine Burg das Haus am Berge genannt war, so hieß man Herrn Johannes weit und breit nur den Wirth am Berge. Dieser Name ist dann auch dem erlauchten Geschlechte verblieben, das aus seiner und Frau Mechtildis von Zähringen Nachkommenschaft seinen Ursprung nahm, und aus welchem zahlreiche tapfere Helden und weise Regenten hervorgingen; wie denn zu dieser Zeit ein Nachkomme derselben als eine Zierde unter den deut= schen Fürsten ein weites gesegnetes glückliches Land regieret, der in früheren Kriegsläuften in manch heißer Feldschlacht, wie bei Sens und Montereau, die Heldenbrust dem Feind entgegenwarf und mit unerschrockenem Muthe für die Ehre des deutschen Namens und die Befreiung des Vaterlandes vom schmachvollen Joche der Franzosen, kämpfte und siegte; dann daheim dem Lande eine Verfassung und weise Gesetze und Einrichtungen gab, geehrt und geliebt von einem getreuen und biederen Volke als ein muthiger und milder, als ein weiser und gerechter Herrscher — Wilhelm I. König von Würtemberg! —

# Tragische Geschichte.

S'war Einer, dem's zu Herzen ging,
Daß ihm der Zopf so hinten hing,
      Er wollt es anders haben.

So denkt er denn: wie fang ich's an?
Ich dreh mich um, so ist's gethan —
      Der Zopf, der hängt ihm hinten.

Da hat er flink sich umgedreht,
Und wie es stund, es annoch steht —
   Der Zopf, der hängt ihm hinten.

Da dreht er schnell sich anders rum,
S'wird aber noch nicht besser drum —
   Der Zopf, der hängt ihm hinten.

Er dreht sich links, er dreht sich rechts,
Er thut nichts Guts, er thut nichts Schlechts,
   Der Zopf, der hängt ihm hinten.

Er dreht sich wie im Kreisel fort,
Es hilft zu Nichts, in einem Wort:
   Der Zopf, der hängt ihm hinten.

Und seht, er dreht sich immer noch,
Und denkt: es hilft am Ende doch —
   Der Zopf, der hängt ihm hinten.

                A. v. Chamisso.

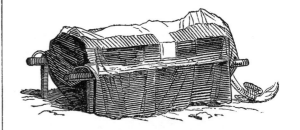

Der Renegat.

Lueg! Am Bosporus dunnerts. — Was se nur habe?
D'Sultanin hant gewiß a Büble,
Dös schreib i glei als Neuigkeit nach Schwabe,
Sonst möcht mirs d'Frau Baas verüble.

———

Der Feiglesbaum
oder
Das Lied von der Treue.

———

(Altdeutsches Volkslied.)

Ein Mädchen von achtzehn Jahren,
Die hatt' einmal zwei Lieb.

Der eine war ein Reitknecht,
Der andre ein Kaufmannssohn.

Ein' Ring von achtzehn Graden,
Den hat er ihr geschenkt.

Drauf hat der Kaufmannssohn sein Felleisen gepackt, hat sich auf sein Pferd gesetzt und hat eine große Reise durch die ganze Welt gemacht, der Reitknecht aber hat sich unter der Zeit um des Mägdeleins Liebe beworben, und hat sie glücklichermaßen geheirathet.

Und als sie saßen beim Mahle,
Da kam ein fremdes Gast.

Was soll'n wir Dir einschenken,
Ein Gläslein kühlen Wein?

Der Feiglesbaum.

Ihr braucht mir nichts einschenken,
Ich schenk' mir selber ein.

Ein Tänzlein mit der Braut
Ist mir wohl schon erlaubt?

Drauf hat er sich gedreht
Mit ihr zum Fenster 'naus.

Und drunten tief im Thale,
Da steht ein Feiglesbaum.

Da hat er sie zerrissen,
Zu lauter feurige Flamm'.

So gehts, wenn zwei ein Mädichen lieben,
　　Das thut gar selten ein gut;
Da haben wir's gesehen,
　　Was falsche Liebe thut.

Der Troubadour.

Einst spielt' ich mit Zepter,
Mit Kronen und Stern,
Das Volk meiner Russen
Beglückt' ich so gern.

München, Verlag von Braun & Schneider. — Papier und Druck von Fr. Pustet in Regensburg.

Fliegende Blätter

Bestellungen werden in allen Buch- und Kunsthandlungen, so wie von allen Postämtern und Zeitungs-
expeditionen angenommen

Nₒ. 7.

Erscheinen monatlich zwei bis drei Mal. Subscriptionspreis
für den Band von 24 Nummern 3 fl. 36 kr. R.-W. od 2 Rthlr.
Einzelne Nummern kosten 12 kr. R.-W. od. 3 ggr.

Der dicke Bildschnitzer.

(Aus Bülows Novellenbuch.)

Eines Sonntags Abends im Jahre vierzehnhundert neun versammelte sich eine Gesellschaft junger Leute zum Nachtessen bei dem Edlen Tomaso de Pecori in Florenz, einem gro- ßen Freunde der Kurzweil und Geselligkeit. Und als man über dies und jenes plaudernd nach Tische um das Feuer herumstand, sagte Einer aus der Gesellschaft: Was meint ihr, daß Manetto Ammanatini heute nicht gekommen ist? Wir haben ihm zugeredet, was wir konnten, er war nicht von der Stelle zu bringen.

Dieser Manetto, ein junger Bildschnitzer, hatte seine Werkstatt auf dem Platze San Giovanni, und galt für den geschicktesten Meister in Verfertigung ausgelegter Holzarbeiten. Er war ein aufgeweckter possirlicher Mensch, eher arglos als schlau von Natur, und wegen seiner ziemlich starken und großen Körpergestalt, in der erwähnten von ihm häufig be- suchten Gesellschaft fröhlicher lebenslustiger Leute, vorzugsweise der Dicke genannt.

An diesem Abende hielten ihn entweder Geschäfte, oder Grillen, oder Anderes ab, und er hatte sich trotz aller Bit- ten nicht entschließen wollen, mit den Gesellen zu gehen.

Indem sie sich nun darüber besprachen und sich die Ur- sache nicht erklären konnten, aus der er zurückgeblieben war,

kamen sie endlich überein, es möge nichts Anderes als Gril- lenfängerei von ihm gewesen seyn. Ein wenig unwillig des- halb, sagte der Sprecher von vorhin: Wir sollten ihm ein- mal einen Streich spielen, auf daß er sich nicht gewöhnte, seine Grillen an uns auszu- lassen. Worauf ein Anderer erwiederte: Was können wir ihm anhaben? Lassen wir ihm nicht etwa die Zeche wo be- zahlen, oder treiben einen ähn- lichen Spaß mit ihm?

Es war unter dieser mun- teren Tischgesellschaft Einer, Namens Filippo di Ser Brunellesco, um seiner Kunst willen allbekannt. Die- ser ging vertraut mit dem Dicken um, und kannte ihn genau. Wie er also jetzt ein wenig still nachgedacht, und bei sich erwogen hatte, daß der Dicke von sehr schwa-

7

chem Verstande sei, brach er in die Worte aus: Hört, lieben Freunde, wenn ihr Lust habt, so denke ich, wir könnten eine allerliebste Posse mit dem Dicken spielen, die uns gewiß den größten Spaß abwürfe. Käme es auf mich an, so machten wir ihm weiß, er sei aus sich selber heraus verwandelt, und nicht mehr der Dicke, sondern ein Anderer. Hierauf wendeten zwar die Andern ein, daß dies unmöglich auszuführen sei; Filippo wußte ihnen aber seine Meinung so annehmlich zu machen, stellte ihnen die Verstandesschwäche des Dicken so augenfällig dar, daß sie zuletzt nicht mehr an Ausführbarkeit des Planes zweifelten. Sie verständigten sich, wie einer nach dem andern den Dicken in dem Glauben bestärken solle, daß er ein gewisser Matteo sei, der auch zu der Gesellschaft gehörte, und die Sache nahm am nächstfolgenden Abende ihren Anfang dergestalt: Filippo di Ser Brunellesco, bekannter, wie gesagt, mit dem Dicken, als die Uebrigen, trat zu der Stunde, da die Hand=werker ihre Läden zuzuschließen pflegten, in den Laden des Dicken ein, und schwatzte eine lange Weile mit ihm, bis verabredetermaßen ein kleiner Knabe eilig gelaufen kam, und fragte: Kommt hier nicht zuweilen Filippo di Ser Bru=nellesco her, und ist er vielleicht da? Filippo trat auf ihn zu, sagte, er wäre der Mann, und fragte das Kind, was es begehre? Der Knabe erwiederte: Ach! geht doch ja so schnell als ihr könnt nach Hause; es hat eure Mutter vor zwei Stunden der Schlag gerührt, und sie ist halb todt. Kommt aber ja recht bald. Filippo stellte sich an, heftig zu erschrecken, rief: Gott steh' mir bei, schüttelte dem Dicken die Hand, und nahm hastig von ihm Abschied. Der Dicke sagte theilnehmend: Ich will mit dir gehen, im Falle du meiner bedarfst. Das sind Fälle, in denen man seine Freunde nicht schonen muß. Filippo bedankte sich und sprach: Ich nehme dich nicht mit, aber wenn mir dein Beistand fehlt, so schicke ich nach dir. Er ging, und schlug anscheinend den Weg nach seiner Wohnung ein; als er aber eine Strecke entfernt war, bog er um, und begab sich zu des Dicken Hause, das der Kirche Santa Reparata gegenüber lag. Er öffnete, bekannt mit solchen Dingen, mit einem kleinen Messer, das er bei sich trug, die Thüre, und schob innen den Riegel vor, so daß Niemand hinein gelangen konnte.

Der Dicke hatte seine Mutter bei sich, die dieser Tage nach Polverosa gegangen war, wo sie ein Gütchen besaß, um da ihre Wäsche zu waschen und zu trocknen, und er erwar=tete sie alle Tage zurück. Er machte seine Werkstatt zu, ging seiner Gewohnheit nach einige Mal auf dem Platze San Giovanni auf und ab, den Kopf mit Gedanken an Filippo und dessen kranke Mutter erfüllt, und sagte bei sich selbst, nachdem ein Uhr des Nachts vorüber war: Nun bedarf der

Filippo meiner doch nicht mehr, da er nicht zu mir schickt. Er beschloß also, nach Hause zu gehen. Und als er vor seiner Thüre, zu der man zwei Stufen in die Höhe trat, angelangt war, und wie sonst aufschließen wollte, versuchte er es mehrere Male, und merkte endlich, da es nicht ging, daß von innen der Riegel vor sei. Er klopfte an, und rief: Wer ist denn oben? Mach auf! — der Meinung, daß wohl seine Mutter vom Dorfe zurückgekommen sei, und aus Vorsicht den Riegel vorgeschoben habe. Filippo drinnen trat an den Treppenhals, und rief, des Dicken Stimme nachahmend: wer ist unten? Worauf der Dicke entgegnete: Mach' auf! — Fi=lippo, als halte er den Pochenden für den Matteo, von dem schon die Rede war, rief, gleichwie der Dicke hinab: Ach, Matteo! geh' mit Gott, ich bin heute nicht aufgelegt, eben war Filippo di Ser Brunellesco in meiner Werk=stätte bei mir, und ward abgeholt, weil seine Mutter seit ein paar Stunden schon auf den Tod krank liegt. Das hat mich für den ganzen Abend betrübt gemacht. Und nach innen ge=wendet, fügte er hinzu: Monna Giovanna, so hieß des Dicken Mutter, macht, daß ich zu essen bekomme. Es ist gar zu arg; vor zwei Tagen solltet ihr schon wieder da seyn, und heute kommt ihr nun so spät. Er schalt noch einige Worte so verdrossen hin, und ahmte des Dicken Stimme immer dabei nach.

Wie der Dicke drin so schreien hörte, und es ihm doch seine eigene Stimme schien, sagte er: Was heißt denn das? Kommt es mir doch vor, als sei der da oben ich, der da sagt, daß Filippo in seiner Werkstatt gewesen, als er zu seiner erkrankten Mutter gerufen ward! Und über dies schwatzt er ja mit Monna Giovanna. Bin ich bei Sin=nen, oder wie ist mir? Er trat die beiden Stufen wieder hinab, ein wenig zurück, um zu dem Fenster hinauf zu rufen. Da kam alsbald der Bildhauer Donato di Niccolo di Benetto Bardi, Donatello benannt, ein großer Freund des Dicken, hinzu; und wie er so in der Dämmerung vor=überging, sagte er: Guten Abend, Matteo; suchst du den Dicken? Der ging eben in's Haus hinein. Nach diesen Wor=ten hatte er sich schon entfernt.

War aber der Dicke vorher voll Verwunderung, so stand er nun, wie er hörte, daß Donatello ihn Matteo nannte, ganz verblüfft, und ging wieder auf den San Gio=vanniplatz, indem er zu sich sagte: Ich will so lange hier stehen, bis Jemand vorbeigeht, der mich kennt, und mir sagen kann, wer ich eigentlich bin. Zu dem so halb von Sinnen Dastehenden kamen, nach Abrede, vier Diener des Handels=gerichtes, nebst einem Notar, und mit ihnen ein Gläubiger jenes Matteo, für den der Dicke schon auf dem besten

Wege war, sich zu halten. Der Gläubiger trat dicht zum Dicken heran, und sagte zu dem Notar und den Bewaffneten: Führt den Matteo hier weg, er ist mein Schuldner. Zum Dicken aber: Siehst du wohl, ich bin dir so lange auf den Fersen gefolgt, bis ich dich doch erwischt habe. Die Gerichtsdiener und der Notar nahmen den Beklagten fest und schickten sich an, ihn hinwegzuführen. Der Dicke aber sagte zu dem, der ihn greifen ließ: Was habe ich mit dir zu schaffen, der du Gewalt gegen mich brauchst? Heiß den Leuten mich loslassen: Du nimmst mich für einen Andern, ich bin nicht der, für den du mich halten magst, und du begehst schweres Unrecht, daß du mir solche Schande anthust. Ich habe nichts mit dir gemein. Ich bin der dicke Tischler und nicht der Matteo, und weiß nicht, was für ein Matteo ich seyn soll. Hiermit wollte er anfangen, sich zu widersetzen, da er sehr stark und kräftig war; die Häscher fielen ihm aber rasch in die Arme und hielten ihn. Der Gläubiger

trat vor ihm hin, sah ihm scharf in's Auge und sagte: Wie! du hättest nichts mit mir zu thun? So, so, und ich sollte den Matteo, meinen Schuldner, nicht kennen, und nicht wissen, wie der dicke Tischler aussieht? Du stehst in meinem Schuldbuche, und ich habe Urtheil gegen dich schon ein Jahr lang, trotz deiner Schliche, bei mir. Du thust wohl daran, schlechter Mensch, zu sagen, daß du nicht der Matteo seist. Aber ich will dich schon lehren, daß es besser ist, du bezahlst mich, als daß du dich zu einen Andern machst. Führt ihn immer fort: wir wollen sehen, ob er es wirklich ist. Unter heftigem Gezänk ward der Dicke auf das Handelsgericht geführt. Und weil es fast schon Zeit des Abendessens war, so trafen sie weder unterwegs noch an Ort und Stelle Jemand an, der ihn kannte.

Im Gerichtshause schrieb der Notar scheinbar einen Verhaftsbefehl auf des Matteo Namen ein. Der Dicke ward in's Gefängniß gebracht, und wie er hineintrat, drängten sich die anderen Gefangenen, die den Lärm bei seiner Ankunft vernommen hatten, und ihn öfter Matteo nennen hörten, ohne ihn zu kennen, um ihn herum, und riefen ihm zu: „Guten Abend, Matteo, was gibt's denn mit dir?" Der von dem einen wie von dem anderen Matteo genannte Dicke meinte also ziemlich gewiß Matteo zu seyn, und erwiederte die Begrüßung ganz verwirrt: Ich bin da einem, der mich hat setzen lassen, eine Summe Geld schuldig; aber morgen bei guter Zeit komme ich los. Die Gefangenen entgegneten: Du siehst, wir sind eben beim Abendbrode; iß mit uns, du kannst deßwegen morgen früh immer wieder gehen. Bedenke aber wohl, daß man hier jedesmal länger bleibt als man bleiben will. Der Dicke speiste mit den Gefangenen, und nach der Mahlzeit räumte ihm einer den schmalen Rand seines Lagers ein, indem er sagte: Matteo, richte dich für heute Nacht ein, so gut du kannst. Kommst du morgen früh los, so ist es gut für dich, wo nicht, so bringt man dir wohl aus deinem Hause ein Bett hieher. Der Dicke dankte und legte sich nieder, um zu schlafen, während in seinem Kopfe folgende Gedanken aufstiegen: Was will ich machen, wenn ich einmal aus dem Dicken der Matteo geworden bin? Und das kommt mir jetzt ziemlich ausgemacht vor, nach allen den Beweisen, die ich habe. Schicke ich nach Hause zu meiner Mutter, und der Dicke ist da, so machen sie sich lustig über mich und werden sagen, daß ich verrückt geworden sei. Und auf der andern Seite dünkt es mir doch immer noch, daß ich der Dicke bin. Unter solchem Selbstgespräche, bald seiner Sache gewiß, daß er Matteo, bald wieder der Dicke sei, blieb er bis Morgens wach, ohne ein Auge zuzuthun. Und als er in der Frühe aufgestanden war, und an dem kleinen Fensterchen des Gefängnisses stand, in der Erwartung, von da irgend eines vorübergehenden Menschen habhaft zu werden, der ihn kenne, kam ein junger Mann Namens Giovanni di Messer Francesco Rucellai auf das Handelsgericht, der auch zu der Gesellschaft gehörte, und an der Abendmahlzeit, so wie an der spaßhaften Verschwörung Theil genommen hatte. Er war ein genauer Bekannter des Dicken, der eben den Rahmen zu einem Madonnenbilde für ihn fertigte, und brachte noch vorigen Tages, um ihn anzutreiben, eine lange Weile in seiner Werkstatt zu, bis der Dicke versprochen hatte, ihm die Schilderei in vier Tagen fertig zu liefern. Wie nun Giovanni in das Gerichtshaus getreten war, steckte der Dicke seinen Kopf durch das Gitterfenster des Kerkers, der sich zur ebenen Erde befand, in die Flur, und sah und lächelte ihn freundlich an. Giovanni sah ihn wieder an, als hätte er ihn noch niemals gesehen, und sprach: „Was lachst du guter Freund?" Der Dicke, dem es vorkam, er werde von jenem nicht erkannt, antwortete: „O! ich lache über weiter nichts; sagt mir, kennt ihr nicht Einen, den man den Dicken nennt, der gleich dort hinten am San

Giovanniplatz wohnt, und ausgelegte Arbeit macht?" Wie! ob ich ihn kenne! sagte Giovanni, ja wohl, er ist mein guter Freund, und ich werde bald wegen einer kleinen Arbeit, die er mir macht, zu ihm gehen. Der Dicke fuhr fort: Ach! thut mir doch den Gefallen, da ihr einmal zu ihm geht, und sagt ihm, es sitze einer seiner Freunde im Handels= gerichte, er möge doch ihm zu Lieb' im Vorbeigehen einmal mit hier zusprechen. Giovanni, der ihm fortwährend starr in's Gesicht sah, und nur mit Mühe das Lachen verhielt, sagte: Recht gerne will ich das thun; worauf er sich entfernte und an seine Geschäfte ging.

Der Dicke blieb allein am Gefängnißgitter stehen und sagte bei sich selbst: Nun kann ich sicher seyn, daß ich nicht mehr der Dicke, sondern Matteo geworden bin. Ver= wünschtes Schicksal! Wollte ich den Leuten etwas von meinem Unfalle sagen, sie glaubten gar noch, ich sei närrisch geworden, und die Kinder liefen mir auf der Gasse nach. Und sage ich nichts, so fallen noch hundert Mißverständnisse wie gestern Abend vor, da man mich gefangen setzte. Ich mag thun was ich will, es geht mir schlecht. Wir wollen aber doch sehen, ob der Dicke nicht kommt. Und wenn er kommt, so erzähle ich es ihm, und werde ja hören, was er sagt. Er wartete, in dem Wahne, der Dicke solle kommen, eine lange Zeit, und machte endlich, da er nicht kam, einem Andern am Fenster Platz. Dann setzte er sich, und sah bald den Fußboden, bald die Wand, mit gefalteten Händen an. Es war dieser Tage auch ein Rechtsgelehrter in der Haft, ein sehr braver Mann, dessen Namen wir aus Achtung vor ihm verschweigen wollen, der zwar den Dicken nicht kannte, doch da er ihn so schwer= müthig sitzen sah, und sich einbildete, er sei um seine Schuld betrübt, ihn ein wenig zu trösten gedachte, indem er sprach: Nun Matteo, du bist ja so trübselig, als wenn es dir an Leib und Leben ginge, und deine Schuld ist doch, wie du selber meintest, klein. Man muß sich nicht im Unglück nie= derdrücken lassen. Warum schickest du nicht nach einem deiner Freunde oder Verwandten aus, und suchst deinen Gläubiger zu bezahlen, oder dich mit ihm zu verständigen, damit du auf freie Füße kommest und den Muth nicht ganz und gar verlierst. — Wie sich der Dicke so wohlmeinend und freundlich trösten

hörte, entschloß er sich, dem Fremden seine Noth zu klagen. Er zog ihn in einen Winkel des Gefängnisses, und hub an: Obgleich ihr mich nicht kennt, mein lieber Herr, kenne ich euch doch wohl, und weiß, daß ihr ein braver Mann seid. Ich will euch also den Grund gestehen, weßwegen ich so schwer= müthig bin. Ihr sollt nicht glauben, daß eine kleine Schuld mir solches Leid erregt. Es ist etwas Anderes. Und er erzählte ihm seine Lage, und jeden Umstand, der sich bisher mit ihm zugetragen hatte, vom Anfange bis zu Ende weinerlich, und bat sich zweierlei von ihm aus: daß er erstens mit Niemand von seinem Unfall spreche, und ihm dann irgend einen guten Rath, oder Hilfe in seiner Noth ertheile. Er setzte hinzu: Ich weiß, daß ihr erfahren in den Wissenschaften seid, und belesen in vielen Autoren und alten Historien, in denen mannigfache Ereignisse beschrieben sind. Fandet ihr niemal eine Geschichte darin, die der meinigen gleicht? Als der wackre Mann diese Rede vernommen und still bei sich erwogen hatte, meinte er, es könne mit dem Guten nur zweierlei Bewandtniß haben, entweder sei er verstandeskrank, oder man treibe seinen Spott mit ihm. Er entgegnete also schnell: er habe vielerlei der Art gelesen, wie nämlich aus einem Menschen ein anderer ward, und dieß möge denn gerade kein so neuer Fall seyn. Der Dicke antwortete: Sagt aber, wenn ich der Matteo geworden bin, wo ist dann der alte Matteo hin? Der Rechts= gelehrte: Nothwendigerweise muß der Dicke aus ihm geworden seyn. Worauf abermals der Dicke sagte: Recht sehr wohl, könnte ich ihn nur einmal, meine Neugier zu stillen, sehen!

Unter solchen Betrachtungen verging der Tag. Um die Vesperzeit kamen zwei Brüder Matteo's in das Gerichtshaus, und fragten den anwesenden Notar, ob nicht ein Bruder von ihnen, Namens Matteo, hier gefangen sitze, und wie groß die Summe sei, die er schulde; sie wollten ihn aus seiner Haft befreien. Der Notar, der als genauer Freund des Tomaso Pecori um den ganzen Handel wußte, bejahte die erste Frage, blätterte aufmerksam in seinem Buche herum, und sagte, er ist der, und der Summe halber auf des und des Antrag hier. Gut, erwiederten sie, wir wollen ihm ein paar Worte sagen, alsdann schaffen wir das Geld herbei. Und auf das Gefäng= niß zugehend, sagten sie zu Einem, der am Fenster stand: Sage doch dem Matteo drinnen, es wären seine Brüder hier, um ihn zu befreien, er solle einen Augenblick herantreten. Der Gefangene richtete seinen Auftrag aus, und der Dicke kam an das Gitter und grüßte sie, worauf der ältere der bei= den Brüder ihn solchergestalt anredete: Matteo, du weißt, wir haben dich schon unzählige Mal ermahnt, von dem schlech= ten Lebenswandel abzulassen, den du seither geführt hast, du weißt, wir haben dir immer gesagt: Du geräthst tagtäglich in Schulden, heute bei dem, morgen bei dem, und bezahlst keinen

Menschen je. Was du heute nicht verspielst, bringst du morgen liederlicher Weise durch, so daß du nie einen rothen Heller in deinem Beutel hast. Nun haben sie dich aber gar eingesteckt! Du weißt, wie wir uns behelfen müssen, und ob wir immerdar im Stande sind, für dich Schulden zu bezahlen, der du mit deinem Saus und Braus die Zeit her einen wahren Schatz durchgebracht hast. Wir sagen dir, wenn es nicht um unserer Ehre willen wäre, und weil uns unsere Mutter keine Ruhe läßt, wir ließen dich diesmal eine Weile zappeln, damit du wo möglich in dich gingest. Wir wollen uns jetzt noch einmal deiner annehmen und für dich bezahlen; doch wenn du wieder so tief hineingeräthst, so sollst du länger drin stecken bleiben, als dir lieb seyn mag, das merke dir. Damit uns Niemand bei hellem Tage mit dir herausschleichen sieht, so werden wir heute Abend, um das Ave-Maria, dich abzuholen, kommen, wann wenig Menschen auf der Straße sind; denn es soll nicht Jedermann Zeuge unseres Elendes seyn, und wir mögen nicht noch mehr Schande deinetwegen auf uns laden. Der Dicke gab ihnen gute Worte, und versprach hoch und theuer, er wolle in Zukunft ein ganz anderes Leben führen, als er bisher gethan habe, und sich hüten, wieder so liederlich zu seyn, und ihnen solche Schande ins Haus zu bringen. Er beschwor sie um Gotteswillen, sie möchten ihn ja abholen, wenn die Stunde gekommen sei. Sie versprachen es und gingen hinweg, und er zog sich wieder in seine Ecke zurück, wo er gegen den Richter sich äußerte: Es kommt immer besser mit mir. Eben waren zwei Brüder des Matteo, jenes Matteo, mit dem man mich verwechselt, hier, und haben mit mir gesprochen und mir gesagt, um's Ave-Maria kämen sie wieder und holten mich ab. Und fügte er kläglich hinzu: Wie soll es nun werden, wenn ich hier weggeführt worden bin? Wo soll ich hin? In mein Haus kann ich nicht gut wieder, denn ist der Dicke drinnen, was soll ich sagen, will ich nicht für einen Narren ausgeschrieen werden? Und ganz gewiß muß der Dicke drin seyn, meine Mutter hätte mich ja suchen lassen, wär' er's nicht; so aber steht sie ihn gewiß vor sich und wird ihren Irrthum nicht gewahr. Der Rechtsgelehrte verbiß sich das Lachen, und hatte über den Dicken unendlichen Spaß. Er sagte: Lauf ja nicht zum Dicken hin; geh nur mit denen, die sich für deine Brüder ausgeben; du wirst bald sehen, wohin sie dich führen, und was weiter mit dir geschieht.

(Schluß in nächster Nummer.)

Der schlesische Zecher.

Auf Schlesiens Bergen, da wächst ein Wein,
Der braucht nicht Sonne nicht Mondenschein.
Ist's Jahr auch schlecht, ist's Jahr auch gut,
Da trinkt man fröhlich der Trauben Blut.
Da lag ich einmal am vollen Faß,
„Ein Anderer soll mir trinken das;"
So rief ich,
„Und soll's der Teufel sein,
Ich trinke ihn nieder
Mit solch'nem Wein."
Und eh noch das letzte Wort verhallt,
Des Satans Tritt durch den Keller schallt,
„He Freund!, gewinn' ich, so bist du mein,"
Ich gehe, so sprach ich, ich gehe die Wette ein.
Da wurde manch Krüglein leer gemacht;
Wir saßen und tranken die halbe Nacht,
Da lallte der Teufel: „He Kamerad,
Beim Fegfeuer jetzt — jetzt hab' ich's satt.
Ich trank vor hundert Jahren zu Prag
Mit den Studenten Nacht und Tag;
Doch mehr zu trinken solch sauren Wein,
Müßt' ich ein geborner Schlesier sein."

Der gute Mond.

Guter Mond du gehst so stille
In den Abendwolken hin,
Bist so ruhig, und ich fühle
Daß ich ohne Ruhe bin.
Traurig folgen meine Blicke
Deiner stillen heitern Bahn;
O wie hart ist das Geschicke,
Daß ich dir nicht folgen kann.

Dort in einem kleinen Thale,
Wo viel junge Bäume steh'n,
Nah bei einem Wasserfalle,
Wirst du eine Hütte seh'n.
Geh' durch Felder, Bäch' und Wiesen,
Blicke sanft ans Fenster hin:
Dort erblickest du Elisen,
Aller Mädchen Königin.

Guter Mond dir kann ich's sagen,
Was mein banges Herze kränkt,
Und was unter bitterm Zagen
Die betrübte Seele denkt.
Guter Mond, du kannst es wissen,
Weil du so verschwiegen bist,
Warum meine Thränen fließen,
Und mein Herz so traurig ist.

Mond, du Freund der reinsten Triebe,
Schleich dich in ihr Zimmer ein;
Sag es ihr, daß ich sie liebe,
Und daß sie nur ganz allein
Mein Vergnügen, meine Freude,
Meine Lust, mein Alles ist;
Daß ich auch mit ihr dann leide,
Wenn ihr Aug' in Thränen fließt.

Der Liebesbrief.

O laß, Du Himmlische, Dir sagen,
Daß alle meine Pulse für Dich schlagen.

Kaum gebiet' ich meinem Schmerze,
Sie verschmäht das treu'ste Herze.

Progressist: Nur zugehauen, frisch! wie lange werd' ich
knieen sollen?

Moderados: Sie sind ja schon geköpft, wenn Sie nur
gütigst schütteln wollen.

Eine englische Geschichte.

Die Armen: Brod, Brod! wir flehen auf dem Knie!

Fabrikherr: Wie glücklich die Canaillen sind, es hun-
gert sie.

Musikalische Meteore.

Liszt übertroffen! Eine freie Phantasie vierhändig. Das größte Ereigniß der Neuzeit! Alle Lippen nennen ihn, — alle Herzen schlagen ihm entgegen. Worte schildern ihn nicht, — nicht seiner Harmonieen Macht. Nur hören, sehen und dann — — sterben.

Ein neu Gestirn erscheint am Horizont der Kunst! — Wer schildert seinen Glanz? Die Feder entfällt der anbetenden Hand! o — ach — ah!! Alle Pulse schlagen fieberhaft; hier endet die Kritik, die Kunst!

München, Verlag von **Braun & Schneider.** — Papier und Druck von **Fr. Pustet** in Regensburg.

Bestellungen werden in allen Buch= und Kunsthand=
lungen, so wie von allen Postämtern und Zeitungs=
expeditionen angenommen.

Nᵣₒ. 8.

Erscheinen monatlich zwei bis drei Mal. Subscriptionspreis
für den Band von 24 Nummern 3 fl. 36 kr. R.=W. od. 2 Rthlr.
Einzelne Nummern kosten 12 kr. R.=W. od. 3 ggr.

Der dicke Bildschnitzer.

(Schluß.)

Während sie noch zusammen sprachen, kam der Abend heran, die Brüder kehrten zurück, stellten sich an, als bezahlten sie den Gläubiger und das Gericht, und der Notar stand von seinem Sitze auf, nahm die Schlüssel des Gefängnisses, ging hinein und fragte: Welcher ist Matteo hier? Der Dicke

drängte sich vor, und rief: Hier bin ich, Herr. Der Notar sah ihn an und sagte: Diese deine Brüder haben deine Schuld bezahlt, du bist frei. Er machte die Thüre des Gefängnisses auf und fügte hinzu: Geh' deines Wegs. Der Dicke ging heraus, wo es schon ziemlich Nacht war, und entfernte sich mit den beiden Brüdern, die nahe bei Santa Felicità wohnten, unfern davon, wo man nach San Giorgio hinauf geht. Zu Hause angelangt, traten sie mit dem Dicken in ein Zimmer zur ebenen Erde und sagten ihm: Bleib hier, bis es Zeit zum Abendessen ist. Gleich als sollte ihn seine Mutter nicht sehen, um sich nicht zu betrüben. Der eine setzte sich mit ihm ans Feuer, an einen gedeckten Tisch, der andere ging zu dem Pfarrer von Santa Felicità, einer ehrlichen Haut, und sagte ihm: Ich komme zu euch, im Vertrauen, mein lieber Herr, so wie ein Nachbar zum andern kommt. Ihr müßt wissen, daß wir drei Brüder sind, davon einer Matteo heißt. Der ward nun gestern, einer gewissen Schuld wegen, auf das Handelsgericht gesetzt, und hat sich die Ver= haftung so zu Gemüthe gezogen, daß er fast von Sinnen gekommen zu seyn scheint, obgleich er sich nur eine einzige fixe Idee merken läßt; denn er scheint uns in allen Stücken der alte Matteo noch wie vor, außer in einem einzigen, und zwar darin, daß er sich in den Kopf gesetzt hat, aus dem Matteo ein anderer Mensch geworden zu seyn. Habt ihr jemals eine tollere Geschichte gehört? Er sagt geradezu, daß er ein gewißer dicker Bildner sei, der seine Werkstätte dicht hinter San Giovanni und sein Haus bei Santa Maria del Fiore hat. Die Dummheit können wir ihm mit aller Gewalt nicht aus dem Kopfe ziehen. Wir haben ihn nun aus dem Gefängnisse befreit und nach Hause geführt, wo er für sich in einer Stube sitzt, damit er seine Narrheiten nicht weiter unter die Leute bringen kann; denn ihr wißt wohl, wer einmal aus diesem Horne geblasen hat, mag hernach den schönsten Verstand von der Welt zeigen, so viel er will, er wird immer gefoppt. Wir wollten euch also bitten, aus Erbarmen mit nach unserm Hause zu kommen und zu versuchen, ob ihr ihm vielleicht seine Einbildungen aus dem Sinne bringt. Wir würden euch zeitlebens dafür dankbar sein. Der dienstfertige Priester erwiederte, er wolle sehr gern kommen, und wenn er mit dem Kranken gesprochen habe, bald sehen, was noch in der Sache zu hoffen stehe. Er werde ihm so viel und auf so eindringliche Art zureden, daß er wo möglich wieder zur Vernunft zu bringen sei.

Er machte sich mit dem Bittsteller sofort nach dem Hause der Brüder auf den Weg, und wie er daselbst angelangt war, trat er in die Stube, worinnen der Dicke ganz in seinen Gedanken vertieft saß. Der Dicke stand beim Anblick des Priesters auf, der zu ihm sagte: Guten Abend, Matteo. Der Dicke erwiederte: Guten Abend und gute Zeit, was wollt ihr von mir? Worauf der Priester weiter redete: Ich bin gekommen, um ein wenig bei dir zu bleiben. Er nahm einen Stuhl, setzte sich und sagte: Setz dich an meine Seite her und laß ein paar Worte mit dir reden. Der Dicke setzte sich ihm gehorsam zur Seite nieder, und der Priester fuhr fort: Ich bin hieher gekommen Matteo, weil ich mir habe eine Sache erzählen lassen, die mir ganz und gar mißfällt. Wie ich nämlich höre, hatte man dich dieser Tage Schulden halber auf das Handelsgericht gesetzt, und nun will verlauten: du seist darüber in solche Schwermuth gefallen, daß du drauf und dran, ein Narr zu werden, bist. Unter andern Albernheiten, die man dir Schuld gibt, sollst du denn auch der Grille fröhnen, daß du behauptest, du seist nicht mehr der Matteo, sondern durchaus ein Anderer, der der Dicke heißt und seines Gewerbes ein Bildner ist. Du bist ganz gewiß sehr zu tadeln, mein Freund, daß du, um einer kleinen Widerwärtigkeit willen, einen so großen Schmerz in deinem Herzen empfindest, der dich in den Verdacht bringt, nicht recht bei dir zu sein, und daß du, was dir nicht eben zur Ehre gereicht, durch deine übertriebene Hartnäckigkeit dich zum Gespötte der Menschen machst. In Wahrheit, Matteo, ich wünsche sehr, du ließest davon ab, und

bitte dich, daß du mir, aus Liebe zu mir, versprichst, von diesem Augenblick an deine Narrheit aufzugeben, und dich zu befleißigen, nach wie vor an deine Arbeit zu gehen, wie es einem rechtschaffenen Manne geziemt, und wie alle andre Menschen thun. Diese deine Brüder würden sich recht innig darüber freuen. Erführe die Welt, daß du von Sinnen gewesen bist, man würde dich immer für verrückt halten, wärest du nachher auch der Allervernünftigste, und du bliebest so und so ein verlorener Mensch. Bedenke dieß daher wohl, entschließe dich, ein Mensch und keine Bestie zu sein, und schüttle die Albernheiten von dir ab. Was schiert es dich, ein Dicker oder kein Dicker zu sein? Folge meinem guten Rathe, der ich dein Bestes will. Er sah ihn freundlich bei diesen Worten in's Gesicht und klopfte ihm mit der Hand auf die Schulter. Der Dicke hatte schweigend den liebevollen Ermahnungen des Priesters zugehört, dessen eindringliche Rede ihn bewog, nicht im geringsten mehr zu zweifeln, daß er Matteo sei. Er erwiederte ohne anzustehen, daß er entschlossen sei, von Allem, was man ihm gerathen habe, so viel zu thun, als seine Kräfte gestatteten, weil er sich gern überzeugen und einreden wolle, man habe ihm das Alles nur um seines Besten willen gesagt. Und er versprach, er wolle sich von Stunde an auf das ernstlichste bestreben, nie wieder zu meinen, daß er ein Anderer als Matteo sei, der er denn wohl auch in der That sein müsse, habe sich nicht alle Welt vor ihm auf den Kopf gestellt. Er verlange, wenn es irgend möglich sei, nur eine Gunst, und zwar keine andere, als daß ihm erlaubt werde, mit jenem Dicken zu sprechen, um seinen Irrthum einzusehen. Der Priester entgegnete: Dieß könnte deinem Zustande nur nachtheilig sein, und ich sehe leider, daß du dir die Narrheiten noch nicht aus dem Sinne geschlagen hast. Was kann es dir helfen, wenn du mit dem Dicken sprichst? Was hast du mit dem Dicken zu thun? Je mehr du von dem Dicken sprichst und mit je mehr Menschen, desto mehr machst du deine Dummheit selber bekannt, und desto schlimmer und gefährlicher wird es mit dir. Er sagte ihm noch so viele Dinge, daß er ihn endlich beschwichtigte, und der Dicke sich zufrieden gab, den Dicken nicht zu sehen. Der Priester nahm Abschied, und erzählte den Brüdern, die sich vorher bei seiner Ankunft entfernt hatten, den ganzen Hergang des Gesprächs, und die Zusicherungen, die der Dicke gethan habe, worauf er von ihnen in seine Kirche ging.

Mittlerweile, während der Priester den Dicken vernahm, war Filippo di Ser Brunellesco heimlich herbei geschlichen und hatte sich von den Brüdern, in einem entfernten Zimmer, unter vielem Gelächter, wieder erzählen lassen: wie der Dicke aus dem Gefängniß gebracht worden war, was ste ihm unterwegs gesagt hatten, und so fort. Und wie sie sich beim vollen Becher Weines dergestalt belustigten, sagte er zu ihnen: Seht zu, daß, während ihr mit ihm zu Abend eßt, ihr ihm entweder im Weine oder auf andere Art dieß unversehens beibringen könnt. Es ist ein Opiumpulver, auf das er so fest einschlafen muß, daß er es nicht fühlen würde, prügeltet ihr ihn Stundenlang. Gegen fünf Uhr frage ich wieder nach, und wir besorgen dann das Uebrige.

Die Brüder gingen in das untere Zimmer zum Dicken zurück, aßen mit ihm zu Nacht, als schon drei Uhr vorüber war, und brachten ihm so geschickt den Schlaftrunk bei, daß der bald vom Schlaf überwältigte Dicke die Augen unwillkührlich schloß. Die Beiden sagten zu ihm: Matteo, du scheinst ja vor Müdigkeit umfallen zu wollen? Nun, du hast vorige Nacht wohl wenig schlafen können. Sie schwiegen und erwarteten, was er sagen werde, worauf der Dicke sprach: Ich gestehe euch, daß ich in meinem Leben noch nicht so schlaftrunken gewesen bin; es könnte nicht ärger seyn, hätte ich einen Monat lang kein Bett gesehen. Wie er sich zu entkleiden anfing, war er kaum im Stande, Schuh und Strümpfe auszuziehen und sich niederzulegen, denn er fiel alsbald in tiefen Schlaf und schnarchte wie ein Ratz.

Zur verabredeten Stunde kam Filippo di Ser Brunellesco mit sechs seiner Gefährten zurück, und ging mit ihnen und Matteo's Brüdern in das Zimmer, worin der Dicke lag. Wie sie ihn im festen Schlaf hörten und sahen, nahmen sie ihn auf, luden ihn mit sammt seinen Kleidern in einen Korb, und trugen ihn in sein immer noch ganz leer

stehendes Haus, worin zufälliger Weise seine Mutter noch nicht vom Lande zurückgekehrt war. Sie trugen ihn bis zu seinem Bette, legten ihn da hinein, und seine Kleider, wohin er sie gewöhnlich that, wann er schlafen ging, ihn selbst aber kehrten sie mit dem Kopfe dahin, wo er sonst mit den

Füßen lag. So wie dies geschehen war, nahmen sie den an der Wand an einem Haken hängenden Schlüsselbund, begaben sich nach der Werkstätte, schlossen die Thüre auf und traten ein, nahmen alles Handwerksgeräth einzeln vom rechten Ort und warfen es an einen andern. Die Hobeleisen rissen sie entweder vom Hobel ab, oder drehten den Rücken nach unten, die Schneide nach oben hin; die Hämmer machten sie von den Griffen los und schleuderten das Eisen in eine Ecke, das Holz in die andere; dasselbe geschah mit den Beilen, und auf diese Art kehrten sie im ganzen Laden das Unterste zu oberst um, so daß der Teufel darin gehaust zu haben schien. Sie schlossen darauf die Thüre ordentlich wieder zu, trugen die Schlüssel in die Stube des Dicken zurück, machten auch die Thüre des Hauses zu, und gingen ein Jeder heim, um auszuschlafen. Betäubt von dem Opium schlief der Dicke die ganze Nacht, ohne sich zu rühren. Des anderen Morgens, um die Zeit des Avemaria in Santa Maria del Fiore, hörte die Wirkung des Trankes auf, und er erwachte, als es schon heller Tag war, über das Anschlagen der Glocke. Er öffnete die Augen, warf einen dämmernden Blick über die Stube, erkannte, daß er in seinem eigenen Hause war, rief sich alle ihm kürzlich widerfahrenen Dinge ins Gedächtniß zurück und verfiel in das höchste Erstaunen. Er erinnerte sich, wo er sich am vergangenen Abende niedergelegt hatte und wo er sich damals befand, und mit einem Male war er von Zweifeln bestürmt. Hatte er jenes geträumt, oder träumte er jetzt? Bald schien ihm das eine wahr zu sein, bald das andere. Nach einem herzlichen Stoßseufzer sagte er: Gott helfe mir! sprang aus dem Bette, kleidete sich in der Geschwindigkeit an, raffte die Schlüssel zur Werkstatt auf und rannte dahin. Wie er aufgeschlossen hat, steht er mit vor Erstaunen offenem Munde die überall herrschende Unordnung. Kein Geräth an rechter Stelle, Alles halb zerbrochen oder verschoben umher gestreut. Und während er instinktmäßig anfängt, es wieder zusammenzulesen und an Ort und Stelle zu thun, kommen die beiden Brüder des Matteo hinzu, und sagen, als sie ihn so beschäftigt sehen, indem sie sich stellten, als kennten sie ihn nicht: Guten Tag, Meister. Der Dicke wendete sich nach ihnen um, veränderte ein wenig die Farbe, als er sie erkannte und sprach: Guten Tag und gutes Jahr; was sucht ihr bei mir? Der eine antwortete: Ich will es dir sagen. Wir haben einen Bruder, der Matteo heißt, und dem es vor einigen Tagen geschah, daß er aus Betrübniß über eine kleine Verhaftnahme den Verstand verlor. Unter andern Faseleien begeht er nun auch die, daß er nicht mehr Matteo, sondern der Meister dieser Werkstätte sein will, der, wie es scheint, den Beinamen der Dicke haben muß. Wir ermahnten ihn viele Male umsonst, sich wieder zu besinnen, und holten in unserer Rathlosig-

keit gestern Abend den Priester unserer Gemeinde, einen wohl=
habenden Mann, hinzu, dem er auch versprach, sich den Spar=
ren aus dem Kopfe zu ziehen. Er aß zu Nacht mit dem
besten Appetite, und legte sich in unserer Gegenwart zu Bett,
läuft aber diesen Morgen, wie sich dessen Niemand versteht,
aus dem Hause, wir wissen nicht, wohin. Wir sind deshalb
hieher gekommen, um zu sehen, ob er sich vielleicht zu dir
verstiegen hat oder ob du etwas von ihm weißt. Dem Dicken
ging es, derweil wie jener sprach, wie ein Rad im Kopfe
herum, und er wendete sich mit den Worten zu ihm: Ich
verstehe nicht, was ihr da sagt, und weiß nicht, was das
für Possen sind. Matteo ist nicht hieher gekommen und be=
geht eine große Schurkerei, wenn er sich für mich ausgibt.
Bei meiner Seele! treffe ich einmal mit ihm zusammen, so
büße ich meine Lust an ihm und will wohl sehen, ob ich er
bin oder ob er ich ist. Was zum Henker ist das für ein
Spuck die zwei Tage her! Mit diesen Worten ergriff er
zornerfüllt seinen Mantel, warf die Thüre des Ladens hinter
sich zu und stürmte unter heftigen Drohungen nach Santa
Maria del Fiore zu. Die Brüder machten sich eilig da=
von und der Dicke ging in die Kirche, in der er, wie ein
Löwe, innerlich über Alles was ihm begegnet war ergrimmt,
auf und niederschritt. Nach einer guten Weile trat ein jun=
ger Mann in die Kirche, sein ehemaliger Freund, der mit
ihm zusammen vordem bei Meister Pellegrino in Terna
das Schreiner=Handwerk erlernte, vor Jahren aber schon
nach Ungarn auswanderte, wo er unlängst mit Hilfe eines
andern Florentiners, des lo Spano zubenannten, von Si=
gismund, dem Sohne des Königs Karl von Böhmen,
als Generalkapitain seines Heeres angestellten Filippo
Scolari sein Glück gemacht hatte, der als ein wohlwollen=
der Herr allen seinen irgend tüchtigen und betriebsamen Lands=
leuten Schutz und Zuflucht verlieh. Es kam nun jener dem
Dicken befreundete Mann gerade damals nach seiner Vater=
stadt Florenz, um zu sehen, ob er einen Meister seines
Handwerks bereden könne, zu Beendigung vieler von ihm
übernommener Arbeiten mitzugehen. Er hatte auch schon
öfter, wiewohl erfolglos, den Dicken selbst für seine
Absicht zu gewinnen versucht, und ihm dargethan, sie wür=
den in Ungarn Beide in wenig Jahren reiche Leute seyn.
Wie der Dicke ihn jetzt auf sich zukommen sah, entschloß
er sich auf der Stelle in seinen Vorschlag zu willigen. Er
trat zu ihm und sprach: Du hast mir oftmal zugeredet,
ich möge mit dir in die Fremde wandern, und ich habe
immer nicht gewollt. Ein Zufall, der mir gegenwärtig
widerfahren ist, auch daß ich oft mit meiner Mutter uneins
bin, bestimmt mich auf einmal, dich zu begleiten, wofern du
mich noch willst. Verlorst du also nicht die Lust zu mir,
so mache ich mich schon morgen auf den Weg; denn es

könnte mir wohl was dazwischen kommen, bliebe ich län=
ger hier.

Der junge Mann erwiederte, der Entschluß sei ihm sehr
gewünscht; am andern Morgen erlaubten ihm zwar seine Ge=
schäfte noch nicht fortzugehen, er möge indeß aufbrechen wenn
er wolle, und ihn nur in Bologna erwarten, wo er in weni=
gen Tagen gewiß bei ihm sei. Der Dicke war es zufrieden;
sie verständigten sich über Alles, und der Dicke ging in seine
Werkstatt zurück, wo er sein nothwendiges Handwerkszeug, und
einige Kleinigkeiten, die er fortbringen konnte, so wie etwas
baares Geld nahm und zusammen packte. Nach diesem begab
er sich in die Vorstadt San Lorenzo, miethete bis Bologna
einen Gaul, auf den er seine Habe lud, bestieg ihn selber

und trat seinen Weg an, indem er einen Brief an seine Mut=
ter zurückließ, worin er ihr sagte, er sei nach Ungarn gegan=
gen, und schenke ihr, was noch in der Werkstätte vorhanden
bliebe, zu ihrem Unterhalt.

Auf diese Art wanderte der Dicke von Florenz aus, er=
wartete in Bologna seinen Freund, und reiste mit ihm nach
Ungarn, wo ihre gemeinsamen Geschäfte so gut von Statten
gingen, daß sie durch des genannten Spano Gunst, der sie
zu seinen Kriegwerkmeistern machte, in wenig Jahren reich
geworden waren, in den Verhältnissen ihres Standes. Der
Dicke ward Meister Manetto von Florenz genannt, und
kam in der Folgezeit öftere Male in seine Vaterstadt. Be=
fragte ihn Filippo di Ser Brunellesco um seine Aus=
wanderung, so erzählte er ihm gemeinebin diese Novelle, und
gab sie als Grund dazu an.

Sprüchwörter.

Ein echter Narr braucht nicht Glocken= und Schellenklang,
Man kennt ihn schon an Kleidern und Gang.

Je länger ein Narr lebt auf Erden,
Desto thörichter wird er werden.

Die zwei Bettelweiber.

Nach eilf Uhr in der Geisterstunde,
Kam eine Frau des Nachts zu einem Grunde;
Ein andres Bettelweib kam in den Grund heran,
Und beide scheuten sich, als sie einander sahn.
Der Schrecken ist gleich groß, sie blieben beide stehen,
Bekreuzen sich mit größtem Fleiß,
Es traut sich keine fortzugehen,
Wenn eine Schauer fühlt, so wird der andern heiß.
Wenn jene seufzt, so zittert diese,
Als würd' es ihr den Hals umdrehn;
Die glaubt die weiße Frau zu seh'n,
Der scheint die andre wie ein Riese.
Dieß währte bis zur Dämmerung,
Bei der die Affen sich erkannten,
Und fluchend auseinander rannten.

Der Staatsdiener am Actentische.

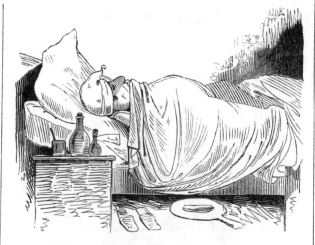

Gastricismus, der in ein Gallenfieber übergeht.

Der Staatsdiener geht in die Sitzung.

Abreise in ein auflösendes Bad.

Der Staatsdiener qualificirt sich durch Unterleibsbeschwerden zum Staatshämorrhoidarius. Man zieht den Arzt zu Rathe.

Im Bade.

Der Staatshämorrhoidarius.

Rückkehr.   Actenrückstände.

Und wieder am Actentische!! 2c. 2c

Es hatten sich siebenzig Schneider verschworen,
Sie wollten mitsammen ins Niederland fahren,
Da nähten sie einen papierenen Wagen,
Der siebenzig tapfere Schneider konnt' tragen,
Die Zottelgeiß spannten sie dran,
Hott Hott, Meck Meck, ihr lustigen Brüder,
Nun setzt euer Leben daran.

Sie fuhren, da trat wohl an einem Stege
Den Schneidern der Geiß ihr Böcklein entgegen,
Und schaute die Meister gar troßiglich an,
Darunter war aber ein herzhafter Mann,
Der zog wohl den kupfernen Fingerhut an,
Und zog eine rostige Nadel heraus,
Und stach das Geißböcklein, daß es sprang.

Da schüttelt das Böcklein gewaltig die Hörner,
Und jagte die Meister durch Disteln und Dörner;
Zerriß auch dem Held den manchesternen Kragen,
Erbeutet viel Ellen und Scheeren im Wagen;
Und weil neun und sechzig gesprungen in' Bach,
So hat nur ein Einz'ger sein Leben verloren,
Weil er nicht konnt' springen, er war zu schwach.

Homo portitor: Cic. et Plaut.
Familie der *Brutaleen.*
Zu Deutsch: **der Portier.**

Homo bandito vel bravo,
Familie der *Crudelen.*
Zu Deutsch: **der Bandit.**

Kennzeichen: Großer Knopf.

Fundort: Unter den Hausthüren großer Städte.

Zweck: Honneurs machen.

Kennzeichen: Rother Mantel, rother Federbusch und sehr spitzes Messer. (Fra Diavolo, letzter Act.)

Fundort: Italien; kommt als Abart auch in andern Ländern vor.

Zweck: Leute ausrauben und umbringen.

München, Verlag von **Braun & Schneider.** — Papier und Druck von **Fr. Pustet** in Regensburg

Bestellungen werden in allen Buch = und Kunsthand=
lungen, so wie von allen Postämtern und Zeitungs=
expeditionen angenommen.

Nro. 9.

Erscheinen monatlich zwei bis drei Mal. Subscriptionspreis
für den Band von 24 Nummern 3 fl. 36 kr. R.=W. od. 2 Rthlr.
Einzelne Nummern kosten 12 kr. R.=W. od. 3 ggr.

Der Teufel und sein Liebchen.

Am 18. November 1820 war ich auf dem Balle in
P. Ehe und bevor die eigentliche Tanzlust oben anging, er=
götzte unten in der großen Gaststube ein Grimasseur auf
seltsame und unerhörte Weise. Der Mann hatte noch zwei
Gehilfen. Alle drei sangen in wunderlichen Melodien unver=
ständliche Worte, oder eigentlich gar keine, aber in der aller=
richtigsten Harmonie und mit den sonorsten Organen. Beson=
ders fuhr der eine im gellenden Diskante bis in die höchsten
Töne hinauf, indeß er sich mit der Hand an dem Hals hielt.
Der andere hingegen brummte in die tiefsten Bässe des Ser=
pents. Aber der eigentliche Meister war der dritte, nämlich
der Grimasseur. Der sang in allen Stimmen, und schnitt
dazu, so wie zur Musik seiner Gefährten, Gesichter und Ka=
priolen, daß der schwermüthigste Misantrop sich des unaus=
löschlichsten Lachens nicht würde haben enthalten können. Da=
bei hatte sich der Würdige in einen höchst abenteuerlichen
Anzug gekleidet. Eine großblumige Damastweste mit langen
Schößen und einer Reihe Knöpfe reichte weit über den künst=
lich ausgestopften Speckwanst herunter, und auf der schief=
stehenden Perücke wackelte ein winziges dreieckiges, plattes
Hütlein. Aus den Aermeln des kurzen, braunen Rockes, der
über die Weste schlotterte, fuhren zu Zeiten ellenlang die
klapperdürren Hände heraus, bald wieder waren sie ganz un=
sichtbar. Den Rücken ganz glatt zu machen, und im näm=
lichen Augenblicke einen furchtbaren Höcker darauf zu hexen,
hatte der Wackere eben so in der Gewalt, als die ganz will=
kürlichen Bewegungen seiner Nase, Ohren und Kopfhaut. Bald

schob sich der Mundspitz eine gute Spanne vor, wie das Gesicht
eines Pavians, bald wurde er platt und breit, wie ein Meerengel.
Bald zog sich der Mund quer über das Gesicht, wie eine entsetz=
liche Wunde, von einem Ohre zum andern, bald sah man von
Mund und Nase gar nichts, denn Alles war im Kinn verborgen.

Konvulsivisches Lachen bemächtigte sich der ganzen Ge=
sellschaft. Selbst ich, den beim ersten Anblick des Possenrei=
ßers ein inneres Grauen erfaßte — ich wußte warum —
mußte mitlachen. Man hielt die drei lustigen Gesellen allge=
mein für Juden, aber — ich wußte es besser — und als
nun die Vorstellung geendet war, das Zimmer leerer wurde,
und die Tanzlustigen hinaufgingen in den Ballsaal, da zog
ich meinen Künstler bei Seite, und frug mit leiser, zagender
Stimme: „Haben Euer Hochedeln sich wieder zu einer Prome=
nade zu uns herauf entschlossen? Werden Dieselben sich etwa
wieder des Beckens und des Scheersacks bedienen, wie vor
zweihundert Jahren in Katzweiler? — oder haben Sie sich
ein anderes, unschuldiges Vergnügen vorgenommen?“

Mit saurer Miene betrachtete mich der Mann, und zö=
gerte lange, was er sagen sollte. Endlich fistulirte er im
heisern Diskante: „mein geehrter Herr, ich verstehe Sie nicht
und weiß nicht, was Sie wollen.“

„Schon gut“ — entgegnete ich — „ich merke, Sie reisen
incognito. Aber wenn ich Ihnen sage, daß ich Sie kenne,
und daß ich der alten Vettel, die einst Ihrem liebenden Her=
zen den häßlichen Streich spielte, eben so gram bin wie Sie
selber, so werden Sie meine Dreistigkeit entschuldigen, mit
der ich Sie freundlichst bitte, mir eben so ein klein wenig zu
helfen. Mein Pedal — Verehrter! — ist nämlich, wie Sie

9

bemerken werden, — zum Tanzen nicht eingerichtet, denn ich
hinke etwas, und freue mich, darin eine angenehme Aehn=
lichkeit mit Ihnen zu haben, da Ihr linkes, liebes Bein auch
ein wenig zu kurz ist; also muß ich mir die Zeit, indeß an=
dere sich lustig herum tummeln, auf andere Art zu vertreiben
suchen, und zwar für diesmal, da die L'hombre=Partien voll
sind — mit den Würfeln, die ja auch eine Passion von
Ew. Hochedeln sind. Zwar gings Ihnen ein Mal damit
schlecht, als sie mit einem Heiligen — ich weiß nicht gleich
mit welchem — um eine arme Seele knöchelten. Ew. Hoch=
edeln warfen achtzehn und lächelten schon recht lieblich über
den sichern Gewinn, aber der Heilige warf neunzehn und das
ging ganz natürlich zu. Denn durch Gottes wunderbare
Schickung war der eine Würfel gesprungen und auf der Tafel
lagen nun drei Sechsen und eine Eins. Ihre damaligen
Empfindungen ließen sich am besten aus dem Geruche beur=
theilen, den Sie zurück zu lassen beliebten, als Sie mit Grimm
und leeren Händen zum Fenster hinausfuhren; aber ich schweige
von dergleichen ärgerlichen Geschichten, und wenn Sie mir
gütigst eben den Segen über den Pasch sprechen wollten, daß
ich nicht anders als: gut stehn sie! würfe, so würde ich auch
ein Uebriges thun und in einer philosophisch=kritischen Schrift
beweisen, daß die ganze Historie, wie es Ihnen in Katzweiler
ergangen, nichts weiter sei als eine schnöde Fabel, und daß
Sie in Ihrem Leben kein dummer Teufel gewesen, ja daß es
eigentlich gar keinen dummen Teufel gibt. Dieß würde un=
streitig Ihrem etwas gesunkenem Kredite wieder auf die Beine
helfen, und Ihnen besonders jetzt, bei ihrer etwa vorhabenden
Ergötzlichkeit, höchst ersprießliche Dienste leisten." Der Künst=
ler sah mich mit einem spitzigen Paviangesichte an und wackelte
mit den langen empor gestreckten Ohren, dabei fuhr der Dis=

kantist mit einem gellenden Läufer hinauf bis ins d und der
Serpent harpeggirte Rohrdommelbässe. „O inkommodiren
Sie sich nicht, meine Herren!" — rief ich — „ich bin satt=
sam überzeugt. Sie der Sie so angenehm quinkeliren —
Sie Loser! Sie sind ja weiland der Herr Stadtschreiber Hin=
zelmann, eigentlich freilich der alten Barbara Leibkatze, und
Sie dort mit dem groben Organe — Hi, hi, hi! ki=
cherte der Fremde, mit dumpfer, inwendiger Bauchstimme —
denn Mund und Nase stacken wieder im Kinn, dabei wies
sein langer dürrer Zeigefinger auf seine Stirn, als ob es da
bei ihm, oder bei mir nicht recht richtig sei. Hoeilu — lu
— lu lu! johlten die Andern in hohnlachenden Gurgeltönen,
und herum wie ein Kreisel drehte sich der Grimasseur, daß
die langen Westenschöße ein weites Rad schlugen, und wir=
belnd, pfeifend und gurgelnd walzten die drei Entsetzlichen
zum Zimmer hinaus, ich aber floh schaudernd hinauf in die
Ballsäle; Trompeten und Pauken schmetterten mir entgegen
und die Pickelflöte schnitt in meine Seele. Vom unheimlichen
Spuck ergriffen, grauete mir vor dem Würfeltisch, ich vergrub
mich in die Tabakwolken der Trinker, und fand erst nach
langer Zeit, im heitern Geschwätz meiner Freunde und im
perlenden Nektar von Epernay, Zerstreuung und Erholung.

Am Morgen darauf waren die drei Lustigmacher aus
dem Städtchen verschwunden, Niemand wußte wo sie einge=
kehrt, übernachtet und wo sie hingekommen. Daß aber mir
die Sache von Haus aus nicht anders als bedenklich und
gespenstig, ja daß sie mir sogar als etwas bekanntes erschei=
nen mußte, davon wirst du — mein neugieriger Leser —
dich überzeugen, wenn ich dir das zwanzigste Kapitel aus
der Stadtchronik von Katzweiler, die in meinem Bücherschreine
unter den Kuriosis steht, zum Besten gebe. Es lautet aber besag=

tes Kapitel, mit Hinweglassung und Veränderung der veralteten und unverständlichen Ausdrücke und Redensarten, folgendergestalt:

Item begab es sich, daß am Tage Cornelii des Jahres unsers Heils 1627, ein wohledler und wohlweiser Rath zu Katzweiler in Seßione, als eben das Mittagglöcklein geläutet wurde, fast sehr hungerte, und darob sich mit dem Concluso darüber beeilte, wie und auf welche Weise das Pappenheimer Reiterfähnlein, so vor dem Ententhore lagerte, mit einer an-

ständigen Ergötzlichkeit zu honoriren sei. Ward daher beschlossen, daß an selbigem Tage des Abends denen Gästen von gemeiner Stadt ein Banket draußen auf der Ziegenwiese angerichtet werden sollte, wozu männiglich im besten Staate, die Frauen und Dirnen aber in ihren güldenen Spangen, und wie im hochzeitlichen Tanze aufgeschmückt, zu erscheinen gehalten.

Als der Stadtschreiber Hinzelmann sothanes Conclusum registriret, bog sich sein langer dürrer Rücken und er knurrte behaglich in denselben angenehmen Tönen, die er hören ließ, wenn preßhafte Partheien mit einer Hand ihm hinten den Rückgrath krauten, indeß die andere Hand ihm vorne die Mariengroschen und Batzen vorzählte, und welches Knurren man bei gewissen Hausthieren spinnen nennt. Denn es gab eine Freude aus dem Kommunalsäckel, und dazu war auch einstimmig festgesetzt, daß, da sich Niemand in der ganzen Stadt besser auf allerhand Kurzweil und Anrichtung eines Gelages verstehe, als Nepomuk Schwepperlein, der Bader und Viertelsmeister, diesem der Auftrag ertheilt werden solle, das Ganze zu leiten, so daß solches einem hochedlen Rathe und gemeiner Stadt Ruhm und Ehre bringe.

Es war aber besagter Nepomuk Schwepperlein ein gar lustiger Kumpan und wohl gelitten bei Alt und Jung, wegen seiner guten Schwänke und Possen, mit denen er alle Abende auf dem Keller männiglich ergötzte, und wegen der Novitäten, die, meistens aus eigner Fabrik, den Kunden beim Einseifen und unter dem Scheermesser die Zeit vertrieben. Zwar war darüber die Badestube in die Hände der Kreditoren gewandert, da Schwepperlein nie viel von dem güldenen Sprüchlein gehalten: „Junges Blut, spar dein Gut"

vielmehr als ein lockrer Schlemmer und Prasser in die Welt hineingelebt, besonders seitdem ihn das Schicksal zum Wittwer gemacht hatte. Allein er ließ sich darob nie ein graues Härlein wachsen, da er aus den Trümmern seines Glückes die liebliche Tochter, die schöne und tugendsame Klara gerettet, unter deren wirthlichen Händen und fleißiger Spindel dem Vater doch immer ein Silberling zum Labetrunk hervorwuchs,

wenn auch für sie selbst nur spärliche Kost übrig blieb, so daß daher ihre zarte, kindliche Hand, und ihr treues Gemüth billig mit dem Oelkrüglein der frommen Wittwe zu vergleichen war. Dafür hatte aber auch ihr der Vater den reichen Sponsen zugedacht, der oben bei ihm zur Miethe wohnte, der um das süße Töchterlein herumschwenzelte und derselben das süße Opfer seiner alten Junggesellenschaft zu bringen gesonnen, der auch ein Mann bei der Stadt, ein Mitglied des Raths, und kein anderer war, als — eben bemeldeter Stadtschreiber Hinzelmann.

Ob die Goldgülden des präsumtiven Eidams den Thränenblick der holden Klara, die Schäuel und Gräuel der ganzen widerlichen Gestalt, seine gelben Aeuglein, seine schiefgebogne Habichtnase, die wie ein baufälliger Erker über dem weiten Verließe des zuckenden Mundes hing, die falbe Runzelhaut der Wangen, die Warzen am Kinn, von denen langgebogene Haare wie Strahlen ausgingen, zu verdecken im Stande, das kümmerte den lebenslustigen Lungerer gar wenig, maßen doch mit den Thränen der gehorsamen Tochter auch

9*

wieder der goldene Strom der Ueppigkeit aus den wohlgefüllten Truhen und Kästen des Stadtschreibers floß, sobald ihn der Hochzeitstag mit Klaren zusammengepfercht. Aber freilich wollte diese Liebschaft dem Töchterlein nimmer munden, das den Anblick und die Gegenwart des storchbeinigen Galans mied, wo sie wußte und konnte. Denn im verborgenem Schrein ihres unschuldigen, jungfräulichen Herzens lebte ein ganz andres Bild — der wackere Konrad. Aber der war arm, und für Vater Schwepperlein ein nackter Buhle und unnützer Knecht, obgleich sonst der frömmste, arbeitsamste und lieblichste Gesell im Städtlein. Nur verstohlen konnte er Abends im Zwielichte mit dem holden, sittigen Mägdlein an ihrem Fenster kosen, und den Pakt ewiger, treuer Liebe erneuern, den sie sich schon lange geschworen, verstohlen nur und in ängstlicher Hast, da ein arger Hausdrache die Arme hütete, nämlich die Base Barbara Murchel, ihres Zeichens eine reine Jungfrau von sechzig Jahren, deren empfindsames Herz jedoch, trotz den Triefaugen, die ihr hinter dem rothen Herenreif hervor blinzelten, und trotz ihren Runzeln und klappernden Knochenhänden, den süßen Hoffnungen zarter Minne noch nicht entsagt hatte.

Wenn nun sothane Barbara auf der einen Seite die jugendliche Buhlschaft störte und hinderte in boshafter Lust, nach Möglichkeit, so förderte sie auf der andern Seite nach Schwepperleins Willen die Liebe des Stadtschreibers, nicht blos in süßer Erwartung der Fleischtöpfe Egypti, die auch ihr duften würden, sondern aus absonderlicher eigener Zuneigung. Denn — sollt ihr wissen — des Abends, wenn Klara schon lange in unschuldigen Träumen der Zukunft auf ihrem Lager entschlummert war, stieg herunter aus dem zweiten Stocke des Hauses über das Weingeländer ein schwar-

zer Kater und schlüpfte durchs geöffnete Fenster herein ins Kämmerlein zur harrenden Barbara. Krauend strich sie ihm den krummgebogenen Rücken, knurrend hob er den Buckel, und drängte sich mit süßen Katzenworten an die Holde. „Hinzelmännlein! Hinzelmännlein!“ kosete dann die Alte — „ach du liebes Herz, du würdiger Junge! Ich hab' dir ein Bratfischlein aufgehoben und du magst's nun auf meine Gesundheit verspeisen. Aber wo bist du denn heute so lange geblieben? Haben etwa der Herr Stadtschreiber sich vorher wieder ein kleines Jagdvergnügen gemacht, wie damals, als Sie in unglücklicher Vergessenheit einst am hellen Tage auf ein Mäuslein lauernd vor einem Kellerloche gesessen, und

der regierende Bürgermeister Sie gesehen, die Perücke geschüttelt, und Ihnen zugerufen: ei, ei, Herr Stadtschreiber, was treiben Sie da für Allotria! O Hinzelmann, o Goldjunge! bleib mir treu und speise dein Fischlein! Sollst auch Klaren führen ins Kämmerlein! O sprühe nur knisternde Funken, du Loser! mein Herz knistert noch schmelzender in jungfräulicher Liebe für dich!“ — Wenn dann mit der Mitternachtstunde der herbe Moment der Trennung erschien und Hinzelmann schon wieder hinaufgeklettert war nach seiner Wohnung, tönte manchmal noch lange der Holden süßer Katzengesang herab vom Dache aus allen Tonarten und harmonischen Rückungen, die nur die Rossinis damaliger Zeit zur Welt gefördert. So war nun der Tag Cornelii herbeigekommen, an welchem die löbliche Bürgerschaft die Pappenheimer speisete. Lustiges und fröhliches Getümmel lebte vor dem Ententhore und Nepomuck Schwepperlein hatte ein Mahl eingerichtet, was noch nie in Katzweiler gesehen worden seit Menschengedenken.

(Schluß in nächster Nummer.)

Fuhrmannslied.

Bin i net a luftiger Fuhrmannsbue!
Bin i net a luftiger Bue!
Fahr Stadt'l aus, Stadt'l ein,
Schaun mir die Leut alle zue.

Fahr i am Morgen zum Stadtthor 'naus,
Lang eh' die Sonne aufgeht,
Bin i über Berg und Thal,
Lang eh' mein Madel aufsteht.

Fahr in der Früh auf der Straß'n hin
Zwischen die Tannen im Wald —
Ah, was is des für a Freud',
Was da des Schnalzen schön hallt.

Triff i im Wirthshaus Kameraden an,
Setz'n wir uns z'samm, zwei und drei,
Discurir'n von allerhand —
S'is gar kein G'sellschaft so frei.

Hör' i den Hahnschrei wohl in der Früh,
Reib' i mir d'Aug'n und steh' auf.
„Wirthshausleut! seid's bei der Hand!
Der Tag bricht an, die Sonne kommt rauf."

„Hausknecht, spann meine sechs Rapperln ein!
Kellnerin, trag' außi mein Hut!
Jetzt müß'n wir wieder weiter fah'rn,
S'Dableib'n thut einmal kein gut."

Was da die Vögerln schön fingen thun,
Was da die Blümeln schön blühn,
Was da die Hirsch' und Reh'
Ueber die Strassen hinziehn.

Und wenn am Mittag die Sonn anhitzt,
Schmeckt mir a Trunk, frisch und kalt;
Bin überall daheim,
Wo i die Rösseln anhalt.

Fahr i im Zwielicht am Wirthshaus an,
Spann i d'Gäul aus und kehr' ein;
Iß mein Sach', leg' mi in's Bett,
Denk an mein Schatz und schlaf ein.

„B'hüt di Gott, Kellnerin, aufs nächste Mal,"
„B'hüt di Gott, du herzlieber Bue!
Bleib fein net gar z'lang aus,
Kehr fein bald wiederum zu."

Fuhrmannsbue bin i schon fünfthalb Jahr,
Fuhrmannsbue bleib i no lang;
Kann wohl seyn, daß i stirb',
Eh i was Andres anfang.

Es war einmal ein Wundermann,
Der hat 'ne Fahrt zum Mond gethan;
Die Erd', sie däucht ihm viel zu kahl,
Und was sie gibt, nur fahl und schal!
Flugs stellt er sich 'ne Leiter an,
Und steigt von Sproß zu Sproß hinan,
Und stürzt nach jedem letzten Tritt
Die Leiter um zum Weiterschritt.
Und so, nach Syllogismen-Art,
Fördert sich denn die kühne Fahrt;
Zuletzt legt er, in guter Ruh,
Sein Schifflein in dem Hafen zu. —
Doch auf den schwindelichten Höh'n,
Da mocht' er weder geh'n noch steh'n,
Hielt er sich nicht am Mondeshorn,
Der arme Mensch, er wär' verlor'n.
D'rum kehrt er gleich — mit gutem Glück —
Zur Leiter wiederum zurück,
Anknüpfend sie, von Stuß zu Stuß,
Am eignen End', wie 'nen Kettenschluß. —
Ankommt er; und die Menschenschaar
Bringt laute Huldigung ihm dar,
Und horcht, was der beredte Mund
Von blauen Wundern thäte kund.
Und also spricht der Wundermann:
„Ihr guten Leute lobesan,
„Ihr, die ihr lebt im ird'schen Licht,
„Versuchet ja die Götter nicht!
„Denn droben dort ist's fürchterlich;
„Man hört und sieht und fühlt nur — Sich;
„Allein das liebe Ich — mit Gunst! —
„Es ist ein Irrlicht nur, ein Dunst;
„Und, folgt wer seiner Nasen nach,
„Der fehlt des Stegs und fällt in 'n Bach.
„Drum laßt mich euch zur Warnung sein,
„Und meidet alle Schwindelein!
„Wohl denkt sich's idealiter,
„Doch fühlt sich's nur realiter;
„Ins leere Blaue trägt der Schein,
„Auf festem Grund nur steht das Sein." —

Mondfahrt.

Die Red' dünkt Vielen viel zu hart;
Sie wagen doch 'ne Mondenfahrt —
Das Stücklein, wie man sich entfernt,
Es war dem Meister abgelernt.
Und hurra! geht's in vollem Saus,
Wie toller Wind= und Hexenbraus!
Auf klettern sie und klettern ab,
Und wer da fällt, der find't sein Grab;
Wer wieder kommt, der sagt von Glück!
Doch jeder bringt so was zurück,
Man nennt's 'nen Sparren hier zu Land,
Auch Naseweisheit, wohl bekannt. —
Wer aber droben sitzen bleibt,
Huy! welch ein arger Spuk ihn treibt!
Fest eingerammelt mit dem St—ß,
Dreht ihn der Mond mit allem Fleiß;
Er aber meint, die ganze Welt
Dreh' sich um ihn, als Ax', die hält;
Und von der Krankheit heilt er nie —
Ich glaub': man nennt sie Phrenesie.

Weltgeschichte. 71

Zeitfrage.

Putzen oder auslöschen?

Mißverhältnisse.

Selten sah ich einen Mann,
Der nicht was hatte, was er nicht wollte han.

Boa Constrictor. Lin.
Familie der **Convolven.**
Zu Deutſch: **Boa** oder Abgottsſchlange.

Simia europaea seu elegans,
Familie der **Odoriferen.**
Zu Deutſch: **Der Zieraffe.**

Kennzeichen: Ein Blick.

Fundort: Auf **Rendez-vous.**

Zweck: Zärtlichkeit und Hingebung.

Kennzeichen: Riecht nach *Baccioli* u. *Eau de mille fleurs.*

Fundort: In allen civiliſirten Ländern, beſonders in Deutſchland.

Zweck: Wohlgeruch verbreiten, und überhaupt das Leben ver-
ſchönern.

———
*) Bei dieſer Gelegenheit erlauben uns auf unſer wohlaſſortirtes Lager
in ächten Champagner-Weinen eigner Fabrik aufmerkſam zu machen,
und bitten von unſerer Firma Notiz zu nehmen.

M. E. Haricourt-Gricot ainé & fils in Epernay,
empfohlen durch Etienne Hölzelmaier.

München, Verlag von **Braun & Schneider.** — Papier und Druck von **Fr. Puſtet** in Regensburg.

Bestellungen werden in allen Buch= und Kunsthand=
lungen, so wie von allen Postämtern und Zeitungs=
expeditionen angenommen.

Nro. 10.

Erscheinen monatlich zwei bis drei Mal. Subscriptionspreis
für den Band von 24 Nummern 3 fl. 36 kr. R.=W. od. 2 Rthlr.
Einzelne Nummern kosten 12 kr. R.=W. ob. 3 ggr.

Der Teufel und sein Liebchen.

(Schluß.)

An vielen Tafeln speiseten und zechten die kaiserlichen
Reiter, an der ersten aber Magistratus mit den Hauptleuten
und Honoratioren des Kriegstrosses, und unter diesen machte
sich vor Allen der Feldscheer bemerklich, der in scharlachrothem
Kleide, glänzenden Steifstiefeln mit Stulpen, und schwarzem,
krausem Haupthaar prunkte, und die ganze Tischnachbarschaft
dergestalt mit losen Possen und Schwänken ergötzte, so daß
er selber beim Tischgebete das Tüchlein vor den Mund halten
mußte, und vor Lachen nicht mitbeten konnte. Dabei schien
derselbe dem Herrn Stadtschreiber oftmals freundlich zu win=
ken, als sei er mit selbem schon lange Zeit bekannt. Wie
nun aber am Abende Alle voll des süßen Weines waren, und
nun die geputzten Dirnen und Frauen kamen, unter ihnen
Klara wie ein blühendes Röslein; da begann die rasende
Tanzlust, und die Pappenheimer tummelten sich beim Scheine
der Fackeln hier im sittigen Ehrensprunge, dort im wilden
Taumel. Gern wäre Klara des Gelages überhoben gewesen,
aber das herbe Kräutlein: Muß! aus Vater Schwepper=
leins Munde hatte jedes Bedenken beseitiget, und die allge=
meine Lust sogar auch den Konrad unter die Tanzenden
eingeschwärzt, der nun am Arme der holden Liebsten in ver=
gönnten Gefühlen dahin flog, während dessen der Pappen=
heimische Feldscheer den Vater als Kunstverwandten in inte=
ressantem Gespräche festhielt und ganz und gar für sich ge=

wann, so daß er ihm am Ende selber das reizende Töchter=
lein zuführte. Gar wunderlich war es anzusehen, wie der
Feldscheer plötzlich in Liebe für das schöne Mägdlein ent=
brannte, ihr auf Tritten und Schritten folgte, ihr das Schweiß=
tüchlein nachtrug, sie zum Tanze zog und mit ihr sich drehte.
Es erregte aber sothanes Drehen nicht geringes Lachen, da
der Rothrock auf dem linken Bein hinkte und sich im Tanze
allerlei schnöde Geberden und Unziemlichkeiten erlaubte, die
zwar den wilden Troß ergötzten, die sittige Jungfrau aber

10

dergestalt erschreckten, daß sie thränend in den Schutz der Matronen floh.

Bei alledem schien sich der Stadtschreiber um Klaren gar nicht mehr zu bekümmern, und hatte dem Feldscheer gänzlich seine Stelle überlassen.

Wie nun das empörte Mägdlein fürder mit dem Feldscheer zu tanzen beharrlich verweigerte, sagte dieser trotzig: warte meine holde Dirne, so ich Dir nicht als Tänzer gefalle, werde ich Dir wohl als Sänger anstehen, worauf er sich entfernte, nach einer kleinen Weile aber ganz verändert wiederkam. Denn ausgezogen hatte er den Scharlachrock und angethan eine großblumige Damastweste mit langen Schößen, die demselben weit über den künstlich ausgestopften Speckwanst herunterging, und über welcher ein kurzes braunes Röcklein schlotterte. Das Haupt aber deckte eine schiefstehende Perücke, auf welcher ein winziges dreieckiges Hütlein wackelte. So angethan trat derselbe in die gedrängte Menge, die schon bei diesem Anblicke in wüstes Lachen ausbrach. Aber nunmehr gesellte sich auch Hinzelmann zu ihm und ein stämmiger Pappenheimer, die fingen an in wunderlichen Tönen zu singen, der Hinzelmann mit seiner gellenden Stimme, der Pappenheimer aber im groben Basse.

Ei, ei! — strafte Consul Dirigens — Herr Stadtschreiber, wie mag doch eine Magistratsperson so unziemlich quinkuliren! aber sein Strafwort verging in der tobenden Welle des Lachens, als nun der Feldscheer zu sothanem Gesange Possen riß und Kapriolen schnitt, welche zeither in Deutschland noch nie erhört waren. Denn es wußte besagter Feldscheer seine Geberden zu verstellen wie einen Sack, und sein Gesicht in Falten zu legen wie einen Priesterrock, dabei auch Nase und Mund dergestalt in sein Kinn zu verschlucken, daß von sothanen Gliedmaßen gar nichts mehr zu sehen, letzlich aber seine Ohren zu verlängern und solche wackelnd zu spitzen wie Eselohren.

Männiglich war von dem lustigen Schwanke höchlich ergötzt, nur Klaren aber das lose Spektakulum wie ein unheimlicher Gespensterspuck durch die Seele gefahren, so daß sie nicht mehr länger weilen konnte, sondern entsetzt und fieberkrank in ihr Kämmerlein gebracht werden mußte. Und als nun vollends den Tag darauf, wie das kaiserliche Fähnlein bereits wieder abmarschirt war, der Vater den Rothrock in's Haus brachte und erklärte, daß der Feldscheer in Katzweiler sich zur Ruhe setzen und die Badstube des Vaters für ein Erkleckliches zu kaufen beschlossen, auch ein gar reicher Kauz sei; da vollends ahnete der Armen nichts Gutes, und es schien ihr, als sei dieses ein Zeichen zur Trennung von dem Geliebten ihres Herzens.

Auch Barbara Murchel, die Base, schien dem Rothrocke gewogen vom ersten Augenblicke an, maßen der Schlaue sie in die Wange gekniffen, ihre Knochenhand zärtlich gedrückt, und darin etliche Goldstücklein zurückgelassen und womit er denn klüglich das Arkanum getroffen, sich den Drachen zu gewinnen, der sein goldenes Vlies hütete.

Schon den Tag darauf wurde der Feldscheer Bürger in Katzweiler, vermochte aber als ein Erzspaßvogel den Bürgereid nicht nachzusagen, und hob zum Schwure die Finger verkehrt wie zwei Hörnlein empor. Aber er handirte mit Scheersack und Messer,

daß es eine Lust war, warf mit Goldgulden um sich, und ließ wacker einschenken im Keller. Als er nun aber gar um die schöne Klara förmlich warb bei Schweperlein, und zur Morgengabe tausend Dublonen zu zahlen versprach, da entstand Jubel in des Baders Hause, und selbst Barbaras Kämmerlein blieb dem klagenden Kater verschlossen. Aber Klara verging in liebendem Schmerze. Ach Konrad! — sprach sie zu ihm in der heimlichen Abendstunde: nun ist Alles vorbei, der abscheuliche Hinkefuß führt mich zum hochzeitlichen Altar und wer mag mich retten? O! — entgegnete Konrad — sei getrost, holdes Mägdlein. Bin ich auch arm und habe nicht Geld noch Gut, so habe ich doch einen Freund im Himmel, und einen Vater in seinem Diener, dem ehrwürdigen Pater Florian. Den will ich um Rath und Hilfe flehen, und er wird uns helfen, wenn Hilfe möglich ist.

Am frühen Morgen ging Konrad in die Zelle des frommen Priesters und offenbarte selbigem sein Leid und die ganze Sache. Aufmerksam hörte der Pater die Relation des preßhaften Liebenden, dann aber segnete er sich mit dem heiligen Kreuze und sprach: O mein Sohn, bete und wache, daß du nicht in Versuchung fallest; denn es gehet der Teufel herum wie ein brüllender Löwe, und sucht welchen er verschlinge, und so mich nicht Alles trügt, so mag der Feldscheer Niemand anders seyn, als eben — der Teufel. — Listig wohl spannt der Versucher sein Netz aus, aber es wird ihm nicht glücken. Sei standhaft und ermahne auch Deine Geliebte zu frohem Muthe, bete und arbeite, und folge stets meinem treuen Rathe, laß auch die Sache gehen, wie sie will, wenn es an der Zeit und Stunde seyn wird, soll Euch die Rettung nicht fehlen. Mit sothanen Worten des Trostes gekräftiget ertrugen nun die Liebenden die Unbilden ihres Schicksals und insonderheit Klara das Drängen des unheimlichen Liebhabers, des ungeduldigen Vaters und der sie knöchelnden Base, in deren jungfräulichem Herzen sich eigene böse Liebesbegierde für den viel versprechenden Galan zu regen anfing, welcher das unreine Flämmlein dieser Brust mit dem Oele seiner Zärtlichkeiten und Goldgulden speiste, so daß sie beinahe geschwankt hätte, ob sie den stattlichen Rothrock in's Hochzeitbette der Muhme leiten oder für ihn das eigene Kämmerlein schmücken sollte. Daß der Fremde ein unheimlicher Gesell sei, hatte ihre Hexenwitterung bereits lange schon erspähet. Aber was that das? War denn nicht auch der Stadtschreiber doch nur ein schwarzer Kater, und schien derselbe nicht still und geduldig die Oberherrschaft des Rothrockes anzuerkennen, der übrigens mit Hinzelmann auf vertrautem Fuße lebte.

So verging der Winter und als der Frühling kam, drängte der Fremde ungestümer auf die eheliche Verbindung. — Da war der Plan des ehrwürdigen Paters Florian gereift und er sprach zu der Liebenden: Meine Tochter, es nahet die Walburgisnacht. In sothaner Nacht wird der Böse sein Beilager mit dir halten wollen auf dem Blocksberge nach höllischem Brauche. Höre nun, was Du dabei thun sollst. Wenn er vorher Dein Jawort fordert, so gib ihm solches unbedenklich, denn dem Teufel mag man kecklich keinen Glauben halten, bestelle ihn aber zu Dir auf den folgenden Abend in Dein Kämmerlein zur Verabredung der Hochzeit. Damit Du aber nicht vor Furcht und Entsetzen verderbest und damit der Böse in Nichts an Dir Macht und Gewalt, vielmehr im Nothfalle kräftigen, männlichen Widerpart haben möge, so sollst Du, wenn das Stündlein nahet, unbemerkt von Deiner Base aus dem Fenster Deines Kämmerleins steigen, und mich im Thore unsers Klosters erwarten, wo ich Dich zu einer ehrbaren Matrone bringen werde. Indessen soll Konrad in Dein Gemach steigen, Deine weiblichen Kleider anlegen und mit Deiner Stimme Unterhandlung pflegen im Dunkeln. Du, Konrad, sollst alsdann darauf bestehen, daß der Böse die Morgengabe von tausend Dublonen, wohlgezählt im Sacke, am Abende vor der Hochzeit unbemerkt in das Schlafkämmerlein schaffe. Geschieht solches nun, so bringe flugs das Gold zu mir, daß unser Prior darüber den Segen spreche, und so solches geschieht,

mögt ihr sicher seyn, daß sich der Mammon nicht in Stank und Unsegen verwandle, sondern Euch verbleibe und Vater Schwepperlein, dem ich das Gewissen rühren will, Eurer ehelichen Verbindung nichts mehr in Weg legen werde. Damit aber auch letzlich der Teufel den Trug und die Verwechselung nicht merke, will ich Dir Konrad hiemit ein heiliges Bildlein verehren, welches die Kraft hat, die Augen des Bösen zu verblenden, daß er Dich halten muß, für wen Du Dich gibst, und daß auch Barbara, die Hexenmutter, und Hinzelmann, der Kater, keine Macht und Gewalt an Dir haben. Darum magst Du auch dem Bösen getrost Alles zusagen und versprechen, was er von Dir wegen der Hochzeit und der Brautfahrt begehret, sintemal solches Alles Gott zum Besten lenken und herrlich hinausführen wird, deß dürft ihr nicht zagen und sorgen. Dankend und fröhlich schieden die Liebenden aus Pater Florians Zelle, und thaten wie ihnen befohlen war.

In den letzten Tagen des Monats April erhielt der Teufel das Jawort aus dem Rosenmunde der schönen Klara, zugleich aber auch die Bestellung in ihr Kämmerlein zur heimlichen Beredung der Hochzeit bei nächtlicher Weile, und des Jubilirens in Nepomuk Schwepperleins Hause war kein Ende. Der Rothrock trieb unaufhörlich lächerliche Possen und Schwänke, und becherte in der Gesellschaft des künftigen Schwiegervaters und des Stadtschreibers, welcher Letztere mit spinnenden Murren um den dämonischen Kollegen schwänzelte, mit welchem er den höllischen Partagekontrakt über Leib und Seele der lieblichen Braut geschlossen. Aber im Herzensschreine der Base Barbara hatte nun die unziemliche Ueppigkeit und die Begierde nach dem Fremden die Oberhand erhalten, und brannte lichterloh in unreiner, diabolischer Flamme.

Als nun der verabredete Abend eingebrochen, Klara bereits unter sicherm Hort des frommen Paters und Konrad im Kämmerlein der Liebsten, angethan mit ihren Kleidern sich befand, hatte Barbara das Hinken des Rothrockes in das Gemach der zarten Muhme erlauscht, und sich auf die Treppe geschlichen, von wo ein kleines Fensterlein oben in Klarens Schlafkammer ging. Solches öffnete sie leise und horchte der süßen Zwiesprache der Liebesleute im Dunkeln.

Schon waren, ehe Barbara das Runzelgesicht durchs Fensterlein gesteckt, die Präliminarien geschlossen, und die Lauscherin zu spät gekommen, um zu hören, wie der Rothrock versprochen, die tausend Dublonen noch am Abend vor der Hochzeit in Klarens Kämmerlein zu spediren, aber was die Präparaturen zur Hochzeit anbelangt, so entging ihr davon nicht ein Wörtlein. Unser Beilager — sprach der höllische Galan zu der vermeinten Braut — soll nach der Sitte mei-

10*

nes vornehmen Hauses in der Walburgisnacht vollzogen wer=
den, jedoch nicht allhier, sondern bei meinem Vetter, dem reichen
Herrn von Brocken im Gebirge, welcher dazu ein fröhliches
Gelage anrichten und mehrere ehrbare und lustige Gäste von
meiner Bekanntschaft laden wird. Hiezu hab' ich ein Röß=
lein bereit, welches um Mitternacht auf uns in Deiner Küche
harren wird. Darauf setze Dich ungescheut, so es Dir auch
als ein struppiger Besen erscheint, und hinter Dir werden
meine starken Arme Dich umfassen, daß Du nicht fällst und
Schaden nimmst. Wohlgesprochen Herr Bräutigam — ent=
gegnete Konrad mit zarter Stimme — aber vergönnt der
schämigen Jungfrau, daß sie bei dem Ritte nicht vor Euch
sondern hinter Euch sitzen und Euch mit ihren zitternden, lieben=
den Armen umfangen möge. Leichtlich gab der gefällige Sponse
dieß zu, und hinkte lustig und guter Dinge zum Kämmerlein
hinaus. Barbara Murchel aber, suchte ihre steifen Fest=
kleider hervor und harrete sehnsüchtig der Walburgisnacht, in
welcher sie dem Teufel ein X für ein U zu machen, und an=
statt Klarens mit dem infernalischen Bräutigam ins hoch=
zeitliche Bette zu fahren gedachte. Vorher lief richtig die
stipulirte Morgengabe wohlgezählt und in die Säcke gepackt
ein, wurde schnell zu Pater Florian spedirt, und so war
nun endlich der von allen Interessenten ersehnte Walburgis=
Abend herangedämmert. Wie Klara sich in ihr Kämmer=
lein zum Schlafe begeben, schnappte die arglistige Base von
außen das Schloß ab und schob den Riegel vor, wusch das

Runzelfell mit Kleie und Seife,
und legte die starrende Kontusche
an. Oben vom Dache herab tönte
Hinzelmanns Liebesklage, aber
Barbara rief: Inkommodiren
sich der Herr Stadtschreiber nur
nicht weiter, da eine noblere Pas=
sion sich meines Herzens bemeist=
ert! und als nun die Rathsuhr
die zwölfte Stunde brummte und
Eulenruf sich in Hinzelmanns
Brautlied mischte; schlich Bar=
bara heimlich und still in die finstere Küche. Hier wartete der
Rothrock schon und frug mit leise krächzender Stimme: Bist
Du da feines Liebchen? — Ja war die Antwort leise. Nun
wohl, so setz Dich hinter mich — fuhr der Rothrock fort und
schwang sich bald von den dürren Armen der Braut hinter
ihm umknöchelt und flog im Hui mit ihr zum Fenster hinaus
in die sausende Luft. Aber wer mag sein Entsetzen beschrei=
ben, als er auf dem Blocksberge angekommen, das schmähliche

qui pro quo, die scheußliche Braut beim flackernden Hoch=
zeitfeuer erblickte und sie mit langgestreckten Krallen nach ihm
griff, und ist es damals gewesen, daß der Teufel über sich
selbst vor allen vornehmen Gästen und höllischen Honorationen
„pfui Teufel!" habe gerufen. Ob er aber dem untergeschobenen
Gesponse sofort den Hals umgedrehet oder sie als Hexe mit
infernalischen Missionsgeschäften beauftraget, durch die Welt
wandern lassen, davon ist keine Kunde nach Katzweiler gekom=
men, vielmehr Barbara Murchel spurlos verschwunden ver=
blieben, und auch der Herr Stadtschreiber, der um dieselbe Zeit
auf Reisen gegangen, bis dato noch nicht revertiret.

Aber mit dem freundlichen Frührothe des ersten Maitages,
als im Dunkel der blühenden Bäume die Nachtigallen schlu=
gen, wurde das Haus des Baders mit Besemen gefegt, mit
geweihtem Weihrauch und Myrrhen durchräuchert und Nepo=
muk Schwepperlein dergestalt zugesetzt, daß er gänzlich
zerknirscht sich fürder aller losen Possen und Schlemmerei ab=
that, den wakern Konrad mit dem liebenden Töchterlein zu=
sammengab und mit den Kindern der gesegneten Dublonen
sich freuete in Glück und Ruhe bis an sein Ende.

C. Weißflog.

Der Italiener. Auf frisch dahin im raschen Flug,
In hast'ger Eile mag ich gern skizziren.
Leicht aufgefaßt, ist Alles gut genug,
Und wer zufrieden ist, spart das Studiren.

Der Deutsche. Was kümmern mich der Sonne erste Gluthen,
Der steile Fels, des Meeres weite Fluthen —
Wer Dich, Natur! im Kleinen treu erschaut,
Umfaßt im Großen Dich als seine Braut.

Der Franzose. If will dof sehn, wenn if mir kaprizier',
Obs nit gelingt, *la foudre* su skizzir'
*Pour le français il n'y a rien d'impos-
sible*, wißt:
Für den Franzosen nix unmöglif ist.

Der Engländer. Die große Tour mach' ich zu See und Land,
Den Krater des Vesuvs faßt keck auf meine Hand;
Und bin ich wieder angelangt zu Haus,
Geb' ich im Stahlstich meine Reis' heraus.

Die ehrsame Zunft der Steckenreiter.

Es gibt kleine Leidenschaften, welche zwar nicht großen Zwecken entsprechen, aber doch große Summen absorbiren. Adamskinder, welche mit ihnen behaftet sind, stehen zu einander in einem gewissen Rapporte; sie suchen sich und erkennen sich unter Tausenden; aber sie sind auch aus Tausenden leicht kenntlich. Es liegt etwas Zünftiges in diesen kleinen Leidenschaften, auch wenn sie sich nicht vom Vater auf den Sohn forterben, wie Realgewerbe. Jede derselben bildet unter ihren Anhängern eine Gilde; — unter einer höheren Einheit subsumirt entsteht sodann die große Zunft der Steckenreiter. — Einige Exemplarien aus dem Leben, welche wir unserm freundlichen Leser vor die Augen führen wollen, mögen als Begriffserläuterung dienen.

Der Horologiophile.

Es gibt Liebhabereien, welche durch ihre schlichte Bezeichnung ihre Lächerlichkeit verrathen. In solchen Fällen kommt eine aus fremder Sprache entlehnte Terminologie sehr zu Statten, sie mag noch so barbarisch klingen. Horologiophilos heißt eigentlich Uhrenfreund. Aber unser Zünftiger hat *humaniora*

studirt, und liebt einen technischen Ausdruck für seine Leidenschaft. Er ist auch viel zu sehr Kosmopolit, als daß ihm die deutsche Bezeichnung genügen könnte. Dieß entnehmen wir schon aus der Ornamentik der Prachtexemplarien seiner Sammlung. Da kräht stündlich der gallische Hahn neben dem russischen Adler, und mitten inne spielt ein vielstimmiges Uhrwerk in einem Kästlein mit altdeutscher Architektonik die bekannte Weise: „ War Einer, dem's zu Herzen ging c. In seinen Lieblingsgedanken hat unser Steckenreiter einige Aehnlichkeit mit Karl dem V. Er möchte es so weit bringen, daß all' seine Uhren auf einen Schlag gehen. Aus dem Grunde treibt er auch Mechanik und Mathematik, und ist hiebei unter Anderem zu dem rechnerischen Resultat gelangt, daß die Zinsen des auf seine Sammlung verwendeten Kapitals zusammt den Reparaturkosten nicht so viel ausmachen, als ihm eine standesgemäße Frau kosten würde. Der Horologiophile ist demnach Hagestolz aus Grundsatz. Er findet kein Weib, welches so pünktlich geht wie seine Uhren. Das Picken der Perpendikel ist ihm die angenehmste Musik, die einzige Sprache, die zu seinem Herzen spricht. Das Meisterwerk seiner Sammlung ist eine Uhr, auf welcher ein Constabler die Stunden kündet durch die Anzahl Prügel, womit er einen vor ihm liegenden Bauern Sitte lehrt.

Der Alterthümler.

Er ist von altem aber heruntergekommenen Adel. Schon in frühester Jugend erging er sich gerne in Erinnerungen längst verklungener Tage. Eine verrostete Pickelhaube und ein zerbrochener Morgenstern, welche er auf dem Dachboden seines baufälligen Ahnenschlosses fand, gaben den Impuls zu seiner Neigung für Alterthümer. Nachgerade trat er in den Staats= dienst, und wurde zum Kanzleireferenten befördert, eine Stelle, welche ihm so viel einträgt, daß er nun mit Muße seiner Leidenschaft nachhängen kann. Am liebsten träumt er sich

nun unter alten Harnischen, Schlachtschwertern und Helle= barden in die Zeiten des Faustrechts zurück. Er ist ein großer Anhänger des Feudalsystems und die vorlauten liber= alen Ideen der Gegenwart sind ihm ein Gräuel. Seine Sammlung von Humpen, Trinkhörnern und Pokalen bleibt unbenützt. Zum täglichen Gebrauche begnügt er sich mit dem Arzneigläslein; denn er leidet am Podagra. Es ist die Liebe zum Extreme, die sich in diesem schwindsüchtigen Re= präsentanten der Gegenwart und seiner Anhänglichkeit an eine kraftstrotzende Vergangenheit ausspricht. Er geberdet sich in dem Streitsattel, wie das Soldatenkind im Reitstiefel des Vaters. Seine Linke ist mit einem Stahlhandschuh seiner Ahnen über= zogen, darinnen die ganze Duodezausgabe des freiherrlichen Nachkommen Platz hätte; das Ringlein, das er betrachtet, prangte wohl einst als Minnesold an dem Finger eines Tur= nierfähigen. Nun soll es in seiner Sammlung prangen, wie der Mammuthknochen in einem Naturalienkabinete.

Stiefel, Schuh und Pantoffel.

Ein stolzer Schuh gerieth mit einem Stiefel in Streit und behauptete, daß sein Amt weit edler, als das des Stie= fels wäre, indem man sich seiner nur bei besondern Gele= genheiten bediene. Kein Ball, keine Cour, keine Aufwartung (schrie er mit blähender Selbstsucht) findet statt ohne mich, während man sich Deiner, Du armer Teufel, nur bei schmu= tzigem Wetter als gemeine Fußbekleidung bedient. Der gereizte Stiefel warf erzürnt der Gründe viele entgegen, führte als Beweis seines Gegenrechtes die silbernen Spornen, welche in hundert Formen ihm zur Zierde verfertigt werden, an, jedoch keine der Streit führenden Mächte wollte nach= geben, als der Zufall einen schleichenden Pantoffel vorüber führte. Dieser hörte kaum, wovon die Rede war, als er ausrief: O ihr Thoren, was will Eure Macht gegen die meinige! — Philosophen, Künstler, Helden und Staats= männer seufzen unter meiner Herrschaft. Ein Laune von mir läßt den Schuh nicht auf den Ball und den Stiefel nicht aus dem Hause.

Homo studens.

Civis academicus sociarius (Ling. acad.)

Familie der *Rabiaten.*

Zu Deutſch: **Der Burſch.**

Homo studens.

Civis academicus
Anima obscura } *Ling. acad.*

Familie der *Pacaten.*

Zu Deutſch: **Der Obſcurant.**

Kennzeichen: Trägt farbige Bänder und raucht immer an den Schildwachen vorüber.

Fundort: Halle, Leipzig, Göttingen ꝛc. auf Straßen, in Wirthshäuſern, auf Fechtböden ꝛc.

Zweck: „Stürzen" (*Ling. acad.*)

Kennzeichen: Geht nicht los, trägt auch kein Band.

Fundort: In Hörſälen, Krankenhäuſern, Dachſtuben und Garküchen.

Zweck: Nachſchreiben in den Collegien für ſich und Andere — „ochſen" (*Ling. acad.*)

München, Verlag von Braun & Schneider. — Papier und Druck von **Fr. Puſtet** in Regensburg.

Bestellungen werden in allen Buch = und Kunsthand = lungen, so wie von allen Postämtern und Zeitungs = expeditionen angenommen.

Nro. 11.

Erscheinen monatlich zwei bis drei Mal. Subscriptionspreis für den Band von 24 Nummern 3 fl. 36 kr. R. = W. od. 2 Rthlr. Einzelne Nummern kosten 12 kr. R. = W. od. 3 ggr.

Die Kranzbinderin.

Vor den Thüren der Kirchlein und Kapellen, die zwischen den Edelsitzen und Dörfern der Eppaner = Hochebne ausgestreut liegen, finden die Leute häufig Kränze aus Feldwermuth, Heiderich oder ähnlichem Kraut und Laub gewunden. Sie stoßen dann den dürren, unnützen Kram mit den Füßen bei Seite, und murrend oder spottend sagt etwa Einer zum Andern: „Das hat wieder die närrische Lafrenger = Anna gethan.“

So heißt ein ziemlich bejahrtes Weib, das ohne Heimath und Erwerb, seit langen Jahren in den übertscher Ge = meinden umherschweift, als eine unschädliche Irrsinnige gilt, und darum noch immer um Gotteswillen da oder dort ein Stück Brod und eine Lagerstätte gefunden hat. Man weiß von ihr wenig mehr, als daß sie eigentlich oben an der Gränze des Nonsberges daheim sei in dem Hochdörflein Lafreng oder

Lauregno, wie es die Wälschen nennen, wo die letzten Deut = schen wohnen, und sich seit alten Tagen gegen die um sich greifenden Nachbaren tapfer halten bei ihrer deutschen Sprache und ihrem Väterbrauch.

Obwohl Niemand bestimmt weiß, wo sie Tage lang umher = schweift, hat man doch nie gehört, daß sie je sich hinauf ver = irrt habe in ihren Geburtsort und — es ist, als vermöge sie den Weg dahin zurück nimmer finden, als sei sie in eine gebannte Gegend gerathen, aus welcher sie nicht mehr entweichen könne. Desto öfter begegnen ihr die Leute auf freiem Felde und im Walde; am liebsten besucht sie die Gand, einen öden Heide = strich, wo man über Geröll und Busch weit ausblickt nach „dem Holz und dem Berg“, wie die Eppaner die Waldung des Mittelgebirges und die Wand der hohen Felskuppen der Men = del nennen. Auf der Gaisrast beim Bildstöckel flicht sie ihre Kränze, und in der Schürze sie verbergend wandert sie dann umher zu den Bethäuslein der ganzen Gegend, und legt ihre wunderliche Gabe an den Schwellen derselben nieder. Sie wählet mit Vorliebe die einsamsten Kapellen, auch die Haus = kirchlein der vielen Herrensitze. An der Thüre des alten schönen Kirchleins Sankt Sebastian, unweit dem ritterlichen Hause von Englar, hab' ich selber einmal einen Bündel solcher Wer = muthkränze gefunden, und damals ließ ich mir dieß wenige

11

erzählen, was man von der Lafrenger = Anna weiß. Fin=
det sie Jemand zufällig bei diesem Geschäfte, und frägt, wo=
zu sie die Kränze binde, so antwortet sie: „Die Krönlein
gehören für die zwölf Apostel und einer für die Mutter Got=
tes;" — auch andere Heilige und selbst den lieben Herrgott
beschenkt sie zuweilen mit solchem Schmucke aus Unkraut und
Dorngeäst. Vorzugsweise sind es aber die zwölf Boten und
die Himmelmutter, denen sie die Zierden zuspricht, und fast
immer findet man wohlgezählet dreizehn Kränze an den Kirch=
pforten. — Ich habe die Lafrenger = Anna nie gesehen,
aber man hat sie mir beschrieben als ein gewöhnliches altes
Weiblein, so armselig aussehend, wie alle die verkümmerten
Ing'häusen *) in den überetscher Höfen, etwa nicht allzuhäß=
lich und hexenhaft, sondern mehr betschwesterlich scheu, —
ihren Irrsinn nur verrathend in der Verworrenheit ihrer Rede,
nicht einmal durch den Blick eines wunderlich klaren, lichten
Auges. Ueber den Grund der Geisteskrankheit, an der sie
leidet, seit die Leute in Eppan sie kennen, gibt es nur unsichere
Gerüchte, — es läßt sich indessen so ziemlich ein Zusammen=
hang errathen.

Anna war nie verheirathet, so viel weiß man bestimmt,
— aber sie brachte doch, als sie das erste Mal „in der Deutsch"
herab ging, wie die Bewohner jener Gränzdörfer das Etsch=
land nennen zum Gegensatze des Nonsberges, wo es ihnen
„in der Wälsch" heißt, — ein Kind von wenigen Wochen mit
sich. Mit ängstlicher Scheue verbarg sie sich damals, so weit
es ihr möglich war, vor allen Menschen, — verbrachte wahr=
scheinlich lange Tage in den Hochwäldern, übernachtete heim=
lich in offenstehenden Scheuern, und kam sie in ein Haus,
um zu betteln, so verhüllte sie das Kind mit alten Lumpen
bis über das Gesichtlein, als sollte es Niemand sehen, und
darnach befragt, erwiederte sie heftig: „Ein Kind, — wo?
— Ich habe kein Kind! — s'ist nicht wahr, was die schlech=
ten Leute mir aufbrachten, das Kind — da — es ist nicht
von mir! ich habe keines." Einmal kam Anna wieder in
einen Hof und bettelte um einen Bissen Brod mit dem sorg=
sam bedeckten Kinde. Die Bäuerin ward aber neugierig das
Würmlein der Betteldirne zu sehen, und ob sich auch diese
dagegen sträubte, hob sie das Tuch von des Kindes Gesicht.
Das aber war bleich und eiskalt, die Aeuglein waren ge=
brochen, die blauen Lippen offen und verzerrt, kein Athem
kam daraus hervor.

---

*) Ing'häus — Insass, — Miethsmann.

„Jesus Maria" — schrie jetzt das Bauernweib — „das
Kind ist ja todt! schaut nur selber, — es hat ja keinen
Athem mehr, und die Wänglein sind völlig schwarz, — das
ist schon lange todt!"

Anna blickte die Jammernde verwundert an, — dann
sagte sie: „Todt? — ach wohl nicht? — s'schlaft nur all'm
fort, weil es hungrig ist und müd vom Schreien."

„Ja müd und hungrig" — lärmte die Andere dage=
gen — „verhungert wohl, — so müßt ihr sagen. Aber um
Gottes willen, — Mensch — habt ihr denn nicht gemerkt,
wie's um das arme Hascherle steht? — Es so gleichgültig
zu Grunde gehen zu lassen! Seid ihr seine Mutter, ist's
denn nicht euer Kind?" —

„Mein Kind? — Nein, — nein," lautete die hastige
Antwort Anna's.

„Nun denn, — so bringt mindestens das verstorbene
Heiterlein zu den Raben=Eltern, die es einem so unsinnigen Un=
thiere anvertraut haben wie euch, damit sie's christlich be=
graben lassen. Das Kind tragt ihr da wohl schon ein paar
Tage todt herum! Es ist grausam! Geht — macht euch
durch! Mir wird völlig übel. — Nein so zu thun mit einem
armen unschuldigen Kind!"

„Was hab ich ihm denn angethan?" fragte Jene hin=
wieder, — „s'schlaft ja recht gut und gesund und wird wohl
wieder aufwachen, wenn es genug geschlafen hat!"

„Schlafen — aufwachen, — wenn's todt ist! — Hört
ihr's denn nicht? Gestorben ist das Häutl, todt — maus=
todt ist es, und wird nimmer lebendig bis zum jüngsten Tag."

Plötzlich horchte Anna mit aller Anstrengung auf die
Worte der Bäuerin. Sie schien verworrene Gedanken und Be=
griffe in ihrem Kopfe gewaltsam ordnen zu wollen, denn
heftig und zu wiederholten Malen fuhr sie mit der Hand
über ihre Stirne — auch ward sie bleicher und bleicher, und
athmete kurz und schwer, bis sie zuletzt stammelte:

„Nein, — nein, — s'ist nicht todt! s'lebt schon noch!
— Gelt's ja Bäuerin, — es lebt schon noch — mein Kind!"

Kalte Schweißperlen träufelten ihr von der Stirne nie=
der auf das Gesichtchen des todten Kindes, zu dem sie sich

in entsetzlicher Angst niederbeugte und es gewaltsam an sich drückte.

„Ja seid ihr ganz närrisch," rief nun die Frau dazwischen, „kennt ihr's wirklich nicht, daß die kleine Kreatur ausgegeistert hat? — Ist's am Ende dennoch euer eigenes Kind?"

„Ja — ja," — stöhnte die sinnlose Mutter, — „aber um's Blut Christi willen, Niemanden sagen, Niemanden sagen! ich dürfte mich nie mehr daheim sehen lassen! — Und mein Madele lebt noch, nicht wahr?"

Der Unwille der Bäurin hatte sich jetzt in Mitleid verwandelt. „Nein, mein armes Mensch, — euer Madele ist schon wahrhaft todt," sagte sie verzagt und mit überlaufenden Augen.

Da stieß die Bettlerin einen jähen Schrei aus, und taumelte rückwärts an die Thürpfosten, die Knie brachen ihr, und aus den Armen glitt ihr das todte Kind, nach dem noch schnell genug das Bauernweib griff, ehe es zu Boden fallen konnte. Die unglückliche Mutter mußte sie deroweil niedersinken lassen auf die Steine des Flurs.

Sie und andere mitleidige Seelen machten darauf Anstalt, daß das Töchterlein der Lafrenger-Anna ehrlich begraben ward. Selbst ein hübsches Blumenkrönlein legte man auf das Särglein, und dieses nun wollte die von tiefstem Wahnsinn befallene Mutter mit Gewalt haben, da sie vorher ununterbrochen mit denselben Worten ihr Kind verlangt hatte, und ihr die Leute darauf antworteten: „s'ist fort, — s'ist nimmer da, — in den Himmel hinauf ist's geflogen zu den Engeln — wir können es nicht wieder erwischen." —

Um sie zu beschwichtigen, mußte man ihr endlich das Kränzlein mit den Papier- und Flitterblumen geben. Im Kopfe der Armen aber mag sich eine neue irrsinnige Verknotung aller dieser Begebnisse und Reden verschlungen haben. Sie sagte oft für sich: „Mein Kind ist todt — und ist aber auch im Himmel droben. Sie müssen Alle gestorben sein im Himmel droben; der Herrgott mit sammt den Heiligen. — Und sie haben gewiß keine so schönen Kränze am Sarge wie mein Madele!" — Zugleich fing sie an die Kronen zu binden und bei den Kirchen niederzulegen, — und dieß Gewerbe treibt sie nun seit jener Zeit. Durch eine lange Reihe von Jahren hat sich ihr Wahnsinn nicht im geringsten geändert; mit ihrem Kinde scheint für sie zugleich die ganze Welt gestorben zu sein. Manchmal gibt sie auch zu verstehen, daß sie die Menschen, mit denen sie verkehrt, für todt hält; sie reicht ihnen dann eines ihrer Geflechte hin und sagt dazu: „Sieh da hast auch einen Kranz." Viele halten solch eine Begegnung mit der Lafrenger-Anna für eine böse Vorbedeutung; — doch, wie gesagt, verkehrt sie in ihrem Irrsinn weit mehr mit den Heiligen als den Menschen.

Was mag die Arme mit der Frucht einer bösen Stunde an der Brust, zuerst herabgetrieben haben zu fremden Leuten? — Es heißt, sie habe sich mit einem Wälschen vergangen, und von ihm in ihrer Noth verlassen, von ihren Angehörigen mitleidslos verdammt, habe ein dumpfer Irrsinn sie befallen, und zugleich sie hinweggejagt von dem Boden, wo sie mit ihrer Schande nicht mehr leben konnte. Es ist nämlich bei den Deutschen von Lafreng und Proveis im inneren und äußeren Wald auf dem Gampen unerhört, daß ein Mädchen einem der wälschen Nachbaren Gehör gibt, und wie sie ohnehin auf reine Sitte strenge halten, so rügen sie einen Fehltritt mit einem Fremden in doppeltem Maße. Vater und Bruder sprechen dann zur Gefallenen: „Mach' dich fort, wir kennen dich nicht mehr," und Mutter und Schwester würden nicht um die Welt mit ihr zur Kirche gehen. So mag auch Anna zu einer Gezeichneten und Ausgestoßenen geworden sein. Niemals hat irgend ein Mensch aus Lafreng ihr nachgefragt. —

Sie kann noch lange Kränze binden, — solche Leute werden meist sehr alt, — bis sie etwa einmal auf ihrem Wermuthbündlein einschläft und im Himmel droben aufwacht, und freudig erstaunen wird, daß der barmherzige Gott und seine Heiligen nicht gestorben sind, und bei ihnen ihr Madele als ein schönes Engelein lebt.

Die Wein' un̄ der Bachus.

(Pfälzisch.)

Die Wein' sin amol zum Bachus kumme
Un̄ habe̅ 'n um a Entscheidung gebitt't,
Er soll ihne̅ saache̅ uf Wort un̄ Ehr',
Weller vun ihne̅ der vornehmschte wär'.

Der Bachus hot gsacht, ihr liebe Kinner,
Den Gsalle den will ich euch wohl thū,
Es schick' nor a jeder a kleen's Deputat,
Nocher halt' ich a Prüfung im große̅ Rath.

Deß wäre̅ die Wein' natürlich zufriede̅,
Un̄ Gsandte sin̄ kumme̅ vun aller Welt,
Un̄ 's hot nor gewimmlt vun Glanz un̄ vun Pracht,
Denn der kleenschte der hot sein̄ Staat gemacht.

Un̄ 'm Bachus sei̅ Ceremoniemeschter
Der hot ihne̅ gsacht, wann die Prüfung is,
Geht jeder, so wie 'm gewunke̅ werd seyn,
Beim König ganz still in die Gorgl 'enein.

Un̄ richtich! so wie der Tag is gewese̅,
So hot det Bachus der Reih' noch gewinkt,
Deß erschte, deß ware̅ die Herrn vum Rhein,
Die sin̄ dann stolzirt wie die Ferschte̅ 'enein.

Dernocher sin̄ glei die Burgunder 'kumme̅
Un̄ die Bordeaux mit ihr'm rothe̅ Talar, —
Do habe̅ die Grieche̅ schun Gsichter gemacht
Un̄ habe̅ die Fremde gar scheel betracht't.

Un a alter Muschkat vun der Insl Samos
Der hot gesacht zum a Malvasir,
Geb' Acht die Franzose mit ihr'm Geschwätz
Die krieche̅ heilig die erschte̅ Plätz'.

Un̄ der Bachus der hot 'm Champagner gewunke̅,
Der war wie a rechter Stutzer geputzt,
Besetzt mit Topase̅ die Knöpp' am Fraf
Un̄ a Perle̅schnur an sein'm Chapeau claque.

Er is mehr getanzt als daß er is 'gange̅
Un̄ hot noch gesumst so a Stück vun a Lied,
Do habe̅ die annre̅ gemormlt: wie grob!,
Der hot aach de Großmogl in sein'm Kopp

Jetz' hot der Bachus gerufe̅: Tokayer!
Do is der natürlich gar wichtich 'enein,
A kleener Mann, ganz kuprich un̄ roth,
Zwee Husare̅ hinner 'm noch ungrischer Mod'.

D'ruf hot der Bachus nimmer gewunke̅,
Es war a langi peinlichi Pauf'
Un̄ er hot sich als bsunne̅ un̄ hot sinnirt
Un̄ wie a rechter Gelehrter studirt.

Un̄ wie's bald geht mit dem dumme̅ Studire̅,
So kummt 'm der Schlof un̄ er duslt ei,
Jetz' stellt euch die Angscht un̄ die Ungeduld vor
Vun dem übrige̅ diplomatische̅ Corps. —

„Do, gilt es a Lischt" sächt a Piesporter Junker
Un̄ rumplt 'm König durch's offene Maul!
Deß war a Signal un̄ Alles will 'nei
Un̄ kenner der letschte Vergessene sei̅.

O Mord un̄ Spetakl, was war deß a Druck̅,
Die Grieche̅, wie Feuer vor Aerger un̄ Zorn,
Un̄ die Franke̅, die aach nit vun Huzle̅ gemacht,
Die habe̅ sich grose Sottise̅ gesacht.

Ke̅ Rücksicht, ke̅ Schonung war do mehr zu finne̅,
Die Spanier allee̅ ware̅ noch im e̅ Takt
Un̄ habe̅ die **Lacrimae Christi** gebitt',
„Ei gehen Se vor, mir kumme̅ schun mit." —

Un̄ der Bachus der hot als gschlofe̅ un̄ gschlofe̅
Un̄ die Herold die habe̅ gewart't und̅ gewart't,
Um laut zu verkündige̅ überall,
Wie dann gefalle̅ 'm König sei̅ Wahl.

Jetz' endlich erwacht er, un̄ wie er's soll sage̅,
Derwell', dann der erschte vun all' denne̅ Wein',
So denkt er in Lieb', un̄ deß war wohl aach gscheut,
„Was soll ich een kränke̅, sin All' liebe Leut',

„Un̄ soll ich's dann wege̅ 'me Wörtche̅ risquire̅,
Daß mancher werd sauer un̄ kahnig vor Gram?"
Nee, denkt sich der König, un̄ hot halt nix gsacht,
Als daß 'm die Prüfung Vergnüge̅ gemacht.

Un̄ weil er halt gar nix sunscht sage̅ hot wolle̅
Der gute un̄ liebe un̄ freundliche Mann,
Un̄ so weeß mer noch bis uf die Stund' nit gewiß,
Derwell' vun de Wein' der vornehmschte is.

(Aus Franz v. Kobells Gedichten.)

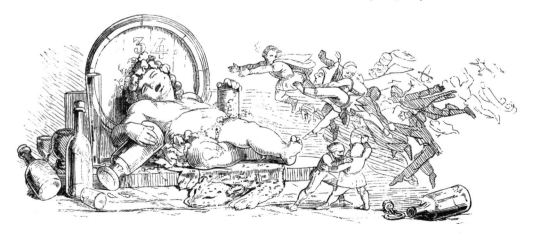

Der Kunstliebhaber.

Ehedem war er Lederfabrikant, und der ünangenehme Lohgeruch wurde das Fundament seiner Lieblingsneigung, des Tabackschnupfens. Späterhin privatisirte er und ließ sich in den Kunstverein aufnehmen. Das ist fashionable und er huldigt seit seinem Standeswechsel dem guten Tone nach besten Kräften. Anfänglich lobte oder tadelte er die Gemälde blos weil er sich als Vereinsmitglied hiezu für berechtigt hielt. Allmählich wurde ihm klar, daß nichts leichter sei, als eine Kunstkritik. Von jenem Zeitpunkte her datirt sich seine Leidenschaft für die Kunst, und er wußte sie mit seiner Liebe für den Schnupftaback auf eine sinnige Weise zu verknüpfen. Ein Paar Dosenbildchen, das Geschenk eines künstlerischen Parasiten, erweckten in ihm die Idee, eine Privatgallerie anzulegen. Die Miniaturporträte seiner Ehehälfte und seiner sieben gesunden Kinder bildeten die Grundlage. Bald vermehrte sich seine Sammlung mit Copien der ersten Meister, sämmtlich auf Dosendeckeln, von denen er nun für jeden Tag des Jahres einen eigenen aufzuweisen hat und für die Schaltjahre noch einen aparten. Zur Zeit strebt er darnach, sich eine theoretische Bildung zu verschaffen, aber das Lesen kommt ihm etwas schwer an, — nicht aber wegen des kleinen Druckes. Im Gegentheile, seine Augen sind durch seine Miniatursammlung bedeutend geübt. Seine Copie von Rubens letztem Gerichte auf einer einzölligen Quadratfläche ist ein Meisterwerk. — Ehe er über ein Gemälde urtheilt, besteht er es durch die hohle Hand und beobachtet eine künstlerische Distanz. Warum? — Hierüber weiß er ausser dem Handwerksgebrauche keinen Grund anzugeben. — Zuweilen besucht er die Bildergallerien und vergißt nie, seinen Katalog mitzunehmen. Er zählt viele Freunde unter den Künstlern, die seinen guten Tisch und seine Weine loben. Auch hat er ziemlich viel pretia affectionis aufzuweisen, welche ihm, nach seiner eigenen Aeusserung, am theuersten zu stehen kamen. Uebrigens ist er ein guter Bürger und Familienvater und seine politische Meinung ist noch nicht zum Durchbruche gekommen.

Der Inkunabelnsammler.

Das fünfzehnte Jahrhundert ist der Reliquienkasten, daraus er seine Heiligthümer hervorholt. Die Antiquare sind ihm das vermittelnde Medium und seine besten Freunde. Er ist der Gegenwart völlig entfremdet und das neueste Buch, welches ihm seit Jahren zu Gesichte kam, ist von anno 1640. Er hat viel studirt, aber es ist ihm unbegreiflich, daß es eine schönere Sprachform geben sollte, als Mönchslatein und eine bessere Philosophie, als Scholasticismus. Der moderige Duft des vergilbten Papiers hat ihn mager und schwindsüchtig gemacht. Dieser Duft gilt ihm aber höher als Ambra und Moschus. Seine Geruchsnerven sind in der Art ausgebildet, daß es nur einer leisen Annäherung an das hiefür bestimmte Organ bedarf, um das Jahrhundert zu errathen, aus welchem die in Schweinsleder gebundene Scharteke stammt. Druckwerke aus der Mitte des 15. Jahrhunderts wiegt er mit Silber auf. Sein geheimster, seligster Wunsch wäre die Auffindung eines gedruckten Buches, dessen Ausgabe in die Zeit vor Erfindung der Buchdruckerkunst fiele. Sein halbes Vermögen steckt in diesen verschimmelten Folianten und Quartanten und seine muthmaßlichen Erben sind hierüber schwer zu trösten, da sie seinen allenfallsigen Rücklaß nur pfundweise und zu sehr unedlen Zwecken anzubringen hoffen können. Uebrigens ist er noch in Zweifel, ob er sich nicht für den Todfall seine Lieblinge mit in's Grab sollte legen lassen, etwa wie es ein Hindu macht. — Nicht selten wiegt ihn der Duft seiner Sammlung in selige Träume; dann sieht er sie hereinschweben, diese farblosen Skelete vergrabener Zeiten, und die leeren Räume seiner Inkunabelnbibliothek füllen. Er ist selbst zu einer incunabula geworden, und sein Gesicht hat die Farbe seiner Lieblinge in gepreßtem Schweinsleder angenommen.

(Wird fortgesetzt.)

Beiträge zur Geschichte von Herrn Wahls großer Nase.

Sagt, ist es nicht ein Verbrechen,
Der Moral so Hohn zu sprechen,
Er trägt, frech und sittenlos,
Den größten Theil des Körpers blos.

Seines Nasen=Unholds Ende
Steht so ferne vom Gesicht,
Unerreichbar ist's für seine Hände,
Wenn er nießt, so hört er's nicht.

Was kann Wahlens Unstern gleichen;
Er verzieht zwar sein Gesicht,
Wenn ihn eine Fliege sticht,
Kann sie aber nicht verscheuchen.

Als du jüngsthin schlummertest im Grase,
Ragte himmelan die Wundernase;
Und die Dorfbewohner weit umher,
Zählten einen Kirchthurm mehr.

BIS · VOR · MCCCCLII ·

☞ Aufruf an das deutsche Publikum.

Es ist ein trauriges Zeichen, daß unsere Zeit, die doch mit so regem Eifer und so großer Thatkraft auf ehrenvolle Anerkennung und Auszeichnung verdienter Männer hinarbeitet, — am füglichsten nach ihrem Tode durch Monumente — bis jetzt eine Anzahl wahrhaft großer Männer und Frauen — den Stolz unseres Vaterlandes, den Neid der Nachbar = Nationen — übersehen, ja beinahe vergessen konnte!

Die unterfertigte Comité, aus sich selbst gebildet, bedeutende Notabilitäten in ihrer Mitte zählend und den Werth des großartigen Unternehmens wohl erfaßend, hat nun beschlossen, in diesen Blättern, so weit es der Raum gestattet, in kurzen Lebensabrissen diese Großen dem deutschen Volke vorzuführen, und wird durch beigelegte Monument = Zeichnungen das monumentenbeitragspendsüchtige Publikum zu glänzenden Beiträgen, um die großen Werke zu fördern, förmlich auffordern.

Die Comité unterzieht sich mit Freuden der Annahme der Beiträge, verspricht auch dereinst vielleicht eine Abrechnung zu stellen; ladet aber um so mehr ein, mit den Spenden zu eilen, da die bereits unterm 1sten Jänner 1845 erfolgte fixe Anstellung eines leitenden Direktors, eines Haupt=Cassiers, so wie zweier Cassiersgehilfen, sodann zweier Rechnungsführer, eines Administrationsbeamten, eines Registratoren und dreier Diener, alle dem hohen Zwecke gemäß würdig salarirt, bereits schon eine bedeutende Summe. in Anspruch genommen hat.

Indem wir somit uns nun einer angenehmen Pflicht entledigen, glauben wir nach dem alten „utile dulci" auch das Nützliche nicht aus dem Auge zu verlieren, wenn wir auf den demnächst erscheinenden ausführlichen Prospectus der verschiedenen Fest = Essen verweisen, die nach den beschlußfassenden Versammlungen, nach dem Guße und nach der Aufstellung und Enthüllung der Monumente, so wie bei der jedesmaligen Reinigung derselben statt finden, und wenigstens theilweise aus den Vereinsmitteln bestritten werden sollen.*)

Die aus sich selbst gebildete Comité des Vereines für projectirte Monumente.

*) Wir fühlen uns geehrt, durch die gütigen Mittheilungen der „Comité des deutschen Vereines" im Stande zu seyn, Zeichnung und Beschreibung des ersten der projectirten Monumente unsern geneigten Lesern beifolgend vorführen zu können.

Die Redaktion der fliegenden Blätter.

Dem Erfinder des Stiefelknechtes.

Michel Knecht, (florirte 1452, Erfurt) ein Hausknecht im Gasthause zum silbernen Schwanen daselbst, der immer den Fremden die Stiefel ausziehen mußte, kam zuerst durch tiefes Nachdenken ꝛc. auf diese köstliche Erfindung, wodurch eine der größten Schwierigkeiten dieses unsres Erdenwallens auf's glücklichste überwunden* wird. Das anfangs wenig complicirte Instrument wurde nach ihm Stiefel=Knecht benannt, um seinen Namen zu verewigen. Er genoß indeß nicht mehr lange die Früchte seiner schönen Erfindung, sondern starb schon im Jahre 1454 im schönsten Alter, ein Opfer seines frühern Berufes (hernia inguinalis) und liegt in Erfurt begraben.

War von jeher besonders verehrt von solchen, die keine Lakeien, Husaren und Kammerdiener oder sonstige lebendige Stiefelknechte haben, und ihre Stiefel selber ausziehen müßen.

☞ Um die Größenverhältnisse der Monumente dem deutschen Publikum verständlicher zu machen, geben wir die Maaße überall in französischen Mètres an.

Bestellungen werden in allen Buch= und Kunsthand=
lungen, so wie von allen Postämtern und Zeitungs=
expeditionen angenommen.

Nro. 12.

Erscheinen monatlich zwei bis drei Mal. Subscriptionspreis
für den Band von 24 Nummern 3 fl. 36 kr. R.=W. od. 2 Rthlr.
Einzelne Nummern kosten 12 kr. R.=W. od. 3 ggr.

Des Perlenfischers Töchterlein.

In Bayern ist ein Ländlein, heißt die Steinpfalz. Nun
ist aber kein Ding auf der Welt ohne Grund, und so mag
denn auch Niemand diesem Ländlein den Vorwurf machen,
daß es seinen Namen nicht mit Fug und Recht trage. Vom

böhmischen und bayerischen Walde her streichen zwei Granit=
arme, längs der Donau einer, und der andere nördlicher gegen
Untergang zu, und bilden in ihrem Schooße einen freundlichen
Thalgrund, benetzt von den braunen, geruhigen Wellen des
Regenflusses. Aber nicht nur im Gebirge thürmen sich die
Felsblöcke zu wundersamen, eigenthümlichen Gestaltungen auf,
daß der Wandersmann sie für zerfallene Burgen oder Kirchen,
allenfalls selbst für versteinerte riesige Menschengestalten ansehen
möchte; auch in der Ebene liegen allenthalben die Granittrüm=
mer zerstreut, als wäre hier der Schauplatz gewesen, wo wei=
land die Giganten mit Felsblöcken die Himmelsburg erstürmen
wollten. Seit Jahrtausenden arbeiten Sturm und Regen an
diesen steinernen 'Wahrzeichen, ebnen und glätten ihnen die
Kanten und Ecken. Als wären sie durch kunstgeübte Hände
zugemeißelt, so liegen sie nun mitten auf Feldern und Aengern,
oder ragen wie eine Warte über das Waldesgrün empor, d'rauf
man einen Blick weit herum in's pfälzische Land werfen kann.
Der heilige Beda, welcher nach den Chronikbüchern Steine in
Brod zu verwandeln wußte, hätte hier für seine Wunderthätig=
keit einen feinen Spielraum gefunden, und wäre den Leuten
hier zu Lande höchlich willkommen gewesen. Denn die Pfälzer
— obwohl sonst ein wackeres, braves Völklein — wollen
doch das Brod lieber schon gebacken auflesen, als daß sie im
Schweiße ihres Angesichtes ihren undankbaren Boden umreißen.
Der kalte Granitsand des Erdreichs lohnt auch ihren Fleiß
gar wenig, so daß Reichthum und Ueberfluß im Lande selt'nere
Erscheinungen sind als die Schalttage. Selbst die Gießbäche,
die von den Bergen in die Niederungen strömen, fördern

12

das Gedeihen wenig, da sie keinen befruchtenden Schlamm mit sich führen. Aber ein anderer Schatz ruhet in ihrer Tiefe. Auf ihrem Grunde finden sich Muschelthiere in großer Zahl, die nicht selten gar schöne, kostbare Perlen in ihren Schalen enthalten. Die reichen Mönche der Cistercienser-Abtei Walderbach hatten vor mehr denn hundert Jahren das Regale der Perlenfischerei um einen annehmbaren Schilling für längere Zeit gepachtet, und eigene Fischer bestallt, denen es oblag, die Muscheln aus den Perlenbächen zu sammeln. Manch edle Perle wanderte sofort in den Schatz der frommen Väter, und wurde entweder zu einem Marienkrönlein oder sonst einer Zierde der Klosterkirche verwendet, oder an die Goldschmiede und Geschmeidehändler in Regensburg um schweres Geld veräußert. —

Wo in den Gebieten von Frankenberg und Brennberg einer dieser Perlenbäche dem Regen entgegenfließt, stand vor geraumer Zeit die Hütte solch eines Perlenfischers, den man allgemein in der Umgegend den „langen Matheis" nannte. Die kleinen Zellen des Waldhäusleins boten kärgliches Obdach für die zahlreiche Familie. Das ist in der Pfalz so daheim; je dürftiger der Imbiß, desto mehr hungrige Buben und Dirnen warten darauf. — Unseres Perlenfischers Ehebett hatte der Himmel bereits zum siebenten Male gesegnet, und es war ein Werk der Barmherzigkeit, als die frommen Väter zu Walderbach ihm auch die Jagd- und Waldhut anvertrauten gegen einen Malter Roggen jährlich, und die Halbscheid der Pfandgebühren bei Waldfreveln, welche öfter vorfielen, als man sich's just denken sollte. Auch war die Gränze in der Nähe, welche die Wildbahn der Herren von Falkenstein von der Walderbacher Jagdrevier trennte, was schon des Wildstandes wegen eine Aufsicht nothwendig machte. Das waren nun aber zwei Aemter, welche selbst für den wackersten und gewissenhaftesten Mann Verführung genug darboten, um so mehr, wenn Einer wie der lange Matheis ein schlimmes Weib und ein hübsches Häuslein Kinder mit Atzung und Kleidung versehen mußte, und dabei eine so karge Löhnung hatte, wie sie in dem Falle die strengen Cistercienser geben. Was Wunder, wenn eben hie und da ein Häslein oder ein junges Reh, welches sich von der Falkensteiner Revier herüber vergangen hatte, und von Gott und Rechts wegen nicht als Klostergut angesehen werden konnte, statt zum Pater Küchenmeister in die Hände der ehrsamen Frau Barbara wanderte, und in aller Stille bestmöglichst zubereitet wurde. Der Jagdaufseher fand darin auch nichts weiter, als eine freisinnige Auslegung seines Rechtes an der Pfandgebührenhälfte, und nahm sofort jedes zweite Stück Wild für seinen eigenen Haushalt in Anspruch, das unbefugt in sein Revier herüberwechselte. Das hätte gerade noch hingehen mögen in Anbetracht der Noth, die unter dem Strohdach hauste und ob der Seltenheit der Fälle. Wo aber der böse Feind einmal einen Finger hat, geht bald die ganze Hand mit in

den Kauf! Der lange Matheis hat es gar wohl erfahren, als ihm sein zanksüchtiges Eheweib die Wirthschaft oft zu toll trieb, und er mit dem Vorwurf im Herzen nichts zu entgegnen sich getraute. Es ist ein böses Ding, mit dem Hehler seiner eigenen Vergehen zu rechten. Fiel ihm nun die Zanksucht seines Weibes und der beständige Hader recht schwer auf's Herze, so ging er hin, und vertrank seinen Aerger, und machte damit die Sache noch schlimmer. Nun wächst zwar in der Pfalz viel Hopfen; aber das Bier, welches man dort braut, ist just nicht das beste in Bayern. Nachgerade behagte es dem Perlenfischer nicht mehr, und er hielt sich dagegen wacker an Kirschbranntwein und Annis, vertrank den ganzen Rest seines Lohnes, dessen größere Hälfte ohnehin in die Tasche der Frau Barbara wandern mußte, oft an einem Tage, und konnte sich doch nicht d'rein fügen, die andern Tage Durst zu leiden. So gewann er es denn endlich über sich, hie und da eine gute Perle auf eigene Faust in den Handel zu bringen. Ein mitleidiger Jude aus dem benachbarten Städtlein Cham begünstigte seine Hantierung, und nahm ihm das veruntreute Gut um den dritten Theil des Werthes ab.

Wer vermag aber den Scharfblick eines Weibes zu täuschen? Frau Barbara merkte alsbald ihres Mannes geheime Handelschaft. Sei es nun, daß sie grollte ob des eigenmächtigen Uebergriffs über die verbrieften Ehepakten, welchen gemäß sich die angehenden Eheleute vollkommene Gütergemeinschaft ausbedungen hatten; oder sei es, daß sie wirklich um das Seelenheil ihres Gesponses besorgt war; kurz — das Schelten und Grollen nahm kein Ende, so lange der Mann daheim war, und sie nannte ihn einen Galgenvogel und Lotterbuben, und was dergleichen Betheuerungen mehr waren. Er ertrug's eine Weile, ohne ein Wörtlein zu sprechen; alsdann ging er aber von hinnen, und vertrank seinen Ingrimm, um dann seinem Weibe neuen Anlaß zu Aergerniß zu geben.

So dauerte das Ding wohl mehrere Jahre, und der Gram und der Branntwein zehrten an dem langen Matheis, daß er schier zusehends länger und hagerer wurde. Zudem waren nun auch seine Kinder herangewachsen, mehrten die Last des Hauswesens, und er konnte es nicht dahin bringen, daß die Mutter sie in den Dienst schickte. Die Buben führten ein wahres Tagediebleben, nahmen an ihres Vaters Wildfreveln ein gut Exempel, und die Dirnen waren just auch nicht vom besten Schlag. Nur die blauäugige Margaretha, das jüngste Kind im Hause, war aus der Art gerathen, fromm und sittsam, die schönste Perle, so der Fischer aus trüber Quelle gefischt. Unangesteckt von der Rohheit ihrer Mutter und Brüder, und von der Sittenlosigkeit ihrer Schwestern, blühete sie auf wie ein Maiblümlein unter Giftpflanzen, und, obwohl die Versündigung ihres Vaters ahnend, hing sie doch an ihm mit treuer, kindlicher Liebe, da sie zu sehr fühlte, wie nur Gram und Kummer daheim ihn auswärts zum Bösen verleiteten.

Zur selbigen Zeit ging es im deutschen Reichshaushalte wohl eben so d'runter und d'rüber, wie in dem kleinen Haushalte unseres Perlenfischers. Der unglückliche Churfürst Maximilian Emanuel von Bayern irrte umher — ein Flüchtling — und Bayern schmachtete unter dem Drucke österreichischer Truppen.

Obwohl dem Churfürsten Johann Wilhelm von der rheinischen Pfalz nebst der Reichsverweser-Würde auch das Fürstenthum der obern Pfalz und die Grafschaft Cham vom Kaiser war übertragen worden: so lasteten doch die Greuelthaten österreichischer Freibeuter, die sich von dem Regimente des Churfürsten nicht irre machen ließen, auf dem Ländlein, darinnen sie plünderten und marodirten nach ihrem Herzgelüste.

War nun der lange Matheis mit Leib und Seele dem unglücklichen Emanuel zugethan, so war andererseits seine Ehehälfte, welche die Pracht und den Jubel des Landtages auf dem Amberger Rathhause mit angesehen hatte, und vom kaiserlichen Statthalter eigens mit einem freundlichen Gruße war beglückt worden, gut kaiserlich gesinnt, und sollte es auch nur seyn, ihrem Manne Widerpart zu halten. Das mehrte den gegenseitigen Haß, und der Unfriede wucherte fort unter dem Dache, wie ein giftiges Schlinggewächse.

Da geschah es, daß der lange Matheis, als er eines Tages noch spät am Abende die Waldhut versah, ein leises Stöhnen die Fahrstraße entlang vernahm. Als er sich an Ort und Stelle begab, fand er einen jungen Mann, mit Blut bedeckt, das aus einer offenen Kopfwunde hervorquoll, der schier halbtodt im Graben lag, und sich nicht fortzuhelfen vermochte. Mitleidig, wie er war, lud ihn der Perlenfischer auf seinen Rücken, und schleppte ihn, so gut es ging in seine Hütte. Trotz des Gescheltes der Frau Barbara über die unzeitige Barmherzigkeit ihres Mannes, und die Last, die ihrem Hauswesen durch die Pflege eines zum Tode Verwundeten aufgebürdet wurde, nahm sich doch ihr frommes Töchterlein des Unglücklichen sorgsam an, wusch ihm die Wunden, und verband sie mit weißen Linnen. Ihr eigenes Bettlein trat sie ihm ab, und pflegte seiner gegen zwölf Tage. Der Fremde aber, da er seiner Sinne wieder mächtig geworden, erzählte dem Perlenfischer, daß er ein Kaufmann wäre aus Regensburg, daß ihn die kaiserlichen Strauchritter, da er mit seinen Waaren gen Cham auf den Markt fahren wollte, überfallen und ausgeplündert, Wagen und Rößlein davongeführt, und ihn in schwerer Noth im Graben liegen gelassen hätten. Er wolle es ihm, dem Perlenfischer, gedenken, der an einem Fremdlinge eines der sieben barmherzigen Werke verübt, wenn er selber halbwegs von seinen Wunden geheilt und wieder heimgekehrt wäre. — Manch Thränlein rann über Margarethens rothe Wangen, als der Kaufherr die schlimme Geschichte erzählte, und ihr Antheil an dem Verwundeten wuchs noch mehr, wenn sie ihm in das

blasse, freundliche Angesicht sah, und ein dankender Blick seiner Augen auf ihr ruhte. Das war wohl gut; aber die Hausfrau und ihre übrigen Kinder betrachteten den landfremden Mann, der sich gegen ihren Willen unter ihrem Dache eingenistet, mit scheelen Augen, und Margarethe hatte um der sorgsamen Pflege willen, womit sie ihren kranken Gast auswartete, manches Scheltwort hinzunehmen und über manche unzüchtige Aeußerung zu erröthen. Es konnte nicht fehlen, daß der Kaufherr alsbald die Sinnesart seiner Wirthin errieth, und als er sich so weit fühlte, um den Heimweg wieder antreten zu können, ließ er ein Brieflein besorgen an den Abt zu Walderbach, den er wohl kannte. Ueber kurz, so ward ihm auch ein Fuhrwerk geschickt vom Kloster, das ihn wieder heimbringen sollte gen Regensburg. Dankbar drückte er beim Abschiede dem Perlenfischer die Hand, und versprach, seiner eingedenk zu seyn, und ihm den Liebesdienst zu vergelten so viel als möglich wäre. Als er aber Margarethen Valet gab, zog er ein goldenes Reiflein vom

Finger, das Einzige von Werth, was ihm die Strauchritter gelassen hatten, und reichte es ihr mit der Bitte, daß sie seiner gedenken möchte, wie auch er all' seiner Lebtage nimmer der lieblichen Pflegerin vergessen wolle. Frau Barbara wieß trotzig jeden Dank zurück. Als nun das Wäglein die Waldstraße entlang fuhr, und bald im Gehölze aus den

Augen der nachſehenden Dirne verſchwunden war: da über=
kam es dieſe wie leiſe Sehnſucht, und ſie ſteckte das Ring=
lein — das einzige, abgeriſſene Glied aus der Kette menſch=
licher Freuden, ſo ihr bisher zu Theil geworden — mit einer
zerdrückten Thräne an den Finger. Von der Stunde an aber
hörte ſie kein Wörtlein mehr von dem Kaufherrn. Wie es
ſonſt auch vorkommen mag im Leben, ſo hatte er der ſchlim=
men Tage kein Gedächtniß mehr, als die guten wieder an
die Reihe kamen, und damit war auch des Dankes vergeſſen,
welchen er ſeinem Retter zugeſagt hatte. Der Perlenfiſcher
kümmerte ſich nicht darob, Margarethen aber kränkte es
in die Seele hinein, weil Mutter und Geſchwiſterte ſchlecht
dachten und redeten von dem undankbaren Manne. —

Nachgerade ging des Perlenfiſchers Hausweſen ſeinen
alten, trübſeligen Gang weiter, ja es verſchlimmerte ſich wo
möglich, denn nach Jahr und Tag verfiel er in eine lang=
dauernde Krankheit, die Folge ſeines ausſchweifenden Trunkes,
und der Gewiſſensangſt, die auf ihm laſtete. Da verließ Frau
Barbara mit ihren ältern Töchtern das Haus in der Noth,
und hängte ſich an die Oeſterreichiſchen, welche in der Um=
gegend in Quartier lagen. Dieſes Vorkommniß wäre wohl
dem langen Matheis zu jeder andern Zeit nicht gram ge=
weſen; aber nun, da er krank und elend darniederlag, auch
ſeine Söhne — weiß der Himmel, in welcher Herren Land herum=
ſchweiften — nun ging es ihm hart zu Gemüthe, und er wäre
ſicherlich vom Schragen nicht mehr aufgeſtanden, wenn nicht
ſeine Margarethe bei ihm ausgehalten und ſeiner gepflegt
hätte mit dem ganzen Reichthum ihrer Kindesliebe. Zugleich
ſah ſie des Vaters Preſt an als eine Fügung des Himmels,
als eine Heimſuchung für die Sünden früherer Tage. Da legte
ſie Hand ans Werk, ihn wieder umzulenken auf den rechten
Weg, und verlobte ſich zum Gnadenbilde der heiligen Jungfrau
in Frauenzell, wenn ihr das fromme Vorhaben gelänge! —

Das war wohl gut, aber das Geſchäft des Perlen=
fiſchers blieb liegen, die Waldhut ward verſäumt, und der
Abt von Walderbach merkte ſchon lange den Ausfall in den
Einkünften des Stiftes, da ſeit langer Zeit wenige, und zu=
letzt gar keine Perlen mehr eingeliefert wurden.

Dazumal trug der ehrwürdige Herr Joannes Pichler die
Inful im Kloſter, ein frommer, gottesfürchtiger Prälat, dabei aber
ernſt und ſtreng, und gewiſſenhaft in Ueberwachung und Mehrung
des Stiftsgutes. — Als nun dieſem zu Ohren kam, wie ſich in den
jüngſten Tagen die Holz= und Wildfrevel mehrten, und ſchier
ſeit einem halben Jahre keine Perle mehr ſei eingeliefert wor=
den, ſchickte er einen Laienbruder ab nach des Perlenfiſchers
Hütte, zu erforſchen, wie es daſelbſt ſtünde. Da der Laien=
bruder den Mann krank darnieder liegend fand, und merkte,
wie er wohl für lange Zeit, vielleicht für immer untauglich
wäre für ſein Geſchäft; nebſtdem auch die ſchlechte Wirthſchaft

erfuhr, und wie die von Falkenſtein bei der ſchlechten Auf=
ſicht im Kloſterbanne jageten nach Herzensluſt: vermeldete er
es dem Abte, und ſchilderte allenfalls die Sache noch um
ein gut Theil ſchlimmer. — Der Prälat aber ließ alſobald
dem Perlenfiſcher zu wiſſen machen, daß er ſich um einen an=
dern Dienſt umſehen könne, wann er wolle. —

Das war der letzte, ſchwerſte Schlag, der den kranken
Mann treffen konnte, und er wußte mit ſeinem Töchterlein
des Jammers kein Ende. In dieſer Noth entſchloß ſich Mar=
garethe, ſelbſt nach Walderbach zu gehen, und den Abt
fußfällig zu bitten, daß er nur kurze Zeit Nachſicht haben,
und den ſiechen Vater nicht aus der Hütte werfen möge.
Gedacht — gethan! Als nun die hübſche, blaſſe Dirne mit
dem farbigen Tuch um den Kopf, drunter die dunkelbraunen
Haare in reichen Flechten hervorquollen, mit dem Schmer=
zenszug im frommen Geſichte weinend und jammernd vor

dem Prälaten ſtand, die Schürze nicht wegbrachte von den
Augen, dabei vor Schluchzen kaum ihre Bitte zu ſtammeln
vermochte: da ergriff dieſen ein mitleidiges Gefühl, und er
geſtattete dem Vater um der Tochter willen noch eine Friſt
von zween Monden. Nach dieſer Zeit aber müſſe eine be=
ſtimmte Anzahl Perlen eingeliefert ſeyn, widrigenfalls dem
Perlenfiſcher der Nachfolger ins Haus geſetzt würde, und er
dann ſehen möge, wo er Unterſchluf fände. —

(Fortſetzung in nächſter Nummer.)

Räuber und Richter.

Hoch oben im steilen, im luftigen Thurm,
Da spricht zu den Wolken, da spricht zu dem Sturm
Der Räuber, des Räubers Enkel und Sohn,
Er reißt an der Kette und lacht voll Hohn,
Und feilet.

Tief unten in düsterer Stube, da schreibt
Der Richter dem Räuber das Urtheil, und bleibt
Noch immer in Zweifel, ob jetzo das Werk
Auch habe die rechte und rechtliche Stärk'?
Er feilet.

„Ihr Raben, was krächzt ihr und jubelt so laut?
Für diesmal verspeist ihr noch nicht meine Haut!
Bald wehen die Lüfte des Himmels mich an,
Bald brechen die Stäbe, dann ist es gethan.
Ich feile!"

„Erstaunen soll Alles, ob meinem Geschick!
Nach Carpzow brech' ich dem Schuft das Genick,
Nach Quistorp und Kech soll gerädert er sein,
Die Kosten, die trägt er nach Böhmer und Klein.
Ich feile!"

Und als nun der Richter das Urtheil gemacht,
Da hat auch der Räuber die Sache vollbracht:
Das Urtheil ist fertig, der Räuber ist weg,
So kamen der Räuber und Richter zum Zweck
Mit Feilen.

Karl Immermann.

Der Traum am blauen Montage.

Der Traum der Kokette.

Der Traum des Junkers.

Die ehrsame Zunft der Steckenreiter.

(Fortsetzung.)

Die Hundeliebhaberin.

Auf dem Wendepunkte des Lebens brütet die Sonne des Hochsommers oder des nahenden Herbstes hie und da noch ein Gefühl der Liebessehnsucht in uns aus. Wir öffnen dann unsere Arme; aber Niemand fällt hinein, und uns überkommt das schmerzliche Bewußtseyn der Engbrüstigkeit und Lieblosigkeit des Adamsgeschlechtes. Was Wunder, wenn sich nun die galvanische Batterie nach andern Richtungen hin entleert; wenn wir dann unsere Neigung da in den Kauf geben, wo uns Gegenneigung erwartet!

Wer könnte die anschmiegende Zärtlichkeit eines Mopses unerwiedert lassen, wie wir dergleichen auf unserm Bildchen sehen? Die geliebkoste Herrin ist Eine von den Vielen an jenem Punkte des Lebens, von denen oben die Sprache war. Ihre Leidenschaft hat sich nun nach mancher bitteren Erfahrung und Zurechtweisung lediglich auf einige Varietäten des canis domesticus Linn. concentrirt, die wir unter dem Namen Spitze und Möpse kennen. Sie spart sich die Leckerbissen vom Munde ab, um sie den geliebten Creaturen vorzusetzen. Sie hat arme Verwandte, aber — obwohl selbst zeitlich gesegnet — vermag sie doch nichts für dieselben zu thun, weil heute Melina eines neuen Halsbandes bedarf, und morgen Mazeppa eines neuen Pelzes zum Winterhöslein. Der Bettlerin, die flehend an der Thüre harrt, gibt sie nichts — aus Grundsatz. Aber sie ist dennoch äußerst fromm, geht täglich in die Kirche, und schickt regelmäßig die Ueberbleibsel der Mahlzeit ihrer Lieblinge in das benachbarte Spital. Während sie die kleinsten Fehler der Nebenmenschen unerbittlich verdammt, setzt sie den zahllosen Unarten ihrer Favoriten eine unerschütterliche Mutterzärtlichkeit entgegen. — Ihre erste Liebe war Adonis. Er starb einen anakreontischen Tod, denn er erstickte an einer Wildpretpastete. Als er das Zeitliche gesegnet, ließ sie die edle Hülle — mit Häckerling gefüllt — auf ein zierliches Monument setzen, das sie noch täglich mit ihren Thränen bewässert!

Der Prozeßkrämer.

Er lebt vom Prozessiren. Aber er prozessirt nicht blos, um leben zu können, sondern aus Leidenschaft. Wo er von einem Prozesse erfährt, der das Kainszeichen der Unsterblichkeit an der Stirne trägt, weiß er auf irgend eine Weise Partei zu nehmen, und — wehe alsdann dem Gegenparte! Chicanen aller Art, Contumazen, Terminsverlängerungen treiben diesen zur Verzweiflung, oder zu einem für den Prozeßkrämer günstigen Vergleich. — Er kauft unbezahlte Kontos, Schuldverschreibungen, halbgiltige Contracte, und über kurz — so beginnt ein neuer Prozeß den Kreuzweg durch alle Instanzen. Bei jeder Gantverhandlung ist er betheiligt. In den Gerichtsstuben und Botenzimmern kennt er jeden Winkel; Aktuare, Schreiber und Frohnboten sind seine intimsten Freunde, seine Zubringer und Kuppler. Er denkt nur an Prozesse, spricht nur von Prozessen, und träumt nur von solchen. Hier liegt er — auf aufgehäuften Aktenstößen — und genießt eines solchen Traumes! Aber er ist nicht angenehm. Er sieht seine schönste Streitsache nur noch an einem Faden hängen, — ein boshafter Teufel ist daran, diesen Faden entzwei zu schneiden. Daher der schmerzlich beklommene Zug an den Mundwinkeln, der jedoch auch vom Aktenstaubschlucken herrühren könnte! —

Dem

Erfinder

des

Frackes.

Jean Jacques Fracas, Schneiderssohn aus Schlettstadt, im Elsaß (also ächt deutsche Erfindung, so sehr auch Paul de Kock, Georges Sand und andere neue franzö= sische Schriftsteller sich abmühen), geb. um **1771**, war, der Erfinder des Frackes. Er starb schon ein Jahr nach seiner Erfindung als Sansculotte unter der Guillotine.

Die französische Revolution, besonders bedacht, die Ver= hältnisse der menschlichen Gesellschaft wieder auf den Urzustand zurückzuführen, erkannte in der Erfindung Jean Fracas nur eine neue Repräsentation des bekannten Feigenblattes, jedoch in umgekehrter Anwendung.

Der Frack ist also gewissermaßen ein Sohn der Revo= lution, der wir so vieles Herrliche in der Welt verdanken; daher seine Anerkennung in den feinsten Kreisen der ganzen civilisirten Welt, wo kein Fest, keine Aufwartung, kurz gar nichts **legaliter** gefeiert werden könnte, ohne ihn.

☞ Das Monument sollte wo möglich in einen Feigen= hain zu stehen kommen.

Fliegende Blätter

Bestellungen werden in allen Buch= und Kunsthand=
lungen, so wie von allen Postämtern und Zeitungs=
expeditionen angenommen.

Nro. 13.

Erscheinen monatlich zwei bis drei Mal. Subscriptionspreis
für den Band von 24 Nummern 3 fl. 36 kr. R.=W. od. 2 Rthlr.
Einzelne Nummern kosten 12 kr. R.=W. od. 3 ggr.

Des Perlenfischers Töchterlein.
(Schluß.)

Halb getröstet, halb an der Möglichkeit verzweifelnd, des
Abtes Begehr je erfüllen zu können, wanderte Margarethe

wieder heimwärts, und überdachte, was zu thun wäre. Der
lange Matheis aber, als ihm seines Dienstherrn Wille kund
ward, fühlte gar bald, wie beim gegenwärtigen Stand der
Perlenbäche sich die Perlen wie Maden vermehren müßten, um
binnen der gesetzten Frist seine Aufgabe lösen zu können, doch
wollte er nichts unversucht lassen, und da er bei seinem Siech=
thum selber nicht im Stande war, das Bette zu verlassen so
eröffnete er seiner Tochter die geheimen Vortheile seines lang=
betriebenen Geschäftes. Da mußte nun die arme Dirne sich
bequemen, nachdem sie den ganzen Tag für den kranken Vater
gesorgt und geschafft, in den kühlen Herbstabenden die Perlen=
bäche zu durchwaden, um dann — wenn sie matt und müde
heim gekommen — noch die lange, trübe Nacht hindurch
Krankenwache zu halten. Doch ging sie willig und hoffnungs=
voll an's Werk. Sei es aber, daß sie die Vortheile, deren
eine jede Hantierung hat, nicht verstand, oder daß wirklich
die Schaalthiere just dazumal wenig Perlen absetzten: unter
der geringen Anzahl der aufgefundenen Muscheln fanden sich
wenige, meist gar keine, welche den kostbaren Samen in ihrer
Hülle verbargen. So waren mehr denn vier bange Wochen
verstrichen; die Hoffnung schwand, und eine große Trostlosig=
keit bemächtigte sich der beiden Leute. Der lange Matheis aber
klagte sich Tag und Nacht als der Urheber dieses Unglückes
an; denn er wußte schon vom Urahne her, daß jede veruntreute
Perle den Samen von zehn wachsenden ersticke. So offenbarte
sich der Fluch seines Vergehens! Doch sein frommes, trost=
spendendes Töchterlein ließ nicht ab, des Vaters reuiges Gemüth

13

zu sänftigen, wenn sie auch selbst im Stillen sich die Augen
roth weinte, und an der Möglichkeit aller Hilfe verzweifelte,
soferne nicht ein Wunder geschehen würde.

Eines Abends nun ging sie die sumpfigen Bergthäler mit
ihren bloßen Füßlein entlang, dem Rinnsal des Perlenbaches
nach, und wußte ihrer Noth kein Ende! Die langverhaltenen
Thränen rannen ihr einmal wieder ohn' Ende über die abge-
härmten Wangen, und wenn der Abt mit diesen Perlen hätte
vorlieb genommen, die jedenfalls kostbarer waren, als die
edelsten vom weißen Wasser, er hätte im ganzen deutschen
Reiche der Geschmeidehändler nicht genug finden können, welche
ihm den Schatz abgenommen und bezahlt hätten, und das
arme Menschenpaar wäre gerettet gewesen! Wo aber fände sich
der Juwelenkrämer, der die Thränen eines unverschuldet Unglücklichen mit gleichem Golde aufwäge, wie die Thräne eines
verkrüppelten Muschelthieres?

Margaretha hatte lange vergebens gesucht. Sie war dem
Gießbache schier bis an die Quelle auf den Bergen entgegen-
gegangen, — alles umsonst! da überkam sie der Schlaf vor
vieler Sorge und Müdigkeit, sie setzte sich auf eine mit Moos
überwachsene Felsenplatte, lehnte ihr Häuptlein zurück auf den
jungen Birkenstamm, der aus einer Spalte hervorgewuchert
war, und entschlief. Vom Westen herauf aber drangen die

Strahlen der untergehenden Sonne, und das Abendroth legte
sich wie ein schmerzstillendes Gewebe über die Berghalde, d'rauf
sie ruhte. Die Heimchen zirpten ihr Abendlied, und auf dem
thauigen Farrenkraute und den Herbstzeitlosen, die zu den Füßen
der schlummernden Magd sproßten, wiegten sich stahlblaue und
meergrüne Libellen, Traumesgeistern gleich. — Wie Tröstung
umwehte sie die Abendluft, und als sie so da lag und schlief,
da däuchte es ihr, als würde es plötzlich lebendig auf dem
glänzenden Grunde des Baches, und zwischen den Steinchen,
darüber die Wasser rieselten, tauchten winzig kleine Männlein
empor, kaum spannlang, welche sich in den Wellen umher-
tummelten, als wäre dieß so recht ihr Element. Ihre knappen
Höslein hatten eine Farbe, wie glänzende, roth gefleckte Forellen, und die kleinen Kahlköpfe bedeckten grüne Mützchen, um-
gestülpten Kelchen von Wasserlilien ähnlich. Vorne an der
Brust aber schimmerte Jedem eine leuchtende, edle Perle. Wie
sie nun so geschäftig auf- und abtauchten, da brachten sie
eine glänzende Perlen-Muschel nach der andern aus der Tiefe
hervor, von solcher Größe, daß sie dieselben nur mit Noth
auf ihrem kleinen Rücken zu schleppen vermochten. Da gab es
auch viel Jubels und Gelächter, wenn Ein oder der Andere,
von der überschweren Last hinabgezogen, vom Gestade wieder
zurück in die Wellen fiel, und seine Mühe wieder von vorne
begann; was sich jedoch keiner verdrießen ließ. So dauerte
das Spiel eine geraume Weile, und über kurz — so hatten
sie längs des moosigen Gestades eine schöne Reihe bunter
Muscheln aufgeschichtet. Endlich schien es als ob sie damit zu
Ende wären. Da nahmen sie sich unter einander bei den
Händlein, bildeten allzusammen einen Reigen, und begannen
unter drolligen Geberden und Sprüngen einen Tanz um ihren
reichen Fund. Alsdann trat der größte und schönste unter
ihnen hervor, so der Einzige war, der ein Bärtchen hatte am
Kinn, ohngefähr so lange als die Härchen an den Nachtfalter-
flügeln. Seine Mütze war aus Goldstoff, und um Hals und
Arme trug er Spangen von winzig kleinen, blitzenden Perlen,
so daß er wohl leichtlich als der König des kleinen Völkleins
zu erkennen war, schon um der Ehrfurcht willen, damit ihm
die Perlenmännlein gehorchten. Mit einem weißen Blüthen-
stengel berührte er nun die Muscheln der Reihe nach, und sie
knackten alle auf, wie die Haselnüsse, und offenbarten den
geheimen Schatz in ihrer Tiefe, von so hellem, weißen Wasser,
wie man dergleichen kaum im indischen Meere finden mochte.
So glaubte wenigstens Margaretha; denn sie hatte von den
Perlen im Inderlande wohl schon gehört, aber noch keine
gesehen. Die sie aber hier erblickte, waren schöner als die
kostbarsten, welche ihr je zu Gesichte gekommen, und sie konnte
sich nicht enthalten, beugte sich nieder, und besah sich den
überschwänglichen Schatz näher, prüfend, ob er wohl hinreichen
möge, ihre traurigen Tage zu enden. Mein Gott, das waren

wohl dreimal so viel, als der Abt von ihr begehrt hatte, und sie hätte sich just auch mit dem dritten Theile begnügt.

Da kam es ihr mit einem Male vor, als drängten sich die spannenlangen Männlein alle freundlich um sie, und jeder nahm zwei, drei Perlen von der Reihe weg, und warf sie ihr in den Schooß. Die Dirne wußte vor Freuden nicht, wie ihr geschah, hätte gerne vor Glückseligkeit laut aufjauchzen mögen, aber die Stimme versagte ihr, und es dauerte auch nicht lange; denn unversehens glitschten ihr die Füße aus auf dem abhängigen, benetzten Grasboden des Ufers, sie bekam das Uebergewicht, und just hielt sie sich noch an einer Birkenwurzel fest, sonst wäre sie kopfüber in den Bach gestürzt. Aber der ganze, reiche Schatz der Perlen entfiel der losgelassenen Schürze, und wie Quecksilbertropfen rollten sie unaufhaltsam wieder zurück in die heimischen Fluthen. Margaretha that einen leisen Schrei, darob sie erwachte! Noch däuchte es ihr, als vernehme sie das Geplätscher der Wellen, die zusammenschlugen über den Zwerglein, welche eilig dem versinkenden Horte nachhuschten; als sie aber näher trat an den Bach, da war Alles still und ruhig, und das Wasser rieselte — wie nie gestört — über den klaren Granitsand, und der Mond, der schon hoch am Himmel stand, spiegelte sich auf der dunkeln Fläche. Es mochte wohl schon tief in der Nacht seyn. Da watete das arme Mädchen wieder durch das nasse Moor heimwärts zu ihrem kranken Vater, und gedachte unter Weges mit leiser Wehmuth des tröstenden Traumgesichtes! —

Es ist ein wunderlich' Geschick; aber gar Mancher, dem Etwas auf dem Herzen lastete, wird es erfahren haben, wie die Sorge dem müden Auge allmählig und unwillführlich die Lieder zudrückt, und das belastete Herz in Schlummer wiegt, wie eine Mutter. 'S ist wohl auch die Sorge, welche bei uns armseligen Menschenkindern Ammenstelle vertritt, die uns groß zieht in ihren Armen, uns wecket am Morgen, und uns unter Thränen einschlafen macht am Abende! So war denn auch der lange Matheis eingeschlummert mitten in der Angst um sein Kind, das so lange ausblieb, und es mochte ihn wohl sein Kummer bis in den Traum verfolgt haben; denn gerade stöhnte er leise auf, als Margaretha behutsam in die Kammer schlich. Mit besorgter Miene beugte sie sich über den Kranken. Aber als ob der Hauch seines Schutzengels über sein Angesicht hinwehte, so glätteten sich die Falten auf dessen Stirne, und er schlief fort so fest und ruhig, wie seit langem nicht mehr! Da schob sich Grete den gepolsterten Lehnstuhl an des Vaters Bett, und nahm sich fest vor, nun getreulich bei ihm zu wachen, bis er ausgeschlummert. In dieser Absicht wollte sie das Nachtlicht anmachen, aber das letzte Tröpflein Oel im Hause war verbrannt, und der Kienspan verbreitete mehr Rauch, als für den schwerathmenden Vater gut war. So begnügte sie sich denn mit dem hellen, freundlichen Schein des Mondes, der gar heimlich durch die mit Papier geflickten

Scheiben in das Kämmerlein hereinlugte. Die Nachklänge ihres Traumes am Perlenbache bewegten ihr Gemüth noch immer tiefsinniglich. Aber — als ob es ihr Unrecht däuchte, sich derlei Gauckelbildern hinzugeben, so wandte sie sich nun mit brünstigem Gebete zu ihrem Herrgott, dem alleinigen Helfer aus aller Noth.

Da kündete der Kukuk an der schweren Wanduhr, welche in der Ecke des Zimmers hinter'm Ofen hing, die Mitternachtsstunde. Die Dirne rang mit dem Schlafe, der wie ein bleiern' Gewicht auf ihren Aeuglein lag. Sie widerstand; aber es flimmerte ihr vor den Blicken, und es kam ihr vor, als schwämme Alles im Zimmer auf den zitternden, silbernen Wellen des Mondlichtes. Sie rieb sich die Augen aus — — still! — hatte sich nicht die Thüre der äußern Stube bewegt? — Es mochte ein Windhauch seyn; doch nein! das Geräusch dauerte fort; Margaretha horchte auf, die Hände auf die Brust gelegt, die ihr zitternd klopfte. Es ward ihr unheimlich zu Muthe! Da klang es, wie leises Trippeln, wie Mäuschentritte im Zimmer; die angelegte Kammerthüre drehte sich langsam in ihren Angeln. Ein banger Schreckensruf entschlüpfte den Lippen des Mädchens, und der Gedanke an die Mordgeschichten der vagirenden Freibeuter hatte ihr den Schlaf schneller, als alles Reiben, aus den Augenliedern weggebannt Nichts desto weniger glaubte sie noch zu träumen, als die Thüre nun offen war, und die späten Gäste in's Kämmerlein traten. Sie strengte ihre Aeuglein an, so scharf sie konnte; aber — bei der heiligen Jungfrau vom Kreuzberge! — es waren dieselben freundlichen Zwerglein, die sie im Traume am Perlenbache sah, wie sie leibten und lebten! Noch triefte ihnen das Wasser von den forellenfarbigen, rothgedupften Höslein, die Mützen aber hatten sie von den glattgeschornen Köpfchen abgenommen, und wie Rücksäcke über die Schulter geworfen. Wie sie nun näher kamen, da grüßten sie die Jungfer gar zuthunlich, nahmen die Mützen ab vom Rücken, drinn jedes Männlein drei große, schimmernde Perlen trug, welche noch naß waren von den Fluthen, woraus sie dieselben geholt. Und wie es Greten dazumal im Traume vorkam, so schichteten sie auch jetzt die glänzenden, thauigen Tropfen der Reihe nach auf, und machten dann wieder ihren lustigen Tanz um ihren Schatz. Dabei glitzerten und flimmerten die Perlen, und warfen Strahlen, als wären sie aus dem reinsten Lichte gegossen. Margaretha wußte nicht, wie ihr geschah! Es war ihr träumerisch zu Muthe, und dennoch fühlte sie sich vollkommen wach. Als nun aber auf einen Wink des Perlenkönigs seine kleinen Vasallen näher traten, und nun wieder eine Perle nach der andern dem Mädchen auf die Schürze flog, daß sie dieselben deutlich fühlte: da hielt sie das Tüchlein wohl zusammen, um ein neues Entwischen des kostbaren Schatzes zu verhüten. Dabei kamen ihr die Thränen in die Augen, über das unverhoffte Glück, und sie lachte und weinte zu gleicher

13 *

Zeit, mochte wohl auch in der Rührung viel verkehrtes Zeug
herausgeschwatzt haben, was den Perlenmännlein gar komisch
dünkte. Denn diese lachten aus vollem Halse über des Mäd=
chens Dankadresse, und ehe diese noch damit zu Ende kommen
konnte, huschten sie aus dem Kämmerlein und waren im Nu
verschwunden. Grete aber, nachdem sie ihre Nothhelfer vorher
in Sicherheit gebracht, fiel nieder auf die Kniee, und stammelte
ihren Herzensdank zum Himmel empor. Und er drang durch
die Sternendecke an ein liebendes Ohr, ob er auch in ver=
kehrten Worten gelallt war. Zweien Menschen war die Noth
weggehoben, die auf ihren Herzen lastete!

Gestärkt durch den erquickenden Schlaf, doppelt gelabt
durch die trostreiche Mähre seines Töchterleins und den Anblick
des Schmuckes, welcher ihm das Lösegeld war aus seinem Elende,
fühlte sich der lange Matheis des andern Morgens wie neu=
geboren. Zwar waren die Perlen beim hellen Sonnenlichte
betrachtet just nicht so schön, als es Margarethen in der
Nacht dünkte; denn wie die Erze in den Händen der Berg=
gnomen glänzender strahlen und flimmern, da sie durch magische
Kraft berührt sind, so auch die Perlen in den Händen der Per=
lenmännlein. Doch waren sie immerhin als Pfälzerperlen nicht
zu verachten. Margaretha hatte nicht sobald ihr kleines Haus=
wesen in Ordnung gebracht, und für des Vaters Bequemlichkeit ge=
sorgt; als sie sich auch damit auf den Weg gen Walderbach machte.

Es war ein schöner, freundlicher Frühherbst = Morgen.
Auf den Feldern und Wiesen war Alles rührig, den Gottes=
segen einzuärndten, und als das Mägdlein hinabkam in das
Thal, wo die Felswände vom Regen zurücktreten, Föhren=
und Tannenhügel die Niederung umgürten, und links an den
Ufern des stillen, freundlichen Stromes auf terassenförmiger
Anhöhe die schmucke Abtei über die fruchtbeladenen Obstbäume
emporragte: als die tausend Fenster des Klosters im Morgen=
strahle glitzerten und flimmerten, und das volle Geläute vom
Kirchthurme herab wie Morgensegen klang über die Kloster=
marken; da ward es ihr wohl ganz anders zu Muthe, denn
dazumal, als sie tiefbekümmerten Herzens zuletzt desselben Weges
wanderte. Sie konnte nicht an der Klosterkirche vorüber zum
Prälatenstock, ohne vorher mit ihrem Herrgott gesprochen und
ihm ihren Dank zum Opfer gebracht zu haben.

Als der Pater Guardian des Perlenfischers Tochter zur
Zelle des Abtes geführt, und dieser auf ihr zitterndes Klopfen sie
hereinkommen hieß, öffnete Margaretha mit schüchterner Hand
die Thüre, blieb aber plötzlich wie gebannt an der Schwelle
stehen, und konnte kaum einen leisen Ausruf — sie wußte selbst
nicht klar, des Schreckens oder der Freude — unterdrücken.
Denn mitten unter seidenen, golddurchwirkten Meßgewändern,
blüthenweißen Altartüchern und andern kostbaren Stoffen, stand
an der Seite des Prälaten der Kaufherr von Regensburg,
derselbe, dessen Wunden sie in ihres Vaters Hütte den Verband

angelegt, den sie so freundlich = sorgsam gepflegt; — derselbe,
der ihr zum Danke weiter nichts als ein goldenes Reislein
hinterlassen hatte, das sie unablässig gemahnte an einen tief=
geheimen, stillwuchernden Schmerz in ihrer Brust. Kaum ihres
Gefühles Meister reichte sie dem hochwürdigen Abte mit hoch=
klopfendem Herzen die Perlen hin. Dieser aber konnte sich des
Staunens nicht enthalten über den eingelieferten Schatz, und
hielt dafür, daß in diesen Tagen der Segen des Himmels in
die Perlenbäche müsse gekommen seyn, um deß'willen er dem
Fischer gestatten wolle, in seiner Hütte fortzuhausen. Da senkte
Margaretha die Wimpern, um die Thränen zu bergen, die
ihr nun unaufhaltsam aus den Augen quollen; sie beugte sich
nieder, und küßte das Gewand des Mannes, der mit einem
einzigen Wörtlein des Bannes Siegel löste, der so schwer auf
ihres Vaters Hütte lastete. Den wackeren Prälaten rührte der
Dank des frommen Töchterleins, und er nahm aus einer Lade
zwei blanke Silberstücke, die er mit freundlichen Worten der
Dirne reichte. Um des anwesenden Gastes willen hätte sich
diese beinahe des dargebotenen Almosens geschämt; aber sie
gedachte ihres nothleidenden Vaters, nahm es an, und verbarg
das aufsteigende Roth ihrer Wangen mit ihrem Tüchlein, das
sie vor die Augen hielt, um die Thränen aufzutrocknen. Aber
mehr noch als diese Gabe drängte ihr der Antrag des Kauf=

herrn das Blut in's Gesicht, der sich mit dem Angebote an sie wendete, daß sie Platz nehmen sollte auf seinem Wäglein, da er ohnehin gerade nach Cham auf den Markt fahren wollte, und er ihr ein gutes Stück Weg das Geleit geben könnte. Hätte ihr nicht der geistliche Herr zugeredet, sie hätte es nicht über's Herz bringen können, allein mit diesem Manne den einsamen Weg zurück zu legen, so sehr es auch ihr Herz im Geheimen wünschte. So aber — und der Kaufherr betrug sich auch so sittsam und ehrbar an ihrer Seite, getraute sich selbst schier keine Silbe zu sprechen, und es schien fast, als ob ihn das Gefühl drückte, seiner Wohlthäterin den Dank so lange schuldig geblieben zu seyn. Allmählich aber löste sich ihm doch die Zunge, und er erzählte ihr, daß er in Folge seiner Verwundung noch mehrere Monate daheim fortgesiecht habe, daß er erst diesen Sommer wieder zu Kräften gekommen, und dieses Mal fest Willens gewesen sei, ihren Vater heimzusuchen. Er wolle nun also gleich das Versäumte nachholen, und sie bis in ihre Hütte geleiten. Kaum vermochte Margaretha d'rob ihre Freude zu bergen, und nun gestand auch sie ihm ihrerseits all' die traurigen Erlebnisse des verwichenen Jahres. Im Ergusse ihres frommen, kindlichen Herzens vermochte sie es nicht, ein Wörtlein zu verschweigen, und so erzählte sie ihm denn auch von ihren kleinen Rettern. Als auf diese Weise die sittsame Maid unbewußt den ganzen Reichthum ihres Gemüthes vor dem Manne entfaltete, an dem sie mit stiller, tiefer Neigung hing, seit sie ihn das erste Mal gesehen: da überkam auch diesem die Ahnung eines Gefühls, das er noch nicht kannte, und das wir Menschenkinder Liebe nennen. Er mochte sich dieß wohl zu Gemüthe gezogen haben; denn als er nach kurzer Rast in des Perlenfischers Hütte von diesem und seinem Töchterlein Abschied nahm, da versprach er auf der Rückkehr wieder zuzusprechen, und dem Kranken ein Heilmittel mitzubringen, das ihm, so Gott es wolle, zu baldiger Genesung verhelfen würde. Was er versprach, hielt er nun dieses Mal wie ein wackerer Mann; aber auch für Margaretha brachte er eine süße Herzensstärkung mit, da er ihr, der armen Dirne, seine Hand treuherzig bot, und ihr vorschlug, mit ihm nach Regensburg zu ziehen, so es ihr recht wäre, und als liebende Hausfrau so treu und freundlich für ihn und sein Hauswesen zu sorgen, wie hier.

Es wird wohl kaum der Worte viel bedürfen, um meines Mährleins Ausgang zu erzählen. Margaretha, das glückliche Mädchen, nahm das Angebot an, und binnen acht Tagen wollte der Kaufherr sie und ihren alten Vater nach Regensburg abholen zur Hochzeit. Am Abende des letzten Tages, den sie in ihrem heimischen Kämmerlein zubrachte, und sich bis in die Nacht hinein für den kommenden Tag vorbereitete, war just ein Monat seit jener Nacht verflossen, welche ihr Schicksal so glücklich wendete. Mit frommem Danke gedachte sie dessen. Der Mond aber lugte so freundlich wie dazumal durch die Fenster-

scheiben; ein leiser Nachtwind wehte über die schlummernde Welt hin, und das gelbe fallende Laub rauschte am Fenster vorüber. Da öffnete sich wieder leise die Thüre, und herein traten in langem Zuge die Perlenmännlein, ihren König an der Spitze. Margaretha war hocherfreut über den Besuch so lieber, bekannter Gäste, bewillkommte dieselben gar herzlich, und hätte ihnen gerne einen Stuhl angeboten, wenn just einer für sie getaugt hätte. Die Zwerglein aber begannen wieder auszupacken, denn sie hatten einen reichen Vorrath milchweißer Perlen in ihren Mützen. Nachdem sie dieselben aufgeschichtet und durch ihren Tanz gefeiert hatten, trat der König hervor mit einem glänzenden Seidenfaden, und wie er die Perlen mit seinem Stäbchen berührte, reiheten sie sich von selbst aneinander, und bildeten die köstlichste Schnur, welche er dem Mädchen zum Brautgeschenke darreichte. Als käme es dem Völklein hart an, sich von ihrem lieben Schützlinge zu trennen, so schieden sie dießmal traurig und still von hinnen. Das Bräutlein aber fühlte in tiefster Seele, wie dem gläubigen Gemüthe die Geisterwelt offen stünde. Sie nahm die Perlenschnur, und trug sie in dankender Erinnerung an die Helfer aus ihrer Noth.

So lange die silberreinen Tropfen an ihrem Halse hingen, wich der Segen nicht von ihrem Hause, und sie lebte ein glückliches, zufriedenes Leben. —

Romanze vom Junggesellen.

Iᵗᵉˢ Stadium. IIᵗᵉˢ Stadium IIIᵗᵉˢ Stadium. IVᵗᵉˢ Stadium.

„Nun endlich hätt' ich Brod und Amt,
Und fühl' auch, wie mein Herz entflammt
   Für's edle Frauenzimmer.

Auf's Freien will ich also geh'n,
Und alle Mädchen mir beseh'n,
   Die Blonden wie die Braunen!"

Da nimmt er seinen Hut und Stock,
Und kommt im feinsten Moderock
   Und ganz moderner Weste.

Und geht und freit von Ort zu Ort,
Sieht Mädchen hier und Mädchen dort
Wie Blumen blüh'n im Garten.

Doch ach, wie ist so schwer die Wahl!
Die hat ein kleines Feuermal,
   Und die am Aug' ein Flämmchen.

Die Reiche ist ein Jahr zu alt,
Und arm die Schlanke von Gestalt,
   Und blöd die reiche Schöne.

Und wie er mustert auch die Zahl,
Ei ei, ihm tauget nun einmal
   Nicht Eine von den Allen.

Muß er nun bleiben ganz allein?
Wer wird jetzt sein Gefährte seyn?
   Ein junger, treuer Pudel.

Der springt ihm wedelnd auf den Schooß,
Er zieht ihn recht mit Sorgen groß
   Und streichelt ihm die Zotten.

Er theilet mit ihm Tisch und Bett,
Und geht, weil er so dick und fett,
   Langsam mit ihm spazieren. —

„Doch ach, wie flieh'n die Jahre schnell,
Ich werd' ein alter Junggesell,
   Und Niemand wird mich pflegen"

Da nimmt er wieder Hut und Stock;
O weh, wie hängt an ihm der Rock,
   Wie schlottert ihm die Weste.

Sein Blick ist trüb, die Stirne fahl,
Die Lippe welk, die Wange fahl,
   Und seine Lende mager.

Er aber freit von Ort zu Ort,
Doch Mädchen hier und Mädchen dort,
   Sie stieben auseinander.

Bald ist vor Wuth er blaß, bald roth,
Drei Tage noch, da ist er todt,
   Und so wird er begraben.

Auf seinem Hügel sitzt der Hund
Und winselt recht aus Herzensgrund,
   Es ist schier zum Verzweifeln.

Und wer das Liedlein hat erdacht?
Ein Bursch, der Hochzeit früh gemacht,
   Und den es nicht gereuet.

———

Johannes Frank.

Lady. Seit wir hier u — arten sind fünf Monat schon verronnen, Der U — inter hat seitdem, — das Schauspiel nicht begonnen.	**Lord.** Ich laß' Sie Angesichts des Schauspiels hier begraben. Was sagen Sie Marquis?
Lord. Nichts geht hier, wie bei uns, Milady, wie bekannt, Nach Ordnung und nach Recht in diesem Schweizerland.	**Marquis.** Yes Yes, ich hab' die Ehr', zu trinken ein Tass' Thee mit Ihnen.
Lady. Sie u — erden bald an mir nur eine Leiche haben!	**Lord.** Das freut mich sehr.

Gedanken eines alternden Ueberschuhes
bei Betrachtung von Nr. 10. der fliegenden Blätter.

Rühmt euch nur eurer Dienste und Privilegien, ihr über- müthigen Schuhe und Stiefel und du Alleinherrscher Pantoffel! Auch wir armen geknechteten Ueberschuhe haben Bewußtsein, auch wir erkennen unsern Werth und den Dienst euch Stolze zu schützen und zu erhalten. Von gleichem, ja oft von weit besserem Stoffe wie ihr, ist unser Leben dennoch eine Kette mühevoller Arbeit und harter Gefangenschaft ohne Dank und Lohn. Kein freundlicher Blick trifft uns, denn leider ward uns nicht die große Kunst die Füße zu verkleinern. Miß- muthig sucht man uns hervor zum harten Dienste im Herbst, den Weichling Schuh und Stiefel zu umschließen, im Winter wärmt uns selten nur ein heimlich Ofenplätzchen, und fröstelnd naß noch in den Sohlen, stehn wir auf rußigem Herd zu neuer Frohne bereit, während sie, die Trocknen, Zarten, War-

men, behaglich unterm Ofen lungern oder vornehm knarrend über Teppich und Parquette schleichen. Der Winter geht zu Ende, der Schnee verschmilzt, wir sind stets unermüdet; durch manch Wasser und Morast geht unser Weg und dennoch hal- ten wir fest an Schuh und Stiefel. Aber kein Erbarmen; kaum wehen die linden Frühlingslüfte über Berg und Thal und trocknen Weg und Auen, so stößt man uns verachtungsvoll in unsere Sommerhöhlen, in Schränke, dunkle Kleiderkammern, alte Koffer und läßt uns hier verkümmern. Die Hoffnung nur, gleich Pfeffels Hundeinsel, ein Jenseits zu erringen für treue Ueberschuhe, ist Trost und Stütze durch dieß Jammerthal, im Geiste schon seh' ich dies Land der Braven und ihrer Schaaren fröhliches Gewimmel! —

Monumente.

Dem Erfinder der Rebus.

Wer kennt nicht den süßen Zauber des Verhüllten, Geheimnißvollen? — nicht den Zauber des verschleierten Antlitzes, und des verschleierten Auges? — nicht den Reiz eines noch geschlossenen Briefes — einer ankommenden Depesche — eines durchreisenden Courier's?

Wie natürlich daher der unendliche Reiz der Rebus, wie natürlich ihre grenzenlose Verbreitung in und außer dem Vaterlande! — In Gesellschaft fragt die Frau vom Hause dich als eingeführten Fremden nicht mehr um deine Familie, sie fragt nicht mehr nach deinem Leumund, Paß oder Steckbrief — um dein Wohl oder Weh, um Wetter oder Theater; sondern süß lispelnd mit hoffnungsstrahlendem, sehnendem Auge frägt sie: „Sie bringen uns gewiß doch auch einen neuen Rebus mit? Wie?" — und bringst du einen neuen, guten — Triumph! dann bist du immer willkommen, für immer geladen! — Bringst du keinen, Unglücklicher! — dann stehle dich weinend fort u. s. w. oder grolle mit Gott, wie der Herr von Herwegh.

Und fort, vom Salon in's Vorzimmer, in die Küche bis auf die Straße, in alle Häuser hoch und nieder rankt der Rebus fort — unaufhaltsam — allum und überall Rebus — alles — alles kniet und huldigt dir, o göttlicher Rebus! — Aber wem danken wir das alles? schreit die Welt, wie heißt der Große, der Held, der Unübertreffliche — der Löwe des Tages, der Unmensch? (d. h. mehr als Mensch.)

Umsonst waren alle Anfragen von unserer Seite bei den trefflichsten Polizeiämtern — umsonst mühte sich unser thätiger Polizei-Rath Taucher für uns seit 3 Jahren ab — sogar die Frau Professorin *r in München, die sonst doch alles weiß, wußte es nicht.

Da las man am 17. Jänner 1845 im Quedlinburger Wochenanzeiger unter den Gestorbenen:

„Herr Wilh. Gotthelf Heinrich Korkbaum, genannt Suber, Schriftsteller und Occidentalist, 60 Jahre alt, an Gehirnvertrocknung." Darunter war vermuthlich von einem guten Freunde des Verblichenen folgende kurze biographische Notiz:

„Korkbaum (Suber) war geboren 1795 in der Mark, der Sohn „eines Landschullehrers; kam mit 20 Jahren nach Berlin, und wurde „Ausgeher in der Paßvogel'schen Offizin daselbst. Der Hang zum „Geheimnißvollen, noch mehr aufgeregt durch das Umhertragen der „versiegelten Packete, Briefe und unaufgeschnittenen Exemplare; der tiefe „Sinn, den er in den Druckfehlern der Correcturbögen fand, z. B. uno „statt und, oder Waffer statt Wasser u. dgl. mehr, die er alle sich in „ein eignes Buch eintrug, veranlaßte unsern Korkbaum zu Anfang „des Jahres 37 unter dem latinisirten Namen Suber (nach Art: der „Bauer in Agricola 2c. 2c.) sich mit Herausgabe eines periodisch „erscheinenden Werkes zu befassen, unter dem Titel: „„Sammlung „aller seit Erfindung der Buchdruckerkunst in deutschen Büchern befind„lichen Druckfehler, mit raisonnirendem Texte"" was aber leider „keinen Verleger fand. Auch B*** wies es zurück. Der 2. Band „von Fritsch's Hieroglyphen, der noch im selben Jahre sich zu„fällig in seine Hände und in seine beiden Dachstübchen, sein wirkli„ches und geistiges verirrte, brachte ihn auf die glückliche Idee, Hiero„glyphen (die nach seiner Meinung nichts sind als ägyptische Rebus) „auch im Deutschen anzuwenden, und er ließ zuerst etliche im Qued„linburger Wochenblatte eindrucken zu großer Freude bei Jung und „Alt, und setzte seinen Schriftstellernamen verkehrt als Autor darunter; „daher der Name Rebus." u. s. f.

Wie seitdem die Lust am Rebus die höchsten Sprossen erstiegen, welchen grenzenlosen Enthusiasmus die Welt dafür zeigt, ist überflüssig hier noch näher zu erörtern; beiläufig aber wollen wir nur auf den ungeheuern Nutzen derselben aufmerksam machen, der dadurch der Orthographie zufließt z. B. „Jener — ahl — zeig — m — eis — t — er — s — uniform" od. „jud — er — hayn — er — ich — kanone — Thür — nicht — löwen", 2c.

Die Monumentzeichnung anlangend, glauben wir, daß es vom Künstler sehr schön gedacht war, Herrn Suber nachläßig lehnend an einem Obelisken, dem Symbol des Geheimnißvollen, und mit einem gemüthlichen Blicke darzustellen, der sich in der großen Gesellschaft der Menschheit umschaut, wer seinen Rebus löst'. . . .

Ehre dem Ehre gebührt! Friede seiner Asche!

☞ Im Namen des Vereines für projectirte Monumente, stellen wir an alle Rebusfreunde die Aufforderung, den auf dem Relief befindlichen Rebus zu lösen. Das Portrait des glücklichen Auflösenden soll an dem Monumente jedenfalls Platz finden.

Die Redaction der fliegenden Blätter.

München, Verlag von **Braun & Schneider**. — Papier und Druck von **Fr. Pustet** in **Regensburg**.

Fliegende Blätter

Bestellungen werden in allen Buch= und Kunsthand=
lungen, so wie von allen Postämtern und Zeitungs=
expeditionen angenommen.

Nro. 14.

Erscheinen monatlich zwei bis drei Mal. Subscriptionspreis
für den Band von 24 Nummern 3 fl. 36 kr. R.=W. od. 2 Rthlr.
Einzelne Nummern kosten 12 kr. R.=W. od. 3 ggr.

Schwärzer = Launen.

Auf der bayerischen Grenze in der Scharnitz treibt seit
Jahren ein verwegener Mensch das Schwarzmachen, welchen
wir eben so gut beim rechten Namen zu nennen wüßten, wie
die Mautner und Grenzjäger, die oft genug seine Bekanntschaft
machten, den wir aber in diesen Blättern umtaufen wollen,
ihm und uns zu lieb. Er könnte, wenn er's erführe, die
Veröffentlichung seines Namens falsch verstehen, da dieser bis=
her nur in Steckbriefen gedruckt zu lesen war, und daß es
sich mit dem Manne nicht gut in einer gewissen Spannung
lebt, werden wir aus dieser Geschichte baldigst erfahren.

Der „Ranggelbube‟, wie er heißen soll, so gut er auch
alle Kniffe und Pfiffe seines Handwerkes kannte, und obendrein
die Keckheit von einem Dutzend seiner Spießgesellen allein im
Leibe hatte, war auch nicht immer glücklich in seinem Geschäf=
ten, wie das allen Leuten begegnet, die durch etwas gewagte
Speculationen reich werden wollen.

Bei dem Gewerbe, dem er sich gewidmet hatte, und für
das zufällig keine Patente ertheilt werden, rechnen die Aus=
übenden nicht ohne Scharfsinn darauf, daß diejenigen, die
ihnen einen Strich durch die Rechnung machen sollen, solches
unterbleiben lassen, oder wenigstens es nicht sehr ernstlich da=
mit nehmen. Es ist ein leidiges Geschäft, bei Tag und Nacht
auf allen Jöchern umher zu kriechen, auf daß man zum
Schlusse, ob eines Pfundes Kaffee oder einer Rolle Tabak,
von einem Schmuggler auch noch todt geschossen werden könne,
und wenige Menschen werden sich, auch wenn sie dafür bezahlt
werden, dazu berufen fühlen.

So hatte denn auch der Ranggelbube in Erfahrung
gebracht, daß die Zöllner es vorzögen, bei Weib und
Kind ruhig zu schlafen, und, wenn sie ihm etwa ein=
mal auf einer Streife begegneten, in einem großen Bo=
gen seitab auszuweichen, sobald sie ihn mit der Kraxe auf
dem Rücken und dem Stutzen in der Hand in weiter Ferne er=
spähten. Deßhalb war er ganz zutraulich geworden, lief am
hellsten Tage mit seiner Waare, und rief den Grenzjägern den
freundlichsten guten Morgen zu, wenn er auf irgend einer
Hochalpe ein verzagtes Paar dieser Grünspechte auffliegen sah;
ob dieser großen Sicherheit aber gab er sich kaum mehr die
Mühe, zu erfahren, was in der umpfahlten Mautnerherberge

Neues vorging, und so blieb's ihm ein Geheimniß, daß daselbst ein neuer Gewalthaber angekommen war. Die Menschen haben oft die wunderlichsten Passionen; was andere nicht um schweren Lohn thun, treibt der Eine aus purem Vergnügen, und in eben dieser Weise kannte der neue Zöllner keine größere Seligkeit, als die Schwärzerjagd. Vom Ranggelbuben vernahm er alsbald die verlockendsten Schilderungen, und da er einmal Wind hatte, verhalf er sich auch schnellstens auf die rechte Spur. Im lieben Mondenscheine wandelte der Schwärzer einmal über's Grenzjoch, da sprang der Zöllner hinter einem Heustadel hervor, und ehe sich's der Ranggel-Pauli versah, war er gepackt und sicher verbändelt.

Darauf ward der Pauli nach Innsbruck in's Zuchthaus verschickt, und konnte zwei Jahre lang beim Wollhächeln darüber nachdenken, ob er oder der Kaiser bei diesen Streitigkeiten im Rechte sei. Es scheint, er entschied sich für's erstere, denn da er frei ward und heimkehrte, brachte er durchaus keine größere Achtung für die Zollgesetze mit sich, und machte schwarz, was ihm in die Hand kam. —

Sein böser Feind, sein strenger Grenzhüter, stund wohl noch auf seinem Posten, und seine Lust, Defraudanten einzufangen, war nicht geringer geworden, wohl aber seine Kraft, denn ein Gebreste hatte ihn heimgesucht, dem kein Arzt gewachsen war, weil der Patient leider an der Krankheit Gefallen fand. In der einöden Wüstenei seiner frühern Station, im Böhmerwald, hatte der grimmige Wächter bereits seinen einzigen Freund und Tröster im Kruge gefunden, und hier im wilden Tyrolergestein floß ihm nun zufällig der Labetrunk doppelt aus dem Bierfasse im bayerischen Mittenwald und aus der Wein-

kandel im Scharnitzer Dörflein. Es kam dahin, daß der Zöllner tagtäglich betrübter ward und eben so tagtäglich sich reichlicheren Trost bald im Gersten-, bald im Rebensaft erholen mußte, dabei aber nicht immer den hellen Blick und die sichere Faust sich bewahrte, mit welchen er früher amtirt hatte. Solche Leibesschwachheit seines Widersachers gab dem Ranggelbuben seine ganze vorige Verwegenheit wieder, und auch ohnehin schien er, seit er aus dem gelben Vogelhaus in Sanct Niklas entlassen war, weit weniger Gründe zu haben, sich zu scheuen vor Gericht und Kerker. Dem Mautner hatte er aber dennoch durch sichere Hand melden lassen, er möge ihm aus dem Wege gehen, da er sonst ob der versessenen zwei Jahre mit ihm „raiten*)" würde. Der drohte hinwieder, der Pauli verlachte ihn, und als der Beamte Miene machte, ihm ernstlich zu Leibe zu treten, erklärte der Schwärzer, er werde seine Büchse nicht mehr mit Hasenschrot für die Beine des Zachäus, sondern mit einer Kugel für dessen Kopf laden.

In einer unwirschen Aprilnacht hatte sich der Ranggelbube zu Mittenwald bei seinem Helfershelfer die Kraxe vollgepackt mit Kontrebande, seinen breiten Rücken damit beschwert, seinen geladenen Stutzen unter die Juppe gewickelt, zum Schluß einen tüchtigen Spritzer Weihbrunnen und ein flinkes Kreuz darüber zu sich genommen, und war also reisefertig in Gottes Namen hinausgewandelt vor den Flecken. Es gewindete abscheulich, und das Wetter machte den Buben alsbald so fuchsteufelswild, daß er mit dem lieben Herrgotte im Himmel zu zanken anfing, um so weniger also gesonnen war, irgend Einem auszuweichen. Mitten in das dichte Schneegestöber, das seinen rothen Bart in kürzester Frist in den eines Greises verwandelte, sang er zwischen ergiebigen Flüchen laut und den Sturm überschreiend alle Schnadahaggen gegen Mautner und Gensd'armen, die ihm beifielen. So kam er hinaus, wo auf der freiern Weitung über die junge Isar her, der Wind so recht mit aller Macht zu streifen vermag; vor ihm flimmerte im grauen Nebelbrodem der fahle Lichtring irgend einer verspäteten Lampe aus den Zollgebäuden, — links ab mußte nun bald sein Pfad bergauf gehen nach dem Grenzgebirge. Hier hallte seine Stimme recht mächtig über die Haide, und nach einem kecken Jauchzer sang er:

„Und kummat der Teufel
„Heunt selbst auf mi an,
„Ich schießt'n z'samm'
„Wie 'n an alt'n Fasan!"

---

*) raiten — rechnen

Noch war er mit dem Trutzlied nicht zu Ende, so stieß er mit dem Fuße an etwas quer über die Straße liegendes, das er früher nicht bemerkt, da ihm der Wind gerade wieder eine Handvoll Flocken in die Augen geschüttelt hatte. Er dachte an ein Stück Holz oder einen Getraidesack, den etwa ein Fuhrmann verloren haben könnte, und trat ziemlich derb mit dem Fuße auf das Ding; das aber gab darauf einen Laut von sich, halb ein Seufzer, halb ein Knurren, und Pauli spürte nun, daß es etwas Lebendiges wäre. Er bückte sich zu dem Wesen nieder, das sich hier eine so ungute Lieger=stätte gewählt hatte, und weil er im dämmerigen Schneeschein nicht zum Besten sehen konnte, half er sich mit Tasten nach, um zu erkennen, wen er da vor sich habe. Es war ein Mensch, — im Gesichte, an den Händen eiskalt, halb einge=schneit, dem Erfrieren näher als dem Aufthauen, — ein Ver=unglückter, ein Kranker.

Nun kniete der Pauli ganz zur Erde nieder, und suchte dem Manne näher in's Gesicht zu sehen, rüttelte auch aus allen seinen Kräften an dem Erstarrten, um ihn von dem verderblichen Schlafe zu erwecken. Ein noch=maliges Knurren, wie ein scharfer Blick in das Antlitz des Hilflosen bestätigte die Ahnung, die in selbem Augenblicke in des Schwärzers Kopfe aufstieg. Vor ihm lag der Zöllner aus der Scharnitz; in Mittenwald mochte der mit schwerem Kopfe spät aufgebrochen seyn, und vom Rausch und Unwetter über=wältigt, entweder niedergeworfen, oder, wie das Trunkene pflegen, in der süßen Meinung, in's warme Bett zu steigen, frei=willig dieß gefährliche Lager gefunden haben.

Der Ranggelbube sprang jählings auf. „Hätt' ich dich einmal," rief er wildfrohlockend. „Jetzt woll'n wir mitsam=men raiten!" und rasch griff er nach dem abgelegten Gewehre. Es knackte der Hahn, eine Weile stund er ganz still, — dann lachte er plötzlich hell auf und warf das abgespannte Gewehr über die Schulter.

„Der Teufel ist ja so voll, daß er's gar nicht einmal merkte, wer ihm das Licht ausgeblasen hätt', — dasselbe wär' mir zu schlecht, — mit wem ich raufe, der muß dächt sehen und auf den Füßen stehen! — Warte Heiter, wir wollen lieber mitsammen heimgehen, — 's wär dächt schad, wenn du nur so erfrieren müßtest!"

Mit all seiner Kraft faßte er den erstarrten Mautner vorne an der Brust, stellte ihn aufrecht und mit einem be=henden, mächtigen Schwunge warf er ihn auf die Kraxe, und während er ihn bei den Armen festhielt, damit er nicht mit dem unfühlbaren Körper hinabgleite, trabte er, so schnell er konnte, mit der schweren Last gerade den Zollgebäuden zu.

Das große Gitter war sorgfältig versperrt, Pauli griff nach dem Glockendrahte und schellte aus allen Kräften. Als=bald kamen in Pelz und Schlappschuh und mit Laterne und Schlüßel die Thorhüter aus dem Hause, und unter der Thüre erschienen noch obendrein vorsichtige Grenzjäger, die das über=laute Geklingel aufgeweckt hatte. Scheltend öffnete der Zöllner dem einzelnen Manne, der aber rasch hereintrat und gerade auf das Haus zuging, wo die Andern mit Licht warteten.

„Der Ranggelbube" riefen sie mit einemmale und wuß=ten nicht, wie ihnen geschehe. Der aber nahm mit der frühern Gewandtheit seinen Mann vom Rücken, legte ihn vor die Stufen des Zollhauses und sagte dazu: „Da habt Ihr Euern dur=stigen Zachäus!"

Darnach rückte er sein Hütel etwas nach der Seite, wie zum Gruße, und ging mit der Kraxe voll Kontrebande ruhig durch die Zollstätte seinen Weg vorwärts, zum ersten=male unangefochten und höflichst bekomplimentirt von seinen Erbfeinden. —

Derselbe Ranggelbube trieb neben seinem Schmugglerge=werbe zum Vergnügen aber auch etwas Wilddieberei und da=bei leisteten seine jüngern Brüder eifrige Hülfe. Nun ist ein Förster durch ein solches Vermessen eben so leicht erzürnt, als ein Zollbeamter durch das Schwarzmachen; und obendrein hat der Waidmann gewöhnlich mehr heißes Blut, und ist gleich sehr aufgelegt, Wilddiebe zu schießen, wie Gemsen und Hirsche. So führten denn auch die Ranggelbuben und der Förster in der Riß ihren Krieg ernstlich genug, und zu öfternmalen war des Einen Blei hart an des Andern Ohr vorbeigepfiffen zur Warnung, daß man wohl auch besser zu zielen verstünde. Einmal that der Jäger einen zu guten Schuß, und ich weiß nicht mehr genau, ein Bruder oder sonst ein Kamerad des Pauli blieb todt am Platze.

Wochen darnach an einem schönen luftigen Sommer=abende, saß der Förster in seiner Stube am offenen Fenster und spielte mit seinem ersten einzigen Kinde, einem zweijährigen Mädel. Es war ein liebes, herziges Ding, kugelrund und voll Leben, seine vollen Wänglein glänzten wie ein Röslein im innersten Kern, und hundert feine Goldlocken ringelten sich um sein Köpfchen. Es stund auf des Vaters Knieen, blieb aber nicht die Minute ruhig, es trampelte mit beiden Füßen, zerrte an des Försters großem Schnauzbart, und wenn ihm der scherzend abwehrte und es sanft auf's Händlein schlug, dann konnte es so herzlich lachen, daß es schütterte und der Alte nicht minder mitlachen mußte. Dazwischen aber that es auch wie ein rechtes Schmeichelkätzlein und halste mit den kurzen Aermchen den Vater und gab ihm Küße nach den Dutzenden, und wenn er fragte: „Mariele, wer bist du?" — so antwortete es: „Vater sein Pullele"*) — und schmiegte sich wieder recht fest an seine breite Brust.

Der Mann und sein Kind wiederholten geraume Zeit ihr zärtliches Spiel, dazu tändelte der laue Abendwind in den Rosenbüschen im schmalen Gärtlein, und die Linden neben dem einsamen Hause dufteten, und ein breiter Goldstrom fluthete ober den Bergen, — es war eben ein recht schöner, friedlicher Abend.

Mit einemmale krachte in der nächsten Nähe ein Schuß, und über des Försters Haupt hinweg schlug die Kugel in's Getäfel der Stube. Der fuhr auf, und umfaßte in erster Angst sein Kind und starrte verwirrt aus dem Fenster. Da stund neben dem Gartenzaun ein Bauer mit dem Stutzen in der Hand und sprach: „Ich bin's schon, der Ranggel-Pauli. — Ohne das Kindel da hättest du jetzt auch schon deinen letzten Athemzug gethan! B'hüt dich Gott, Förster!"

— Damit ging er seines Weges; — er hat gar seltsame Launen, der Ranggelbube.

*) Pullele — junges Huhn.

Robinson hat Schiffbruch gelitten und rettet sich schwimmend und mit augenscheinlicher Lebensgefahr auf eine Insel, von welcher er nicht weiß, ob sie bewohnt oder unbewohnt ist.

Robinson sieht sich ganz verlassen und einsam auf dem Eilande. Stumme Verzweiflung. Rechts im Hintergrunde das Wrack des Schiffes; links die untergehende Sonne, an deren Strahlen Robinson sein Sacktuch trocknet.

Robinson hat sich allmählich etablirt, Kleider und Waffen selbst verfertigt und geht auf die Jagd.

In Ermangelung von Pferden gründet Robinson für sich allein einen **Lama-Jockey-Clubb.**

Robinson findet mit seinem Sklaven Freitag einen Klumpen Gold (14 carat). Beide äußern ihr freudiges Erstaunen. Freitag bemerkt, daß selbst unter den Wilden nicht oft so viel Gold auf einmal gefunden worden. Der Fall sei ihm ganz neu.

Robinson hat sich aus den Trümmern eines an der Insel gestrandeten Schiffes unter andern Gegenständen auch Pulver und Blei verschafft und jagt mit dem Donner seines Geschützes den Häuptling eines Stammes Wilder, welche am Meeresufer Menschenopfer feierten, in die See.

Eines Abends gewahrt Robinson durch sein Fern-Rohr einen Punkt am fernen Horizont, den er als ein vorübersegelndes englisches Linienschiff erkennt.

Das Schiff nähert sich. Der Capitain landet mit einigen Matrosen. Gegenseitige Begrüßung. Robinson ist gerettet und kehrt in sein Vaterland zurück. —

Frühlingscorso.

Der Frühling kam in's Land herein!
Mit Ehrenpreis und Veigelein
War ihm das Hütlein rings umsteckt;
Mit Blüthenstaub der Schuh bedeckt —
Sieht ihn die Biene vor der Zelle:
„Grüß' Gott, du lieblicher Geselle!"
Dann fliegt sie schnell zum Nest heraus
Hinüber an des Nachbars Haus,
Und als sie's noch verschlossen sah,
Klopft sie und ruft: „Der Lenz ist da!" —
Da öffnet sich das braune Haus,
Ein bunter Falter fliegt heraus,
Hat sich die Mähr' erzählen lassen,
Und freut sich d'rob ohn' alle Maßen
Und wie sie plaudern noch zusamm'
Maikäfer hergeflogen kam.
Der hört vom Lenz das frohe Wort,
Und trägt es flugs von Ort zu Ort,
Erzählt's den Brüdern allzumal
Auf Flur und Wald, auf Berg und Thal —
Der Heuschreck, tief versteckt im Gras,
Hört von der Kunde dieß und das,
Und wispert d'rauf in aller Stille
Zum Heimchen und zur braunen Grille,
Was von dem Lenz und seiner Pracht
Maikäfer für Geschrei gemacht.
Tagfalter auch, der leichte G'sell',

Verplaudert, was er weiß, zur Stell',
Und bringt — den Honig noch im Munde —
Den Wasserjungfern diese Kunde.
Auch Bienlein hat nicht still geschwiegen,
Erzählt's den Mücken und den Fliegen;
Und kaum in einer Stunde Zeit
Weiß es die Sippschaft weit und breit. —
Da ging zusammen der Senat,
Und faßt Beschluß im großen Rath,
Daß man den Frühling, wenn man wollte,
Mit einem Corso feiern sollte!
Dieß ward mit Freuden acceptirt.
Maikäfer war schnell resolvirt,
Und baut sich aus dem Löwenzahn
Ein feines leichtes Zweigespann,
Und setzet von Waldmeisterlein
Vier dunkelgrüne Räder ein,
Und rief das Bienchen freundlich her,
Und bat, daß es ihm Kutscher wär.
Der Heuschreck und sein Hauskumpan
Bot selber sich als Rößlein an. —
Bald zog es her von allen Seiten,
Den Frühlingscorso zu begleiten. —
Welch' lustig', duftiges Gespann,
Ein Paar Libellen vorne d'ran,
Und in dem Kelch von Maienglocken
Thät Holzbock und sein Liebchen hocken;

Zwei Rädlein d'ran von Kaiserkron'
Das gab den schönsten Phaëton.
So ging es dann durch Flur und Halde
Und durch das Moos im Buchenwalde.
Die Vöglein han sich rings gefreut
Ob all' der Pracht und Herrlichkeit
An Wagen, Kutschen und Karrossen
Aus Blättern und aus Blüthensprossen,
Daß sie darauf aus freien Willen
Zur Fahrt begannen aufzuspielen. —

O welch' ein Glück, o welch ein Glück
In der Insektenrepublik!
Da baut und zimmert sich Jedweb'
Sein Wäglein, wenn's zum Corso geht;
Das ganze Proletariat
Fährt mit dem Hocharistokrat.
Goldkäfer thut sich nicht geniren,
Das Blumenwäglein zu kutschiren,
Darin der Todtengräber liegt,
Und sich am Honigkränzlein wiegt.
Und wer nicht mithält, fliegt herum,
Und keiner gafft sich stumm und dumm,
Und keiner macht zu seiner Qual
Denselben Weg zehntausend Mal! —

E. F.

Dem Erfinder der Polka.

Der Tanz ist das Pedal bei dem großen Orgelwerke der Liebe. — Nimm der Orgel das Pedal — den Baß: so bleibt eine Drehorgelei; nimm der Liebe die Füße — resp. den Tanz: so geht und steht, hüpft und tanzt und schwebt nichts mehr in der Liebe. Und Flügel hat eben auch nicht jeder! . . . . . .

Den Werth des Tanzes hier genügend zu preisen, liegt außer dem Bereiche des gegebenen Raumes; aber den bis jetzt ungekannten Erfinder des herrlichsten der Tänze, „der Polka," an's Licht zu bringen, sei hiemit unsre schöne Aufgabe — sei uns Pflicht!

Wie die Dramatiker historische Personen verunstalten, ist hinlänglich bekannt; man denke an Don Carlos, Faust, Tell, Rumelpuff und andere. So erging es auch unserem Helden, den Nestroy in einer seiner Possen benützte, und auf Kosten der Wahrheit und unsterblichen Verdienstes, ein paar schöne Seiten desselben als Hauptsache hervorhob.

Wie viele berühmte Männer aller Zeiten, war auch er dem unteren Stande entsprossen; Familienverhältnisse verbieten uns aber bis jetzt, um Niemanden zu compromittiren, nähere Aufschlüsse über seine Herkunft u. s. f. zu geben; (wir deuten in der Beziehung nur auf das neuerdings in England geschehene Verbot der Polka auf Hofbällen, was allerdings mit wichtigen diplomatischen Fragen der Jetztzeit zusammenhängt) es genüge daher vor der Hand folgende Notiz:

Franz Zwirn, zu Anfang dieses Jahrhunderts nahe bei Waldsassen geboren, und zufällig zu demselben Fache bestimmt, das uns etliche Jahrzehnte zuvor den Erfinder des Frackes schenkte, war schon in zartester Jugend ein Liebling Terpsichorens, und mußte im 16. Jahre wegen einer Ehrensache, die er mit einem Schusterlehrling hatte, über die Grenze flüchten. Wir treffen ihn ein paar Jahre später auf dem Prager Nationaltheater als Statistiker und Partner unter dem angenommenen Namen: Tresak, mehr außer, als auf der Bühne bekannt, als so eine Art Don Juan. Man erinnere sich an die damaligen eleganten Bälle im Convikt-Saale auf der Altstadt In diese Zeit fällt auch die eigentliche Erfindung der Polka. Wieder ein paar Jahre später finden wir ihn in Warschau mit der Frau eines Kaufmannes durchgehend; jetzt ist er — wenigstens bürgerlich — todt, und tanzt in Amerika oder sonst wo — Polka. —

Die Galoppade ist ein türkisch-jäher Angriff auf das Mädchenherz — viel Geschrei und Lärm aber auch mit dem ersten Sturme abgeschlagen: der Polka hingegen, der schmachtend fordernden, widersteht kein Mädchenherz — dieses glückliche Milieu zwischen Tanz und festem Sturmschritt, dieses süße Schwanken zwischen Walzer und Polnisch, das gemüthliche Deutsche und pikante slavische Element so reizend — so herrlich verschmolzen — ach! . . . . . .

Und was du liebst, wovon dir das Herz voll — davon geht dir der Mund über; — unsre deutsche Sprache ist wieder um ein paar schöne Worte reicher geworden: „ich polke, polk du, gepolkt, polken," wird indeß nicht nur vom Tanzen gebraucht, sondern auch als Schmeichellaut, als Liebes-Diminutivchen, Kosewort, und kann überhaupt alles bedeuten, aber immer nur Freudiges, Angenehmes, so z. B. „warum polkst du mich so an?" (statt, schaust du mich so schmachtend an) oder „sie hat so etwas Polkendes in ihrem Blick" (statt, Reizendes) sodann „Polkine" (als Mädchenname) „Herzens-Polkerl" u. s. f. —

Was schließlich die Ausstattung des Monumentes betrifft, so sind die jetztleeren Herzen an der Säule eben so viele Rahmen für die Namen ausgezeichneter Polkisten und Polkistinnen, oder solcher, die bei der Polka ihre Herzen verloren, und die der Comité in frankirten Briefen gefälligst überpolkt werden mögen.

DEM LIEBLING TERPSICHORENS ZWIRN

München, Verlag von Braun & Schneider. — Papier und Druck von Fr. Pustet in Regensburg.

Bestellungen werden in allen Buch= und Kunsthand= lungen, so wie von allen Postämtern und Zeitungs= erpeditionen angenommen.

Nro. 15.

Erscheinen monatlich zwei bis drei Mal. Subscriptionspreis für den Band von 24 Nummern 3 fl. 36 fr. R.=W. od. 2 Rthlr. Einzelne Nummern kosten 12 fr. R.=W. od. 3 ggr.

Fritz Beutels wunderbare Fahrten und Abenteuer
zu Wasser und zu Lande.

Wer kennt den berühmten Freiherrn von Münchhausen nicht? Man möchte glauben, seine Abenteuer und Heldentha= ten seien erlogen, wären sie nicht schwarz auf weiß gedruckt, und wo hätte man je erlebt, daß etwas Ge= drucktes erlogen oder etwas Erlogenes gedruckt worden wäre? Kommen zu dem Gedruckten noch gar Illu= strationen in Holzschnitt hinzu, so ist die Wahrheit gegen jeden Zweifel, selbst gegen die schärfsten poli= zeilichen und andern Maß= regeln geschützt, da es außer den Grenzen der Menschen= möglichkeit liegt, daß man Etwas im Bilde darstellen und abconterfeien könnte, was nie und in keiner Ge= stalt und an keinem Orte geschehen wäre. Daher wird man unbedingt an die Tha= ten, Abenteuer und Fahr= ten Fritz Beutels glau=

ben dürfen, der einige Aehnlichkeit und Geistesverwandtschaft mit dem Baron von Münchhausen offenbart und hauptsäch= lich in dem Punkte der unerschütterlichsten Wahrheitsliebe mit ihm zusammentrifft. Seine interessante und lehrreiche Bild= ungs = und Jugendgeschichte sparen wir uns auf eine andere Zeit auf, und beginnen hier sogleich mit einem seiner merk= würdigsten Lebensabschnitte, dem wir den Titel geben:

Fritz Beutel in Algier und als Erstürmer von Constantine.

Das gewöhnliche Auditorium hat sich im Weinhause um Fritz Beutel versammelt. Er ist heute in einer sehr guten Laune; er hat bereits, als Offizier und Anführer einer Compagnie, mehrere Stämme der Wüste überwältigt und einige glänzende Razzias ausgeführt. Gegenwärtig befindet er sich, um sich von seinen Kriegsstrapazen zu erholen, auf einer Löwenjagd, in welcher er bei einem alten afrikanischen Jäger Unterricht genommen.

„Nichts leichter als eine Löwenjagd,‟ erzählt er; „ich habe lieber mit einem hungrigen afrikanischen Löwen, als mit einem sächsischen Hasen zu thun. Ich habe erlebt, daß ein solcher sächsischer Hase, auf's Aeußerste gebracht, und in Wuth gesetzt, Kehrt machte, meinen Jagdhund mir nichts dir nichts, aus dem Felde biß, und, obgleich sein Pelz schon ganz und gar von Schrot und Kugeln durchlöchert war, mir mit großer Gewalt zwischen die Beine sprang und mich in den

15

Sand streckte. Als ich mich, den Sand aus meinen Augen
reibend, verblüfft emporraffte, saß der Hase ein paar Schritte
vor mir und machte Männchen, um mich, wie sich ganz
deutlich bemerken ließ, zu verspotten; und doch hatte der

Kerl meinen ganzen Vorrath an Schrot im Leibe. So etwas
thut ein wüthender sächsischer Hase, und namentlich sollen die
Hasen um Leipzig die allergefährlichsten Bestien seyn; aber
von einem afrikanischen Löwen hat man dergleichen nicht zu
befürchten."

„Die Art ihn zu tödten ist die leichteste und einfachste
von der Welt. Man denke sich einen ungeheuern hungrigen
Löwen, welcher im Gebüsch auf Beute lauert. Es ist Nacht,
aber die Augen des Unthiers funkeln wie zwei Gaslaternen,
daß es rings hell ist wie am lichten Tage, man könnte eine
Stecknadel vom Boden auflesen. Ich nähere mich dem Thiere;
es wird unruhig, denn es wittert Menschenfleisch, und nament=
lich auf die Deutschen ist der Löwe merkwürdig erpicht, weil
ihr Fleisch, in Folge der vielen ästhetischen Lectüre, außeror=
dentlich schmackhaft ist. Der Löwe unterscheidet auch gleich,
wer bei Hegel oder bei Schelling Philosophie gehört hat;
die Schellingianer sind ihm lieber, denn ihr Fleisch ist zarter
und hat einen gewissen mystischen Beigeschmack."

„Ich komme dem Löwen näher und näher, er brüllt
lauter als irgend ein deutscher Heldenspieler, er schlägt mit
dem Schweife um sich, er blinzelt mit den Augen, und rüstet
sich zum Sprunge. Jetzt ist der Moment da; die Bestie
macht einen furchtbaren Satz gerad auf mich zu. In dem
Augenblicke werf ich mich auf den Rücken, passe den Moment
ab, wo gerade das Ungeheuer, im Sprunge begriffen, über
mir schwebt, und jage ihm eine Kugel durch den Leib. Der
Löwe ist einmal im Schuß, setzt seinen Sprung fort und
fällt etwa zwanzig Schritt von mir mausetodt nieder."

„Dies Verfahren trügt nie; ich habe auf diese Weise
wohl hundert der stärksten Löwen getödtet, und jedesmal ging
die Kugel gerad in der Mitte des Leibes durch, unten hinein
und oben wieder heraus. Ja, ich habe auf diese Weise ein=

mal drei Löwen, welche übereinander wegsprangen, mit einer
und derselben Kugel getödtet; und die Aeser lagen auch richtig
todt da, einer über dem andern, wie abgepaßt."

„Uebung und Geschicklichkeit gehört allerdings dazu, da=
mit man den richtigen Moment des Niederfallens und Ab=
schießens nicht verfehle, sonst ist man freilich geliefert."

„Aber in der Nacht," wirft ein noch etwas zweifelhafter
Zuhörer ein, „kann man doch den darüber wegspringenden
Löwen nicht wohl sehen."

„Dazu gehört eben," erwiedert Fritz Beutel, „die
genaue, ich möchte sagen mathematische Berechnung; zudem
verbreitet das goldgelbe Fell des Löwen, wenn er wüthend
ist, leuchtende elektrische Funken, wie die Katze, zu deren Ge=
schlecht er ja auch gehört."

„Endlich saugt auch der Sand der Wüste am Tage das
Sonnenlicht ein und gibt es in der Nacht allmählich wieder
von sich, so daß es in Afrika eigentlich nie recht finster wird.

Und ganz zuletzt die funkelnden Augen des Löwen! Rechnen Sie diese leuchtenden Dinge zusammen, und Sie können sich vorstellen, daß es in Afrika in der finstersten Nacht eigentlich heller ist als am lichten Tage."

„Aber närrisch sieht es aus, wenn um Algier in der Nacht tausende von Lichtern herumschwärmen, die doch eigentlich nur die funkelnden Augen hungriger Löwen und Löwinnen sind. Man braucht nur von den Thürmen Algiers auf ein

solches funkelndes Löwenauge zu zielen, um im Umsehen ein paar Dutzend solcher Unthiere weggeputzt zu haben."

„In der letztern Zeit jedoch fangen die Löwen bereits an einzusehen, daß ihre Augen in der Nacht den Bewohnern Algiers gleichsam als Zielscheibe dienen, weßhalb sie klug genug sind, die Augen entweder zuzukneipen oder immer nur nach hinten zu sehen."

„Auch leuchten die Augen eines Löwen nach seinem Tode einige Jahre noch so stark, daß man sie in Algier Nachts statt der Dochte in die Laternen thut, um sich in den engen Straßen der Stadt zurecht zu finden."

„Uebrigens verdanken die Franzosen die Eroberung von Constantine meinem zahmen Löwen, der ein Prachtkerl war. Gott habe ihn selig!"

„„Ihrem zahmen Löwen? das mag auch eine seltene Geschichte seyn!"" fährt ein Zuhörer dazwischen.

„Bei Gott Vater auf seinem himmlischen Throne!" Beutels gewöhnlicher Schwur, „es ist wahr. Man braucht die Löwen in Algier zu allen möglichen Verrichtungen, besonders zu Jagdhunden, in welcher Eigenschaft sie mit größter Uneigennützigkeit das eingefangene Wild, afrikanische Hasen u. s. w., ihrem Herrn apportiren. So ein Emir liegt ruhig unter seiner Palme, schlürft seinen Kaffee und raucht seine Pfeife, während sein als Jagdhund abgerichteter Löwe die Wüste durchstreift und das Wild neben ihn legt, auch die verschiedenen Wildpretarten gleich assortirt. Früher erhielt er dafür zum Frühstück und Mittag jedesmal einen Christensclaven, der besonders dazu abgerichtet war, sich mit Anstand fressen zu lassen. Jetzt ist man humaner, und füttert diese Löwen nur mit politisch verdächtigem Gesindel, dessen Fleisch

ohnehin etwas ranzig ist. Die algierischen Damen brauchen die Löwen dagegen als Schooßhunde." —

Allgemeines Erstaunen! „Ist es möglich?" fragen einige Zuhörer.

„Bei Gott Vater auf seinem himmlischen Throne!" erwiedert Beutel, „so ist es. Man fängt die kleinen Löwensäuglinge ein, schnürt sie in Windeln, füttert sie mit Bonbons und Liqueurs, engagirt für sie einen deutschen Hauslehrer, der die Geschicklichkeit besitzt, ihren aufstrebenden Geist und somit auch ihr körperliches Wachsthum zu unterdrücken, kurz gibt ihnen eine ganz standesmäßige Verwahrlosung, und das Löwchen wird und bleibt ewig nur ein Miniatur-Löwe, eine Luxus- und Taschenausgabe von einer Bestie, welche alle löblichen Eigenschaften eines civilisirten Möpschens entwickelt. Es gibt Damen 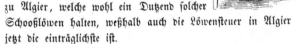 zu Algier, welche wohl ein Dutzend solcher Schooßlöwen halten, weßhalb auch die Löwensteuer in Algier jetzt die einträglichste ist.

Ueberhaupt kann ich die merkwürdigsten Geschichten aus Algier erzählen. Sie mögen es glauben oder nicht, meine Herren! Wer eine Flasche von dem feurigen Algierer Wein im Leibe hat, der vermeide es ja, sich auf einen Wagen zu setzen, da er bei der Kraft des Weines offenbar Gefahr laufen würde, sammt dem Wagen umgeworfen zu werden. Mir ist dieser Fall wenigstens mehr als einmal passirt. Ja ich habe mit eigenen Augen gesehen, wie ein ganzes Cavalerieregiment in den Sand gesetzt wurde, weil ein Feldwebel des Regiments ein Glas zu viel zu sich genommen hatte. Und das Merkwürdigste und Gefährlichste hierbei ist, daß der Geist des Weines vom Reiter auf das Pferd übergeht. Da übrigens der Wein von Algier zum größten Theile aus Aether besteht, so pflegt man daran nur zu riechen; ein guter deutscher Trinker hat eine Flasche Algierer Wein in etwa einer Stunde ausgerochen. Herr Wirth! eine Flasche Wein! ruft man. Der Wirth bringt das Verlangte. Man fragt nach der Bezahlung. Viertehalb Franks oder viertehalb Menschenköpfe! heißt es. Man greift in den Sack, den man zu dem Ende stets bei sich führt, läßt vier Beduinenköpfe auf den Tisch rollen und bekommt darauf einen halben Menschenkopf wie-

15*

der heraus. Ja, sehen Sie mich nur nicht so verwundert an, meine Herren! Dies ist die gewöhnliche Art der Bezahlung in Algier. Die Beduinenköpfe sind da so wohlfeil, daß jeder nur einen Frank gilt. War meine Börse, die freilich die Form und Größe eines Mehlsackes hatte, leer, so ritt ich hinaus in die Wüste, fing mir ein halbes Dutzend Beduinen ein, knüpfte drei davon rechts, die andern drei links an die Spitze meines Knebelbartes und ritt mit ihnen gemüthlich durch die Wüste nach Algier wieder zurück. Hier lieferte ich meine Gefangenen in die Münze, d. h. in die Anstalt, wo ihnen vorschriftsmäßig die Köpfe abgelöst wurden, und" —

„Aber Ihr Löwe von Constantine?" fällt ihm hier ein inzwischen unruhig gewordener Zuhörer ins Wort.

„Ach, die Vorstellungen drängen sich in mir so ungeheuer," fährt Fritz Beutel fort, „daß ich Eins über dem Andern vergesse. Was jenen merkwürdigen Vorfall betrifft, so muß ich zuvörderst erwähnen, daß ich Offizier in der berittenen Löwengarde war."

„Löwengarde!" Allgemeines Erstaunen; „davon haben wir ja in den Zeitungen gar nichts gelesen," sagt Jemand.

„Das glaub' ich gerne," äußert Fritz Beutel stolzen Blickes, „ich selbst habe die afrikanische Löwengarde erfunden und organisirt, und weil ich einer aus dem Fremdenbataillon war, so beneideten mich die schurkischen Franzosen, namentlich der damalige Gouverneur, dessen Haß so weit ging, daß er zu jener Zeit alle Briefe erbrechen und jede Anspielung auf meine Löwengarde darin streichen ließ."

„Denken Sie sich, meine Herrn, einen Trupp von tausend wohl gezähmten und einexercirten Löwen, und auf jedem einen trefflich bewaffneten Reiter, mich aber voran auf einem prächtigen Löwen, den ich mit eigener Hand eingefangen und zugerichtet hatte."

„So erschienen wir vor Constantine. Der Sturm wurde befohlen! Vergebens! Muthlosigkeit ergriff die ganze Armee. Ich mit der Löwengarde stand als Reserve in langer Front

aufmarschirt. Kaum war es noch möglich, die Löwen, welche durchaus stürmen wollten, in Zaum zu halten, sie brüllten so gewaltig, daß weder von dem Kanonendonner, noch von dem Kleingewehrfeuer Etwas zu hören war."

„Da sprengt plötzlich der Gouverneur mit seiner Suite zu mir heran."

„Bester Herr Beutel!" redet er mich an, „Sie sehen, wie verzweifelt unsere Angelegenheiten stehen; Sie sind meine letzte Rettung, meine ultima ratio. Getrauen Sie sich, mit Ihrer Löwengarde das Hauptthor zu nehmen?"

„Eine Kleinigkeit" antwortete ich, „ich mit meinem Löwen ganz allein!"

„Hierauf suche ich mir ein halbes Dutzend wackere Kerle aus, die alle hinter mir auf meinem Löwen auffitzen müssen; ein anderes halbes Dutzend hängt sich in die Mähnen und ein weiteres halbes Dutzend an den mächtigen Schweif." —

„Vorwärts," rufe ich „Löwengarde!" „In drei gewaltigen Sätzen ist mein Löwe an dem so lange vergebens bestürmten Hauptthor, mit dem vierten darüber hinweg; mein Löwe — Gott habe ihn selig! fällt von vierzig Kanonenkugeln durchbohrt, die er schon während des Sprunges erhalten hatte; aber achtzehn tüchtige Kerle, ich an ihrer Spitze, sind in der Stadt; wir hauen so blind um uns, daß wir nicht die Spur von einem Feinde vor uns sahen; wahrscheinlich hatte er auch aus Schreck bereits die Flucht ergriffen; — wie gesagt, in so gewaltiger Aufregung kümmert man sich nicht viel um solche Lumpereien und Kleinigkeiten — alles Uebrige kann man sich denken, — Constantine war unser — durch die Reihen der Franzosen tönte ein herzliches: Hoch lebe Herr Fritz Beutel!"

„Wollte Gott! sie hätten mir auch ein Lebehoch zugerufen, als ich zerschossen, zerhauen, zerspießt, verstümmelt, amputirt und operirt meinen Abschied nehmen mußte. Da thaten sie aber gar nicht, als ob es noch einen Fritz Beutel gäbe, welcher für sie Constantine erobert hatte. Ja, ich kann sagen, ich habe nicht Eine Schlange, sondern ein Heer von Schlangen in meinem Busen ernährt, die gesammte französische Armee in Algier Zwanzig Kugeln hat man mir aus meinem Leibe geschnitten, die ich Ihnen alle zeigen könnte, wenn sie nicht in das französische Nationalmuseum gebracht worden wären, die einzige Anerkennung, welche ich gefunden habe. Nur eine vier und zwanzig pfündige Kanonenkugel besitze ich noch, die sich bei der Erstürmung von Constantine so in meinen Burnus verwickelte, daß sie mir weiter keinen Schaden brachte."

„Es sind dies Dinge, welche sehr kurios klingen, aber wer einmal nach Algier kommt, der frage nur nach Fritz Beutel; es kennt ihn dort jedes Kind. Besonders die Araber verehrten mich wie ein übermenschliches Wesen. Damals hieß es auch: Es gibt nur Einen Gott und Einen Fritz Beutel, und Muhamed ist ihr Prophet!"

Hermann Marggraff.

7.

Da griff er in der Herzensangst
Nach Bogen und nach Geigen,
Und fing zu musiciren an,
Als gält's den Kirmesreigen.
Der Bär — beim ersten Bogenstrich
Stellt auf die Hinterfüße sich,
Als thäts ihm baß behagen.

8.

Der Spielmann deß' sich wohl versah,
Den Braunen hinzuhalten.
Er tischt ihm seine Stücklein auf,
Die neuen und die alten;
Und war erschöpft sein Liederborn,
So fing er wieder an von vorn,
Und schreit sich matt und heiser.

1.

Es war einmal — das Datum wird
So viel just nicht bedeuten, —
Ein Spielmann aus der Schenke ging,
Die Fidel an der Seiten;
Vor Lust das Herz ihm überschwoll,
Als wär er süßen Mostes voll,
Und hätt' er Lieb im Leibe.

2.

Schon war es Nacht, da mußt er noch
Den Forst hindurch, den wilden,
Drin, wie man sagte, Wolf und Bär
Ihr Abendkränzchen hielten.
Es konnte Fall' und Eisen nie
Ausrotten dieses Teufelsvieh,
Noch zur Kultur bewegen.

3.

In's Herren Namen, denkt er sich,
Jetzt geht es just in Einem;
Ich bin zwar mit dem Wirth noch nicht,
Doch mit der Seel' in Reinem.
Komm' ich erst heil aus dieser Noth,
So will ich meinem Herre Gott
Ein mächtig Loblied singen!

4.

So tritt er in den Wald; es rauscht
Das Laub ihm unterm Fuße;
Stockfinster ist's, der Uhu schreit
Ein Nachtlied ihm zum Gruße;
Und wie er taumelnd vorwärts dringt, —
Da weicht der Boden, und — er sinkt
Zween Klafter tief hinunter.

5.

Wie höhnisch lächelnd schaut der Mond
Auf seinen Fall herunter;
Doch — Gott sei Dank — er rafft sich auf
Und ist noch frisch und munter.
Doch still — da rührt sich's neben ihm,
Ein dickes, schwarzes Ungethüm
Schleicht brummend ihm entgegen.

6.

Und wie er lugt, da hätt' ihn fast
Der kalte Schlag gerühret!
Es war ein Bär, den sein Geschick
In's gleiche Loch geführet!
Jetzt, heilige Cäcilia
Sei mir mit deiner Hilfe nah,
Sonst heißt's: Matthä am letzten!

9.

Und Bruder Petz, das wack're Vieh
Kann sich nicht satt vernehmen!
Solch' musikalisches Genie
Muß Menschen selbst beschämen.
Der Spielmann aber geigt und singt,
Und ob auch manche Saite springt:
Er spielt zuletzt auf einer!

10.

Doch mit der letzten Saite riß
Auch die Geduld des Bären.
Es wär auch Sünde an der Kunst,
Noch Gnade zu gewähren.
Jetzt, Spielmann mach' dein Testament,
Dein Lebensliedlein geht zu End',
Geschieht nicht bald ein Wunder!

11.

Horch — Rüden klaffen in dem Wald,
Muth — Muth — du wackrer Singer!
— Der wickelt just den letzten Darm
Sich krampfhaft um den Finger,
Und lockt noch einen reinen Klang,
Als wäre es sein Schwanensang,
Hervor aus seiner Geige. —

12.

Dann dacht' er sich: „Nun ist es Eins,
„Jetzt bin ich doch verloren!"
Und schlug die Fidel mit Gewalt
Dem Bären um die Ohren,
Daß sie in Trümmer rings zerfiel;
„Ich sterb' mit meinem Saitenspiel!"
So dacht' er — und ergab sich.

13.

Schon fühlt er sich vom braunen Fell
Umschlungen an den Lenden:
Da fiel ein Schuß — und Petz mußt just
Zur rechten Zeit verenden!
Der Spielmann aber stieg heraus —
Ein Phönix aus dem Flammenhaus,
Das ist die Macht der Töne.

E. F.

Die ehrsame Zunft der Steckenreiter.

(Fortsetzung.)

Der Landwehrhauptmann.

Seines Zeichens ist er ein Bader; seiner Leidenschaft nach durch und durch Militär. Während der letzten Freiheitskämpfe war er Feldscherer, dann führte ihn das Schicksal einer Baderswittwe in die Arme. Ein unbestimmtes Gefühl sagt ihm, daß er sich die Freiheit nicht erkämpft habe. Nach der Reorganisation der Landwehrmiliz ward er in Folge seiner Kriegserfahrungen zum Hauptmanne derselben erwählt. Sofort übertrug er das Geschäft des Bartabnehmens seiner Ehehälfte, und verlegte sich ausschließend auf die Kriegswissenschaft. Was in diesem Fache geschrieben wird, läßt er — wenn auch unbegriffen — doch nicht ungelesen. In unbelauschten Stunden aber öffnet er ein geheimes Fach seines Baderkästchens, nimmt ein Regiment hölzerner und bleierner Soldaten aus demselben, läßt sie in ganzen und halben Zügen defiliren, Wendungen machen, Carré bilden, zum Angriff blasen, und auf irgend einen unschuldigen Gegenstand einen Sturm wagen, der denn auch unter seiner Anführung selten mißglückt. — In letzterer Zeit hat sein ehelich' Gemahl, blos, um ihn in Uebung zu erhalten, seiner Leidenschaft den Krieg angekündigt, der voraussichtlich lange dauern mag; denn diesem Feinde gegenüber verläßt ihn wunderbarer Weise allzumeist sein Feldherrntalent! — Wenn du gerade nach seiner Freundschaft lüstern sein solltest, brauchst du ihn nur „Herr Hauptmann' zu tituliren. —

Die Geognostin.

Das ist die mächtigste Wirkung der Wissenschaft, daß sie in's Leben greift, und mit der Zeit den Strickstrumpf verdrängt. Seitdem Professor Leonhard durch sein Lehrbuch die Geologie populär gemacht, und Dr. Hauff seine geologischen Briefe in die Augsburger Allgemeine drucken ließ, hat auch das zarte Geschlecht angefangen zu lernen, wie man den Berghammer handhabt, und welch ein Unterschied sei zwischen einer hexagonalen Pyramide und einer Kartoffelsuppe. Man spricht von einem weiblichen Lehrstuhl, welcher auf der Universität Y für dieses Fach errichtet wird. — Auf unserem Bilde begegnen wir solch einer Freundin der Geognosie. Sie hat von Karlsbad aus, einen Ausflug in's Gebirge gemacht, von ihrem alten Ehegatten und einem jungen Naturforscher begleitet. Während sich Ersterer auf Befehl seiner schönen Hälfte mit einem antediluvianischen Hirschgeweih*) abschleppt, das ihm während der Partie unvermuthet in den Weg kam, setzt dieser mit der gelehrigen Freundin die naturhistorischen Studien auf's Eifrigste fort, und sie kann nicht umhin, über die Loupe weg beständig auf ihn hinüber zu schießen, um ja kein Wort aus seinem Munde zu verlieren. Ihre Forschungen drehen sich gerade um einen fossilen Mammutsknochen, und die Schülerin fragt eben mit der liebenswürdigsten Naivität, ob nicht etwa die Mammutsknochen von den Mamelucken abstammen, oder umgekehrt?

*) Anm. Wir entnehmen hieraus die Bestätigung der oft widerstrittenen Behauptung, daß Hirschgeweihe schon vor der Sündfluth existirten.

Mei Schatz.

(Ansbacher Mundart.)

Du Herzblatt und du Tausendschatz,
Und allaweil mei Schatz,
Ih hob im Herz'n Tog und Nacht
For diech alla nor Platz.

Und lieg ih af meim Spreiersack
Und schlaof als wie a Ratz,
So tramt's mer, bis der Gögger schreit,
Von nir, als von meim Schatz.

Am Sunntog, wenn's in d'Kerch'n läut't,
Steh ih am Kerchhofthor:
O, hob ih dao a stilla Freud',
Kummst du dei Gäßla vor.

Am Muntog d'rauf in aller Fruh,
Dao bist du scho im Feld.
Es grost so fleißi als wie du
Ka Mahla af der Welt.

Und schau ih manchsmaol in dein Stall,
Schau in dein Tenna nei:
In Münch'n drob'n beim König konn's
Meinad*) nit schönner sei.

Dei Gang so munter und so flink,
Dei Gruß so sanft und gut,
Dei Aug' so züchti und so klug,
Dei G'sicht wie Milch und Blut.

D'rum, wenn die Org'l prächti klingt,
Und singt die ganza G'nia,
Ih horch und horch und hör' halt nor
Dei hella Stimm' alla.

Und liest das Evangelium
Hernach der Pfarrer vor,
Dao kummst mer du so still und frumm
Als wie a n'Engl' vor.

Im Winter in der Rock'nstub'n:
Wer spinnt'n schönnst'n Flachs?
Wer hat im Frühjaohr af der Blach
A Tuch, als wie a Wachs?

Des bist halt du mei Tausendschatz
Und allaweil mei Schatz!
Mei Herz, als wie a Heinzerla,**)
Es macht vor Freud' an Satz. —

A Veichela, a Rosmari,
Des senn zwa schöna Blumma.
O, wie vill Zeit gäht well no hi,
Bis mir a maol z'samm kumma.

Anmerk. **ao**, ein Mittelton zwischen **a** und **o**. — **ei** und **a** ein Nasenlaut.

*) Bei meinem Eid. **) Ein Füllen.

Joh. Franz.

Träume.

Der Traum des Jagdliebhabers.

Der Traum des Geizigen.

Der Traum des Theaterdichters.

Der Traum des Recensenten.

München, Verlag von Braun & Schneider. — Papier und Druck von Fr. Pustet in Regensburg.

Bestellungen werden in allen Buch- und Kunsthandlungen, so wie von allen Postämtern und Zeitungs-
expeditionen angenommen.

Nro. 16.

Erscheinen monatlich zwei bis drei Mal. Subscriptionspreis
für den Band von 24 Nummern 3 fl. 36 kr. R.-W. od. 2 Rthlr.
Einzelne Nummern kosten 12 kr. R.-W. od. 3 ggr.

Die magischen Küsse.

Ein Märlein.

Ich weiß nicht wo und ich weiß nicht wann, leb-ten einmal vier überaus glückliche Menschen unter Einem Dache, und dieses Dach war das eines alten Klosters, welches man hatte aussterben lassen, weil es so gar entfernt von allen menschlichen Wohnungen mitten in einem dichten Wald-gebirge lag. Die jetzigen Bewohner waren: erstens Herr Florian, ein gewaltig großer Hexenmeister, welcher lange Zeit gleich Philadelphia, Bosco und Döbler vor allen hohen und niedern Potentaten zum Naserümpfen eines hohen Adels und zum größten Vergnügen des niedern, namentlich des jüngeren Publikums, seine Künste gezeigt hatte.

Jetzt hatte er, wie man sagt, sein Schäfchen im Trocke-nen, denn das schöne alte und noch wohlerhaltene Kloster-gebäude, die ausgedehnten Gärten und Fischteiche, und der Wald, soweit man die Abends von selbst läutende Kloster-glocke hören konnte, alles das war mit schönen blanken Friedrichsd'ors bezahlt, und als das Geld dießmal nicht, wie sonst oft beim Herrn Florian, sich in Blumen oder Spin-nen verwandelte, so übergaben die Administratoren richtig alles dem Hexenmeister. Dieser, den man sich als einen schönen großen alten Mann denken muß mit silberweißen Lok-ken und Augenbraunen, in einem Schlafrocke von violettem echtem Sammet, mit echtem Hermelin gefüttert, mit sei-denen Strümpfen, und Schuhen mit Steinschnallen, dieser Herr Florian lebte jetzt wie ein ganz gewöhnlicher Mensch. Er trank täglich zwanzig Tassen Kaffee und rauchte dazu ein Dutzend Pfeifen, zankte mit seinem alten, krummbeinigen Die-ner Martin, und lobte seine beiden fleißigen Zöglinge, den Franz und die Marie. Das waren nämlich ein paar Waisenkinder aus dem am wenigsten entfernten Dorfe, welche er zur großen Freude der Herren Gemeindevorsteher zu sich genommen hatte, um sie zu nähren, zu kleiden und zu un-terrichten, aber nicht wie die gewissenlosen Herren Gemeinde-vorsteher geglaubt hatten, in der schwarzen und weißen Ma-gie, sondern in guter, christkatholischer Gottesfurcht, in Rech-nen, Schreiben und Lesen, in Geographie und Geschichte, im Bäume oculiren und Hanfbrechen, Feldbau und Weinzucht, kurz in Allem, was einst nöthig war, damit sie sich, wie er wünschte, später heirathen und nach seinem Tode in Haus und Hof wirthschaften könnten.

16

Franz und Marie waren zwar noch Kinder und dachten daher eben so wenig an's Heirathen, wie Herr Florian ihnen jetzt schon Etwas davon sagte. Ihre kindliche Zuneigung war aber so groß, daß Herr Florian hoffen durfte, sie würden künftig nichts gegen eine Verbindung einzuwenden haben, besonders auch deßhalb nicht, weil Marie keinen andern jungen Mann, als Franz und Franz kein anderes junges Mädchen als Marie bis zu ihrem Hochzeitstage zu sehen kriegen sollten. Man konnte daher sagen, über diesen letztern Punkt waren alle so einig, wie der krummbeinige Martin darüber, daß er sich jeden Tag einen Rausch trinken mußte, und es schien der Sache nichts in den Weg treten zu können, als sich auf einmal ein großes Unglück ereignete. Herrn Florians ganze Herenmeisterei und Alles, was er an Hab und Gut durch dieselbe hervorgebracht hatte,

ja sein Leben hing davon ab, daß er eine reine Judenseele in Spiritus hatte, und von dieser täglich einige Tropfen zu sich nahm.

Martin, obschon er sonst das volle Vertrauen seines Herrn besaß, kannte dieses Geheimniß nicht, und daher wuchs die langen Jahre hindurch von Tag zu Tage seine Begierde, auch einmal von dem köstlichen Schnaps zu probiren, bis er endlich, obgleich sonst eine grundehrliche Haut, der Versuchung nicht länger widerstehen konnte, und einmal Nachts den Schrankschlüßel unter dem Kopfkissen seines Herrn wegstahl.

Im Nu war dann das Elixir in seinen Händen und aus Furcht, es möge nicht so bald wieder eine so gute Gelegenheit kommen, trank er die Flasche mit einem Zuge bis auf den letzten Tropfen aus. Etwas hätte nichts geschadet, jetzt aber erfolgte natürlich ein Donnerschlag, das Kloster war natürlich gleich wieder eine Ruine, Park und Wald wurden natürlich wieder zur Wildniß, das Geld, welches die Herren Administratoren in Händen hatten, war zu Unflath geworden, und als Martin voll Angst und Schrecken zu sei-

nem Herrn hinüber eilte, lag dieser im Sterben und Franz und Marie knieten weinend an seinem Bette.

„Lieber Martin," sagte der Erhexenmeister, „ich zürne Dir nicht; denn Du hast aus Dummheit gefehlt, und es ist Strafe genug für Dich, daß in meinem Keller kein Wein, Bier und Schnaps mehr für Dich liegt. — Ich muß Deine starke Natur bewundern, daß Dich das Elixier nicht verbrannt hat, es nützt aber nur dem, welcher ohne grobe Fehler ist; solltest Du Dir einmal das Trinken abgewöhnen können, so kannst Du noch mal ein großer Herenmeister werden, ich glaube aber nicht, daß dieser Fall eintreten wird." Das Einzige, was ich noch für Euch thun kann, ist dieses. Darauf küßte er Franz auf die Augen, Marie auf den Mund, schenkte dem Martin seinen sammtnen Schlafrock, seine seidenen Hosen und Strümpfe und die Schuhe mit den Steinschnallen, und sagte: „hiemit habe ich jedem von Euch eine Gabe verliehen, deren Werth und Bedeutung Ihr erst späterhin einsehen werdet." — Er wollte noch weiter sprechen, da klopfte es ziemlich unhöflich an die Thüre, und als er herein! rief, traten zwei Teufel in die Stube, um ihn zu holen. Sie sahen aber nicht aus, wie man den Teufel sonst wohl abbildet mit Schweif und Pferdefuß, sondern sie waren nach der neuesten Pariser Mode gekleidet, mit Glacé-Handschuhen und Lorgnetten und war nichts auffallend an ihnen, als daß sie etwas viel Bart im Gesichte, und einen etwas falschen Blick hatten.

Herr Florian erkannte gleich in ihnen die Pächter der Spielbank im nächsten Badeorte wieder; es waren also keine jener dummen Teufel, wie sie einst so viel von guten und schlechten Christen geprellt wurden. —

„Herr von Florian," sagte der grimmigste der beiden Teufel, „wenn Sie Sich gefälligst ankleiden und mit uns kommen wollten; Ihre Hexereien waren so vortrefflich, daß sie nicht als gewöhnliche Taschenspielereien allerhöchsten Orts entschuldigt und nachgesehen werden konnten."

Die Kinder fingen nun noch mehr an zu weinen, und wie die Weiber meist bei solchen Gelegenheiten zuerst wieder das Maul zu brauchen lernen, so rief auch hier Marie aus: „Aber mein Himmel, wie ist es möglich, daß Herr Florian, da er doch stets ein so braver Mann war, wegen des Bischen Herens in die Hölle kommen sollte?" „Mein Fräulein," sagte der Teufel (und Mariechen wurde über und über roth wegen dieses noch nie gehörten Ehrentitels und wegen der Grimmassen, die der Kerl dabei machte), „Herr von Florian kommen nicht in die Hölle, sondern nur so ein dreißig Millionen Jährchen in's Fegefeuer, und dann zu oberst in den Himmel. Aber wir müssen uns empfehlen, so leid uns ist, eine so angenehme Gesellschaft so bald wieder zu verlassen, wir können aber den ganzen Transport, welcher immer sehr zahlreich zu seyn pflegt, nicht auf uns warten lassen." Darauf nahmen Alle noch einmal zärtlich von einander Abschied, dann fuhren die Teufel mit dem Hexenmeister auf und davon; Martin, Franz und Marie weinten aber drei Tage lang und aßen und tranken nicht, darnach trösteten sie sich aber wieder und hielten am vierten Tage eine große Berathschlagung, wovon sie jetzt leben sollten, besonders wenn die Herren Administratoren sie aus dem Hause werfen sollten.

„Das letztere hätte keine Gefahr," meinte Martin, „denn die Wege im Walde seien gar zu schlecht, und wenn die Herren Administratoren hier zu Mittag speisen wollten, so müßten sie sich Alles selbst mitbringen, und das wäre beschwerlich und kostspielig. Du Franz," fuhr er fort, „kannst ja so schön Figuren schnitzen und Marie kann stricken und sticken. Wenn dann ein Haufen Arbeiten beisammen ist, so trage ich's zum Verkauf in den nächsten Ort" — „und versaufe das Geld!" lachte Franz. „Gewiß nicht," versicherte Martin, „höchstens die Hälfte will ich vertrinken." Und so machten sie es nun auch in der That mit ihrem Unterhalte; aber gleich das Erstemal, das Martin zu Markte ging, unterhielt dieser sich am besten, denn er vertrank den ganzen Erlös mit Ausnahme der kleinen Summe, wofür er gleich Anfangs Lebensmittel und dergleichen eingekauft hatte. Hier zeigte sich nun aber zuerst die Eigenthümlichkeit der Gabe, welche Martin von Florian empfangen hatte. Jedesmal wenn er sich einen Rausch trank, wurden alle die geschenkten Kleidungsstücke in allen Richtungen enger und kürzer. Da sah es denn bald zu lustig aus, wenn der gute Martin schwer betrunken, mit Lebensmitteln bepackt, vom Jahrmarkt nach Hause wankte. Die Schuhe waren bald so eng, daß der treue Diener bei jedem Schritte Ach und Weh schrie, an die schwarzen Hosen und Strümpfe mußte Marie jedesmal einen Streifen weiter annähen, wie sie ihr beim Verfertigen von ihren eigenen Kleidern übrig geblieben waren, und der schöne Schlafrock konnte bald kaum noch für eine Jacke gelten; Martin besserte sich aber darum doch nicht.

So war Franz mit der Zeit ein Jüngling, Marie eine Jungfrau, und ihre Lage die drückendste von der Welt geworden, als sich folgendes höchst Merkwürdige ereignete.

An einem Frühlingsabende saßen Franz und Marie nach gethaner Arbeit vor dem Hause und warteten mit Sehnsucht auf Martins Rückkehr, denn sie hatten sich seit über acht Tage nicht satt essen können, und doch erschrecklich viel arbeiten müssen.

Nachdem sie eine Weile trüben Gedanken über ihre traurige Lage nachgehängt hatten, wurden sie Beide auf einmal sehr vergnügt. Zufälliger Weise sah nämlich Franz die Marie gerade in demselben Augenblicke an, als Marie den Franz ansah.

Das war nun zwar auch früher schon sehr oft geschehen, das Außerordentliche war aber, daß diesmal bei dieser Gelegenheit Franz dachte: was ist die Marie doch für ein hübsches Mädchen, und zugleich Marie dachte: was ist der Franz doch für ein sauberer Bursche! Nun griff Franz mit seiner Hand nach dem Herzen, weil es ihm auf einmal da ganz kurios war, wie er früher noch nie verspürt hatte, und Marie griff mit ihrer Hand nach ihrem Herzen, weil es ihr da eben so kurios war.

Den ganzen Abend sahen sie sich nun nicht wieder an, obgleich sie wußten, daß es ihnen viel Vergnügen machen würde und wo sie nur konnten, gingen sie sich aus dem Wege, obgleich dem einen, wie dem andern Theile sehr unlustig zu Muthe war, wenn er den andern nicht in der Nähe wußte. So sehr sie sich früher auf die Speisen gefreut hatten, welche Martin mitbrachte, so mußte er jetzt doch allein sein Nachtessen verspeisen, denn Marie hatte sich in ihre Kammer eingeschlossen und dachte, sie wußte selbst nicht woran, und Franz lief wie unsinnig bald lustig singend, bald weinend um den essenden und trinkenden alten Martin herum und quälte diesen, er solle ihm sagen, warum ihm so kurios zu Muthe wäre? Martin ließ sich nun aber unter allen Umständen nie von der guten Gewohnheit abbringen, daß er, wenn er aß und trank, kein Wort sprach. Als er aber damit fertig war und sich in's Bett gelegt hatte, um seinen Rausch auszuschlafen und sich von dem Drucke seiner engen Kleider zu erholen, da brummte er noch zwischen Traum und Wachen: „ha Narr, was solls seyn, du bist eben verliebt!"

— Aus welcher Rede, gelegentlich bemerkt, hervorzugehen scheint, daß diese wahrhafte Geschichte nicht irgendwo, sondern im lieben Schwabenlande sich zugetragen hat.

„Verliebt! verliebt! das Wort regte in Franz ein Meer von unbestimmten Gedanken und Gefühlen auf, aber da half kein Rütteln und kein Schreien, der alte Trunkenbold war nicht wieder zu erwecken. In einer wundersam traurig-fröhlichen Stimmung rannte Franz nun im Mondscheine

Treppe auf Treppe ab durch die weiten öden Gänge und
Hallen des Klosters unermüdlich fort und fort. Es mochte
wohl Mitternacht seyn, da bemerkte er auf einmal, daß er
nach kurzer Frist sich immer wieder in dem Gange vor Ma=
riens Kammerthüre fand. In wen bist du denn verliebt?
fragte er sich innerlich. Nun natürlich in Marie, ant=
wortete es in ihm. Hat sie dich aber auch wieder lieb?
fragte es weiter? Ihn überlief's heiß und kalt bei dem Ge=
danken, daß dieses nicht der Fall sein könnte Obgleich ihm
Marie nie ein böses Wort gegeben hatte, sondern vielmehr
that, was sie ihm nur an den Augen absehen konnte, war
sie darum verliebt in ihn? war sie seinetwegen in einer ähn=
lichen Stimmung, wie er jetzt? ach nein, sie lag gewiß ruhig
und schlief und träumte von ihrer Katze oder von dem Essen,
das Martin mitgebracht hätte. Franz gerieth bei diesem
Gedanken in eine Wuth, daß er hätte Alles entzwei schlagen
mögen, schon wollte er hinausstürzen aus dem Hause in den
Park, wo er am dunkelsten wäre oder lieber gleich in den
Fischteich hinein, denn wie sollte er leben, wenn Marie ihn
nicht wieder lieb hatte? — Voll Ingrimm warf er noch einen
Blick auf die Thüre des Mädchens, welche gerade in diesem
Augenblicke durch den hinter einem Mauervorsprung hervor=
tretenden Mond auf das hellste beschienen wurde, da erkannte
er plötzlich, daß Mariens Träume sich, ähnlich dem Bilde
einer Laterna magika, in einem Lichtkreise auf jener Thüre
darstellten. Das mußte die Gabe seyn, welche ihm Herr
Florian verliehen, als er ihn sterbend auf die Augen küßte.
Und was zeigten jene Bilder? — Nur von ihm träumte Marie;
bald herzte sie ihn, bald küßte sie ihn, bald saß sie als
Hausfrau neben ihm! Franz konnte sich nicht satt sehen an
den Bildern, aber der Mond trat wieder hinter eine Mauer=
zinne und Alles war verschwunden. Allein das betrübte ihn
nicht, jetzt mußte er hinaus ins Freie und laut jubelnd lief
er im Mondscheine Bergauf Bergab, durch Wald und Thal
bis ihn die aufgehende Sonne und der Hunger nach dem
Frühstücke, nach Hause trieben. In der Mitte des wohl schon
seit mehr als einem Jahrhundert dach= und fensterlosen Re=
fektoriums, hatte in dem von Schutt erhöhten Boden ein
prächtiger Lindenbaum Wurzel gefaßt und passend für das
Leben der jetzigen Bewohner mit seiner breiten Krone eine
neue Decke über dem Saale gebildet. Schon bei Florians
Lebzeiten war es im Sommer Gebrauch gewesen unter diesem
Baume das Frühstück, Mittag = und Abendmahl einzunehmen.
Die Ungeduld hatte Franz heute wohl eine Stunde zu früh
hiehergeführt. Trotz seiner fieberhaften Aufregung still wie
eine Bildsäule saß er da, und blickte unverwandt auf die hohe
gothische Eingangsthüre, deren reiches Laubwerk und mu=
sizirende Engelsköpfe im rothen Morgenlichte glänzten.

(Schluß in nächster Nummer.)

Ballade.

Mel. Wer reitet so spät durch Nacht und Wind 2c.

Mit seinen wilden Knappen zwo,
Reitet der finstere Ritter Hugo,
Er reitet dahin in heftigem Zoren,
Und stachelt die Mähr' mit spitzigen Sporen.

In heftigem Zoren dahin er reit',
Weil ihn betrogen die schändliche Maid,
Die ihre Ehre gar sehr verloren,
Drum reit' er hin in heftigem Zoren.

Mit seinem langen großmächtigen Speer
Ersticht er der Maid ihren Liebhaber,
Ersticht er die Maid, die ihre Ehr' verloren,
Ersticht er sich selbst in heftigem Zoren.

Die Mausfalle.

Die Propheten.

Es hat schon viele Propheten, große und kleine, gegeben, und manche derselben haben es zu einem unsterblichen Namen gebracht. Es gibt aber auch heutzutage noch Propheten, die um so eher diesen Namen verdienen, weil ihre Wahr= und Weissagungen in der Regel nicht eintreffen. Jeder derselben hat sein Lieblingsfach; der Eine prophezeit eine neue Religion, der Zweite eine neue Sündfluth und der Welt Untergang, der Dritte das tausendjährige Reich, der Vierte eine preußische Constitution, der Fünfte einen dramatischen Dichter, welcher Shakspeare, Schiller und Göthe ersetzen soll, der Sechste eine deutsche Flotte, der Siebente ein deutsches Buch ohne Druckfehler, der Achte einen durch die Tantiemen reich gewordenen deutschen Theaterdichter, der Neunte die Bewerkstelligung einer Luftdampfschifffahrt, wofür ja die drei Hauptfaktoren, nämlich Luft, Dampf und Schifffahrt schon seit Langem vorhanden sind, der Zehnte — doch man müßte Bogen füllen, wollte man ein vollständiges Register aller modernen Propheten in ihren verschiedenen Abarten und Schattirungen geben. Von zweien derselben mag jedoch hier in leichten Umrissen ein Bild entworfen werden.

1) Der Kriegs= und Revolutionsprophet. Ein Mann von den gewagtesten Combinationen, der seit fünfzehn Jahren einen allgemeinen Weltkrieg von Monat zu Monat verkündet und, so oft er auch Lügen gestraft wurde, nicht müde wird, irgend einen Krieg oder eine Revolution für die nächsten acht Tage anzusagen. Er ist der unschuldigste und zahmste Mensch, der sich denken läßt. Er kann keinen Tropfen Blut fließen sehen, ohne zu schaudern, aber in der Vorstellung watet er durch das Blut von tausend hingeschlachteten Völkern, ohne auch nur die leiseste Anwandlung von Mitleid zu empfinden. Wenn seine Frau oder Köchin eine Taube schlachtet, so macht er eine Reise über Land, wenn sich sein jüngster Bube am Finger geritzt hat, so läuft er zum Wund=

arzt, vielleicht nur um die Blutstätte zu fliehen; wenn er ein Beefsteak bestellt, so befiehlt er ausdrücklich: nur nicht nach englischer Art, nur recht scharf gebraten! denn ein noch blutendes Beefsteak, der ächten Art, würde ihm Anwandlungen von Ohnmacht verursachen.

Welch ein Held ist er dagegen, wenn er bei dem Zuckerbäcker die Augsburger Zeitung vom neuesten Datum aus der Hand legt! Sein Gesicht flammt, sein Auge glüht, sein Hand ballt sich, wie zum Dreinschlagen. Selbst seine Stimme rollt und grollt unheimlich, wie die eines Löwen, der nach Menschenfleisch lüstern ist. Er bestellt ein Glas Rothwein; er hält es gegen das Licht; es hat die ächte Blutfarbe; das Licht spiegelt sich darin so prophetisch. Er denkt sich im Stillen: bestände doch die ganze Erdatmosphäre aus solcher Blutfarbe und die Sonne schiene so spukhaft hinein, wie dies Talglicht in das Glas! — Gewiß eine riesenhafte Vorstellung!

Noch ein Glas! und noch ein Glas! — Er glaubt Menschenblut zu schlürfen, und sein Durst wächst, je mehr er ihn zu stillen sucht.

„Habe ich es nicht vor acht Tagen gesagt!" — mit diesen Worten wendet er sich zu dem Conditorlehrling, da gerade sonst kein Gast anwesend ist — „die Verhältniße zwischen Frankreich und England stehen auf dem Bruche. Da haben die Engländer wieder ein französisches Fahrzeug durch-

sucht. Das fatale Durchsuchungsrecht! Die französische Nation muß Genugthuung fordern; Guizot wird dem Verlangen ter Nation nachgeben müssen, oder sein Ministerium ist geliefert. Er hat ohnehin wieder eine Stimme in der Deputirtenkammer verloren. Peel aber wird jede Genugthuung verweigern. Die Kriegserklärung kann nicht ausbleiben. Da haben wir

die Bescheerung! Na, meinetwegen! ich wasche meine Hände in Unschuld!"

Der gute liebe Conditorjunge in seiner schneeweißen Jacke macht ein sehr gutes, aber auch sehr dummes Gesicht. „Es kann am Ende schon so weit kommen," murmelt der junge Mensch in seiner Verlegenheit.

„Kann?" fährt der Kriegsprophet auf. „Nein, muß! Und es kommt nicht, es ist schon gekommen. In Spanien rührt sich's auch; in Griechenland spukt's; in Mexiko ist der Teufel los, und in Deutschland — na, in Deutschland! Selbst in Deutschland ist es nicht ganz richtig, obgleich doch sonst bei uns Alles richtig ist. In Kropfstadt hat es bei der neuen Bürgermeisterwahl Unruhen gegeben; Fenster sind entzwei geworfen worden, Militär ist requirirt worden, man hat drei

Schneidergesellen eingesteckt, — kurz, wohin man nur sieht, geschehen große Dinge und unerhörte Ereignisse."

In dieser Weise haranguirt der Prophet einige Wochen lang täglich den Conditorjungen oder einen Kreis stiller Bewunderer, welche sich seit Jahren um den Kriegspropheten versammeln und nicht müde werden, die alten Kriegs = und Revolutionsmärchen mit anzuhören und immer wieder zu glauben. Unterdeß macht die Deputirtenkammer einigen Lärm; Guizot verwahrt sich; Peel verwahrt sich gegen die Verwahrung, und nachdem unter Verwahrungen, Drohungen und Artigkeiten ein Monat verstrichen, spricht von dem Vorfall Niemand mehr, selbst unser Kriegsprophet nicht. An dergleichen ist er gewöhnt, und schon hat sich für ihn an einer andern Stelle der politische Horizont wieder blutroth gefärbt.

„Ja," ruft er eines Abends, „das hab' ich immer gesagt, der alte Mehemet Ali schläft nicht, auch wenn er sich stellt, er habe die Augen zu. Jetzt ist er gar in die Hamletrolle verfallen und spielt den von Cairo und zugleich vom

Verstande Abwesenden vortrefflich. Warum thut er's? Wir wollen sehen. Mit einem Male wird er losbrechen, und dann Gott Gnade dem Sultan! Und drauf was weiter? **Fait accompli?** Prosit Mahlzeit! Interventionen, Demonstrationen, endlich allgemeiner Krieg — das ist das Ende vom Liede."

Oder: „Na, das sind mir schöne Geschichten! Texas endlich doch einverleibt! Hab's immer gesagt, daß es so kommen mußte. Die Nordamerikaner stecken zuletzt ganz Amerika in den Sack. Tyrus ist gefallen, Karthago, Rom sind gefallen, Venedig, Genua, die Hansa, Portugal, Spanien, Holland haben ihre maritime Größe nach einander eingebüßt, denn das Meer ist treulos wie eine Katze, sage ich Ihnen, meine Herren! und wir Deutschen sollten Gott danken, daß wir mit der buhlerischen See kein Ehebündniß eingegangen sind — ja, was ich sagen wollte: England hat seinen höchsten Glanzpunkt erreicht, also muß es fallen, wenn es fallen muß, so muß es auch einen Krieg geben, wenn es einen Krieg geben muß, so muß eine Nation da seyn, mit welcher man Krieg führt, wenn es eine solche Nation geben muß, so muß und kann es nur das Volk der Nordamerikaner seyn, wenn es nur das Volk der Nordamerikaner seyn kann und muß, so kann es natürlich keine andere Nation seyn, wenn nun dies Alles geschehen muß, so muß es auch einen Augenblick der Krisis geben, und dieser Augenblick ist jetzt eingetreten. Meine Schlußfolge ist so logisch, daß dagegen gar nichts einzuwenden ist. Ich kann mich nicht verrechnen, denn ich verrechne mich nie. Und da ich mich nicht verrechnen kann, so gibt es einen Seekrieg. Frankreich wird mit Amerika, wir werden mit England seyn: folglich allgemeiner See = und Landkrieg. Nordamerika schlägt Eng=

land zur See, wir schlagen Frankreich zu Lande; folglich sind Frankreich und England geliefert. Blut in Strömen wird's freilich kosten; doch was Blut!"

Der Kriegsprophet setzt bei diesen Worten sein Glas Rothwein mit einem Feuer nieder, daß es zerbricht und ein Glassplitter ihm den kleinen Finger verletzt.

„Himmel Donnerwetter! Oh — oh — oh weh!" schreit der Kriegsprophet in Verzweiflung, wickelt die verletzte Hand in sein Taschentuch, behauptet er werde wegen des Blutverlustes in Ohnmacht fallen, und läßt sich durch einen Fiaker nach Hause schaffen, weil ihm der Schreck in die Glieder gefahren ist und seine Füße in Folge davon zu schwach sind, ihn zu tragen.

Hermann Marggraff.

(Schluß in nächster Nummer.)

———

Naturgeschichte.

Homo Xantippus.

Tirannus domesticus (Ling. usitatiss.)

Familie der **Contentiosen.**

Zu Deutsch: **Der Haustirann** (auch Brumm-bär, Hauskreuz, Zankeisen, der Alte κατ᾽ ἐξοχὴν.)

Kennzeichen: Hat immer Recht und zuweilen Leber-flecken, ersteres wenn er mit seiner Frau disputirt, letztere auch sonst.

Fundort: Immer bei wahren Engeln von Weibern, bei Weibern voll Sanftmuth und Herzensgüte und Nach-gibigkeit, bei Weibern die nie widersprechen, und nie das letzte Wort haben müssen.

Die Haustirannen sind daher viel häufiger, als man gewöhnlich glaubt, nur fallen sie nicht so auf, weil die Tugenden der Frauen sie decken.

Zweck: Den Frauen Veranlassung geben, ihre herrli-chen Tugenden zu entfalten und in's hellste Licht setzen zu können — überhaupt das Leben durch Gegensätze zu verschönern, wie das Licht durch Schatten gehoben wird.

München, Verlag von **Brann & Schneider.** — Papier und Druck von **Fr. Pustet** in Regensburg.

Bestellungen werden in allen Buch= und Kunsthand=
lungen, so wie von allen Postämtern und Zeitungs=
expeditionen angenommen.

Nᵣₒ. 17.

Erscheinen monatlich zwei bis drei Mal. Subscriptionspreis
für den Band von 24 Nummern 3 fl. 36 kr. R.=W. od. 2 Rthlr.
Einzelne Nummern kosten 12 kr. R.=W. od. 3 ggr.

Die magischen Küsse.

(Schluß.)

Jeden Augenblick meinte er, jetzt müsse Marie in dem
blauen Hauskleide mit der weißen Schürze, die große Suppen=
schüssel in der Hand, durch diese Thüre eintreten. Aber viele
Stunden waren nach dem Maßstabe seiner Ungeduld schon
vergangen, und noch immer kam sie nicht; sie wird doch nicht
krank sein! dachte er plötzlich. Ein Pruhsten und Schnauben
und ungleichmäßiges Fußtappen zeigte an, daß der krumm bei=
nige Martin, wie gewöhnlich, seine Promenade unter den
Fenstern des Refektoriums mache, damit die Morgensonne,
wie er sich auszudrücken pflegte, die bösen Nebel vom vorigen
Tage zerstreuen möchte. „Heh Martin, Martin!“ schrie
Franz, und ehe noch eine Antwort erfolgen konnte, war er
gewandt durch's Fenster an dem dichten Epheugeflechte, die,
wegen des hohen Fundaments nicht unbeträchtliche Höhe, hin=
abgeklettert. Marie ist doch nicht krank? wollte er fragen,
aber so wenig er sonst in dem Augenblicke zum Lachen auf=
gelegt war, der Anblick des guten Martin war gar zu ko=
misch. Martins gestriger Rausch mußte tüchtig gewesen
sein, denn die Kleider hatten den höchst möglichen Grad von
Knappheit erreicht. Wie eine Ente wankte der Alte daher in
den mehr als chinesisch engen Schuhen; die gleich Trico an=
schließenden Hosen zeigten die kreisförmige Bildung dieses
charakteristischen Körpertheils Martins in seiner ganzen Schön=
heit, die Aermel endlich reichten kaum bis zum Ellenbogen
und der schmale Streif, welcher vom Rückenstück übrig war,

zog die Schultern des alten Knaben zurück, daß ein Rekrut,
der reiten lernt, daran hätte ein Beispiel nehmen können.

„Ihr habt gut lachen in Euern bequemen Kleidern,“ sagte
Martin unwirsch, „aber das wird schon aufhören, wenn der
Martin nicht mehr zu Markte gehen und Speisen für Euch
holen kann! in den Kleidern hält's der Teufel aus, und gestern
sind mir schon die Buben bis eine halbe Stunde von der Stadt
nachgesprungen, so daß ich ihnen zuletzt in der Wuth ein
Ei um's andere an den Kopf warf.“

„Sei nur ruhig, Alterchen,“ tröstete ihn Franz, „ich schenke
dir meine Sonntagskleider, denn ich komme ja doch nicht un=
ter die Leute. Nur den Tag, wann ich mit der Marie zur
Kirche gehe, um mich trauen zu lassen, mußt du mir sie
wieder leihen. Aber sprich, weißt du nicht, was es mit der
Marie ist, daß sie noch immer nicht herunter kommt von
ihrer Schlafstube?“

„Na, was solls denn sein,“ brummte Martin, und machte
wieder einen vergeblichen Versuch, sich etwas bequemer in sei=
ner sammtnen Behausung einzurichten. „Schon seit zwei Stun=
den habe ich vor ihrem Gesinge nicht mehr schlafen können.
Erst ein Morgenlied und dann ein Duzend Schelmenlieder,
und das Blitzmädel hat eine so helle Stimme, daß weit und
breit im Walde die Vögel antworteten. Für Euer Anerbie=
ten mit den Kleidern danke ich, aber wißt Ihr denn nicht,
daß wenn ich nur einen Tag andere Kleider als die ererbten

17

auf den Leib bringe, der ganze reine Judenseelen=Zau=
ber vernichtet ist, und ich nie werde hexen können, wenn ich
mir auch, wie ich wünsche und hoffe, in meinen alten Tagen
das Trinken abgewöhnen sollte! Mit der Hochzeit, das schlagt
euch aber aus dem Sinne. So seid ihr junges Volk, gestern
verliebt und heute soll's schon geheirathet sein. — Liebes Kind,
Heirathen kostet Geld, viel, viel Geld! Da mußt du einen
Tauf=, Pocken=, Confirmations=, Heimaths= und Militärfrei=
heits=Schein haben. Ferner, wenn du auch nie dieses Kloster
verlassen hast, so muß doch der Herr Pfarrer an drei Sonn=
tagen dich von der Kanzel werfen, das heißt, er muß fragen,
ob nicht ein anderes Mädchen Etwas gegen deine Heirath
einzuwenden hat, weil du ihr schon früher die Ehe versprochen.

„Das thut der Herr Pfarrer wieder nicht umsonst; dann
mußt du Bürger werden, mußt einen Ansässigmachungs=, Ge=
werbs = und Ehe=Consens haben, und endlich für's Trauen
selbst verlangt der Herr Pfarrer wieder Geld und sein Küster
dazu, und dann für die Hochzeit muß doch ein Braten, ein
Kuchen, und viel, viel guter Wein daher, und selbst wenn
du für all dieses mit der Zeit Geld auftreiben könntest, was
gar nicht möglich ist, selbst wenn ich mir das Trinken noch
einmal abgewöhnen sollte, was wiederum nicht sehr wahr=
scheinlich ist, so kommen am Ende Kinder, und Kinder, die
wollen getauft, erzogen, confirmirt und ausgesteuert sein, was
noch viel mehr Geld kostet, kurz du mußt dir die Sache wie=
der aus dem Kopfe schlagen.“

„Das kann ich nicht, das will ich nicht, das werd ich
nicht!“ schrie Franz außer sich vor Wuth und packte den
Alten so derb an, daß dessen so schon überspannte Kleider in
allen Richtungen Risse bekamen; „ehe das geschieht, schmeiß ich
dich und das Kloster und die ganze Welt zusammen. — „Franz!“
tönte hell und versöhnlich Mariens Stimme aus dem Re=
fektorium herunter, „bist du dort unten? ich glaubte du triebst
dich noch immer im Walde herum, und war schon recht be=
sorgt und ungeduldig, weil du mich so lange warten ließest;
komm doch herauf, die Suppe wird kalt.“ Und in der That,
wie fröhlich war Marie aufgestanden, denn wenn sie auch
nicht recht mehr gewußt hatte, wovon sie die Nacht geträumt,
so hatte sie doch das Nachgefühl eines sehr schönen Traumes
gehabt, und wußte sie anderer Seits auch seit gestern, ohne
daß sie Jemand darum gefragt, wie lieb, wie recht von Her=
zen lieb sie den Franz hätte.

Aber hatte sie Franz auch wieder lieb? war er nicht
gerade seit gestern so zerstreut und kurios, und gleich nach
dem Essen war er fortgelaufen und die ganze Nacht ausge=
blieben! Diese ersten, wenn auch noch sehr unklaren Anfänge
von Eifersucht, hatten der Marie ihre Liebe zum Bewußtseyn
gebracht, und die schönen Träume dieser Nacht, der helle Mor=
gensonnenschein und ein vertrauungsvolles Gebet hatten auch

dieses erste Mißtrauen Mariens gegen Franzens Treue
schnell wieder entfernt; aber als er jetzt auch beim Frühstück
auf sich warten ließ, und dann wieder so zufahrig und jäh=
zornig den alten Martin prügeln wollte, ohne daß dieser
etwas Ungewöhnliches gethan, das war gar nicht mehr ihr
Franz von ehmals! Der alte Trunkenbold hatte ihn gewiß
mit einem Mädchen drunten im Dorfe bekannt gemacht, und
jetzt geht die Geschichte nicht wie sie soll, und dafür hat der
Martin Schläge gekriegt, und das schadet ihm gar nichts
und so weiter.

Franz kam langsam durch die Thüre herein; er er=
wiederte Nichts auf Mariens kaum hörbaren guten Morgen,
keins wagte das Andere anzusehen, sondern mit klopfendem
Herzen, hochrothen Wangen und finsteren Blicken saßen sie
einander gegenüber und rührten in der Suppe. Der alte

Martin kam gar nicht herauf, sondern lief, doppelt so stark,
als gewöhnlich, pruhstend, schnaubend und tappend unter
dem Fenster auf und ab. Alles war anders, als sonst. Nach
einer Weile stand Marie, ohne einen Bissen zu essen, auf,
und trat an die Fensteröffnung. Franz blickte verstohlen
nach ihr hinüber, er sah eine große, blitzende Thräne fallen;
das hatte sie ihm verbergen wollen. Ach sie hatte ihn ja
wieder so lieb, sie hatte ja so viel von ihm geträumt, und
jetzt war er so verdrießlich und widerwärtig, wie wehe mußte
ihr das thun! Unwillführlich stand er auf und stellte
sich, nur flüchtig sie anblickend, dicht neben ihr hin ans Fenster.
Wenn er ihr auch nicht seine Liebe gestehen durfte, weil er
sie nicht heirathen konnte, warum sollte er denn unfreundlich
gegen sie sein? warum sollte er sie nicht trösten, es war ja
nichts vorgefallen? warum sollte er nicht gegen sie sein ganz
wie früher? — Erst einen Kuß; dann guten Morgen liebe
Marie. Sei mir nicht böse, weil ich heut Morgen so wi=
derwärtig bin, ich habe nicht gut geschlafen, es war so heiß,
die Mucken haben so arg gebrummt in meinem Zimmer,
sonst ist gar nichts vorgefallen. Komm laß uns unsere
Suppe essen und dann lustig an die Arbeit. Dem alten
Martin schenke ich meine Sonntagskleider, da ist er auch

wieder zufrieden. — Nein um Alles in der Welt konnte er so nicht thun und sprechen, und bei den Kleidern und bei dem Martin, da fiel ihm gleich wieder die Hochzeit ein. Was die Marie heut schön war, und wie schön müßte sie jetzt sein, wenn sie mal wieder, wie sonst, stets ein fröhliches Gesicht machen würde! Aber so traurig hatte sie selbst nicht beim Tode Florians ausgesehen; die Wangen bleich, die Augen starr und blicklos, und um Gottes willen, sie bog sich so weit zum Fenster hinaus, — er umfaßte sie kräftig, um sie zu halten, und im Nu ruhten Mund auf Mund zu einem langen warmen Kusse. Der günstige Leser wird entschuldigen, wenn es uns durchaus unmöglich ist, ihm zu sagen, ob Franz ihn zuerst gab oder Marie ihn zuerst in Empfang nahm. „Juhhe!" schrie gerade unter ihnen der alte Martin, daß sie mit den Köpfen auseinander fuhren, als ob sie auf einem Diebstahl ertappt wären. „Wenn die Noth am größten,

ist die Hilfe am nächsten," fuhr der Alte fort, „hab's dem Herrn Florian immer gesagt, daß in dem alten Gemäuer hie und da Schätze versteckt seyn müßten, warum spielten sonst Nachts so oft die blauen Flämmchen um das Fundament?"

„Die geistlichen Herren haben manches schöne Geschenk von frommen Wallfahrern erhalten, und können unmöglich verzehrt gehabt haben, was die schönen Güter einbrachten, als sie der Krieg vertrieb."

Hier an dieser Stelle müßte man nachgraben, da würde man bald mehr finden, solche Vögel fliegen nicht allein, seht her, welch ein schöner blanker Dukaten, ein Ritter ist darauf" — aber Franz und Marie hörten kein Wort von allem dem, sondern selig Aug' in Auge hängend, erzählten sie sich stumm Alles, was sie seit gestern gefühlt und gedacht hatten, und da-

zwischen kam immer wieder ein Kuß, um die Betheuerungen zu besiegeln, und alles Unrecht, das sie sich gegenseitig gethan, abzubitten. — „Potz Mohren, Fetzen, Fandango, Seladon, Austerlitz, da wissen wir endlich auch, was für eine Gabe Herr Florian der Marie vermacht hat. Nur zugeküßt, schrie der Alte von unten, nur zugeküßt, da gibts desto eher eine Hochzeit! Aber einen Augenblick müßt ihr euch abmüßigen, um zu sehen, wie's hier Dukaten regnet bei jedem Kuße, den ihr Euch gebt."

„Der gute, gute Florian!" rief Franz und wollte die nun sich sträubende Marie schon wieder küssen. „Kind, sträube dich nicht," sagte er, „es ist keine Sünde, so Geld zu machen; denn die Hälfte der Dukaten wollen wir täglich zu Seelenmessen verwenden, damit unser braver Florian früher aus dem Fegfeuer herauskommt. Aber schon nächsten Sonntag muß uns der Herr Pfarrer zum erstenmal von der Kanzel werfen. In drei Wochen können wir auf diese Weise mehr als genug Geld zusammen bringen, nicht wahr Martin?" — „Freilich, freilich," sagte dieser, welcher jetzt, die Dukaten lustig in seiner Kappe herumrasselnd, zur Thüre hereingesprungen kam. „Jetzt kaufen wir den Herren Administratoren das Gut noch einmal mit gutem Golde ab, und dann müssen alle Keller voll Wein und Bier vom besten Gewächs — aber setzte er kleinlaut hinzu und kratzte sich hinter den Ohren, „der Weg zur Hölle ist mit guten Vorsätzen gepflastert. Hab ich mir so eben erst noch fest vorgenommen, ich wollte mir das Trinken abgewöhnen, das heißt das zuviel, damit ich heren und euch glücklich machen könnte! Aber ach was, ich will lieber hier lustig und arm leben und dann jenseits nicht erst dreißig Millionen Jährchen im Fegfeuer auf den Himmel warten. Hole der und jener die Hexerei, so lange ihr euch lieb habt und euch treu und aufrichtig küßt, gibts Dukaten die Hülle und Fülle, da werden auch einige für den alten Martin übrig seyn."

„So ist's recht," sagte Franz, „wir werden alle nicht dabei zu kurz kommen. Ich werde die Marie schon gerne küssen und sie wird mir auch nicht untreu werden, denn ich kann's ja gleich an ihren Träumen sehen, wenn ich den Tag über nicht so ganz, ganz lieb gegen sie gewesen bin, und du Martin sollst morgen am Tage Kleider haben so weit, daß dir's nicht zu enge wird, und wenn du auch zehn Schoppen über den Durst getrunken hast!"

Vier Wochen darauf war richtig Hochzeit, und Franz  ist ein reicher, reicher Guts-Herr geworden, und Marie Mutter von zehn Kindern, und Martin blieb luftig und durstig bis an fein felig Ende.

Und was ist die Moral von dieser langen, verlegenen Geschichte? wird vielleicht der günstige Lefer fragen, weil er wahrscheinlich weiß, daß es keine Dukaten bringt, wenn man die Mädchen küßt, und daß felbst bei den treuesten nicht ihre Träume auf die Kammerthüre geschrieben stehen, und daß Einem nicht die Kleider zu enge werden, wenn man sich einen Rausch trinkt — sonst wäre die löbliche Schneiderzunft noch übermüthiger, als sie jetzt schon ist. — — Wenn du auch Alles andere verschläfst und vergissest, lieber Lefer, die Moral von der Geschichte merke dir, denn sie heißt: Fröhlich gelebt und felig gestorben, so wird dem Teufel die Rechnung verdorben. —

F. Röse.

Pädagogik.

Ich will doch fehen, ob ich dem verfluchten Buben keine Zuneigung zu mir beibringen kann.

Der Steckbrief.

Der Büßende.

Im Kerzenschimmer glänzt der Saal,
Ein Lichtmeer strömt von Girandolen,
Der hebt zum Munde den Pokal
Und Jener schöpft aus Silberbowlen;
Rubin und Diamanten glühen
Am Busen, der sie wogen macht,
Und weit durch Kiew's Winternacht
Des Festes Kläng' und Strahlen sprühen.

Musik zum raschen Tanze rauscht,
Und Indien's Musselin und Seide,
Um schlanke Hüften weitgebauscht,
Weh't wie das Banner üpp'ger Freude.
Und nebenan, am grünen Tuche,
Da wird gespielt mit Haufen Gold,
Die Karte fliegt, die Summe rollt,
Und rollt zurück mit leisem Fluche.

„Faites votre jeu — le jeu est fait,"
Und wie die Taille ist geschlagen —
„Rouge gagne" — wer drängt sich in die Näh',
Darf der in diesen Kreis sich wagen?
Ein hoher Mann im Mönchsgewande,
Die blassen Züge stolz und rein,
Gebückt, in Demuth tritt er ein
Und stellt sich zu des Tisches Rande.

Da flüstert man: „Das ist der Graf
Im Mönchsrock mit geschor'nen Haaren;
Ein Degen, wie man wen'ge traf,
Herz, Aug' und Arm, wie wen'ge waren,
Als er im Kampf noch, hoch zu Rosse
Entgegensprengte der Gefahr,
Ein Schreck für Russ' und für Tartar,
Des Sieg's verwöhntester Genosse.

„Ein Flecken nur — der Zornesmuth,
Im Kampf mit sich ein schlechter Krieger;
Denn übermannt von seiner Wuth,
Glich er dem wunden Königstieger;
Dann aller Seinen Furcht und Schrecken,
Sah man ihn einst den Säbel zieh'n
Gen einen armen Knecht und ihn
Zur Stelle todt darniederstrecken.

„D'rum griff er zu dem Büßerhemd
Und sein Pallast ward zum Spitale;
So unserm Leben fern und fremd
Leert er der Reue Wermuthschale!" —
So flüstert's rings; der Graf indessen,
Erfüllend seines Ordens Pflicht,
Streckt seine Rechte aus und spricht
Zu Einem, der zunächst gesessen:

„Für meine Kranken, Herr!" Vertieft, zerstreut,
Hört dieser nicht; der Mönch steht lange,
Dann zupft er leise ihn am Kleid;
Der Spieler auf, — des Grafen Wange
Wird seiner kräft'gen Faust zum Ziele:
„Da, Mönch!" ruft er mit wüth'gem Blick,
Lehnt dann im Sessel sich zurück,
Und wendet fluchend sich zum Spiele.

Der Graf stand todtenblaß; dann roth,
Roth wie Vulkanens nächtlich flammen:
Aus seinem Auge dräu't der Tod,
Die Lippe krampfhaft bebt zusammen;
Der Stirne Ader schwillt zum Springen,
Er hat die Rechte fest geballt,
Und schwer muß sich, wie mit Gewalt,
Der Odem seiner Brust entringen.

Er hebt den Arm — den andern auch
Um — beide an die Brust zu pressen;
Ein feuchter Blick in seinem Aug'
Als ob die ganze Schmach vergessen;
Er spricht — man hört die Stimme wanken,
Und voller Demuth neigt er sich:
„Mein Herr! das eben war für mich;
Nun gebt mir was für meine Kranken!" —

L. Schücking.

Die Propheten.

(Schluß.)

2. Der Wetterprophet. Wir haben es hier mit keinem gewöhnlichen Wetterpropheten zu thun, der den Kalender zu Rathe zieht und auf die ordinären Wetteranzeichen merkt, in die jeder Bauer und jedes Kind eingeweiht sind. Wenn die Wolken weiße lange Streifen am Himmel bilden, so bekommen wir Wind, wenn die Sonne blutroth hinter Wolken untergeht, so gibt es morgen einen regnerischen Tag, wenn das Feuer spuckt oder wenn die Hühneraugen schmerzen, so ändert sich das Wetter und dergleichen — nein! mit solchen Bauernregeln hat es unser Wetterprophet nicht zu thun. Er hat vielmehr seine Vorhersagungen in ein wissenschaftliches System gebracht, er spekulirt in's Große, in die fernsten Zeiten, er sagt auf Jahre das Wetter voraus, ja, wie der bekanntermaßen nie trügende hundertjährige Kalender, auf Säcula.

Hat er einmal einen schönen Tag angekündigt und der rebellische Tag straft ihn durch Regengüsse Lügen, so regnet es doch für ihn nicht; er behält Recht, und er beweist dies dadurch, daß er ohne Regenschirm eine Landparthie macht, bis auf die Haut durchnäßt nach Hause kommt, und gegen seine ihn auszankende Frau keck und geringschätzig behauptet: „Das soll Regen sein! es tröpfelt ja nur; ja wenn ihr gewöhnlichen Leute so ein Tröpfeln Regen nennt, dann regnet es alle Tage." —

Was hilft es, daß seine Frau die ganz durchnäßten Kleider vor ihm auswringt und auswindet? Er bleibt auf seinem Satze stehen: es seien nur einzelne Tropfen gefallen und der ganze Spaß nicht der Rede werth. —

Für das Jahr 1844 sagte er einen empfindlich kalten April voraus, aber die Aprilsonne brannte wie im Hochsommer. Unser Wetterprophet ließ sich keineswegs schrecken. Man sah ihn täglich Mittags die Ludwigsstraße entlang gehen, wie ein Grönländer tief in den Mantel gehüllt, eine Pelzmütze mit Ohrlappen auf dem Kopfe, Ueberschuhe an den Füßen, Pelzhandschuhe an den Fäusten. Der Schweiß rann ihm von der Stirne. Dennoch klagte er gegen alle Bekannte, die ihm zufällig begegneten, über die für den Aprilmonat ganz unnatürliche empfindliche Kälte, und schüttelte sich vor Frost. —

„Aber wie können Sie es nur in dieser entsetzlichen Hitze aushalten?" fragte ihn ein Bekannter. „Sie sind über und über Pelz wie ein Eisbär, und uns übrigen gescheidten Leuten ist es noch im Frack und in Sommerbeinkleidern zu warm."

„Weil Sie eine Verschwörung gegen mich angestiftet haben, und weil Sie mich verspotten wollen," antwortete der erzürnte Wetterprophet. „Man sieht es Ihnen an, wie sehr Sie in Ihren Sommerhosen frieren. Lassen Sie das dumme Zeug sein und verwahren Sie sich besser, sonst ziehen Sie sich noch eine Krankheit auf den Hals! Seit Jahren haben wir im April nicht einen so empfindlich kalten, schneidenden Ostwind gehabt wie heuer." Am meisten hatten hierbei seine Frau und seine Kinder zu leiden: da er zu Hause wie bei einer Kälte von 20° einheizen ließ und in allen Zimmern eine schwebende Hitze unterhielt. Die Fenster wurden von Neuem mit Moos verstopft, der Bettwärmer wieder hervorgeholt, kurz eine Menge Anstalten getroffen, um die Sommerhitze des Aprils Lügen zu strafen.

Umgekehrt hatte er für das Jahr 1845 einen äußerst milden, frühlinghaften Februar, einen maiähnlichen, mit Veilchenduft, Lerchengesang und Baumblüthe überreich gesegneten März prophezeit. Wir erinnern uns noch alle an die kamschadalische Wuth, womit der Februar und März vom Jahr 1845 gegen Mensch und Vieh aufgetreten sind. Die Hasen

erfroren im Felde, und, wenn wir uns gestatten dürfen, es auszusprechen, die zartgliedrigen Flöhe im Bette. Die Sonne schüttelte sich, der Mond klapperte vor Frost und die Sterne

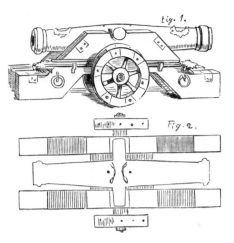

schnitten die übelsten Gesichter. Nur unser Wetterprophet schwitzte oder gab vor zu schwitzen. In seinem Schlaf= und Arbeitzimmer durfte nicht geheizt werden, und bei seinen täg=lichen Spaziergängen die Ludwigsstraße auf und nieder, suchte er die Schattenseite, wie er im April **1844** stets die Son=nenseite gesucht hatte. Er trug ein leichtes Sommerfräckchen, dünne Nankinghosen, Schuhe und seidene Strümpfe, die be=brillte Nase hoch in die Luft gesteckt und den Hut unter dem Arme, während er den angeblichen Schweiß mit dem Taschen=tuche von der Stirn wischte.

„Aber Mann Gottes!“ sagte einmal ein Bekannter zu ihm, „wie können Sie es nur so aushalten?“

„Ja, das sage ich selbst,“ antwortete gelassen unser Wet=terprophet, „es ist, nämlich für den Winter, wo man an dergleichen nicht gewöhnt ist, so unausstehlich schwül, daß man kaum die Kleider auf dem Leibe dulden mag,“ und er pustete auf's schrecklichste und wischte sich den Schweiß von dem ganz blau gefrornen Gesichte.

Unser Wetterprophet beweist, daß es auch jetzt noch Märtyrer gibt, die um ihres Glaubens willen allen Mühsa=len, Schmerzen und Peinigungen mit dem unerschütterlichen Heldenmuthe Trotz zu bieten wissen.

Hermann Marggraff.

Politische Correspondenz.

Paris den 1. Juli 1845. Sie haben ver=muthlich schon längst gelesen, daß die Armirung un=serer Forts nunmehr nach heftigen Debatten geneh=migt, und bereits die Summen hiefür angewiesen sind; aber die Art der Geschütze selber, die aus der Menge der zur Probe gestellten Modelle, die von Toulon, Arras, Brest und weiß Gott woher eingesandt kamen, gewählt wurde, ist Ihnen ohne Zweifel noch fremd. Ich beeile mich, Sie davon in Kenntniß zu setzen.

Gestern Abend in Gesellschaft bei General Laidet kam Thiers auf mich zu und sagte: „Sehen Sie, Freund, wir haben jetzt ge=funden, was wir längst gesucht. Betrachten Sie sich einmal dieß Blätt=chen.“ Dabei langte er aus seinem Portefeuille, das er beständig unter dem Arme trägt, eine kleine Zeichnung hervor, die er mir nachher überließ, und die ich Ihnen hier beilege. Er erklärte mir nun Alles ganz ausführlich — ich gebe es kurz wieder.

Es ist dieß die Erfindung von Mr. Baudequin, früher in der großen Gießerei von Mr. Halette in Arras beschäftigt.

Fig. 1 stellt die allgemeine Form des Geschützes dar. Schon beim ersten Anblick fällt jedem das Leichtbewegliche in der Construc=tion auf. Man braucht es nur hinten oder vorne an den Seiten=ringen aufzuheben, um es schnell vom Platze und in jede beliebige Richtung zu bringen. Dieß ist indessen gar nicht nothwendig, da die Pièce beständig auf einem Flecke stehen bleiben soll und vorne und hinten losgeht, und deßhalb 2 Kammern und 2 Zündlöcher hat. In dieser Form werden nun die verschiedenen Kaliber angefertigt, (näm=lich 800 Stück Sechsunddreißigpfünder, 1200 Stück Vierzigpfünder und 600 Achtundvierzigpfünder) und dergestalt auf den Wällen placirt, daß die eine vordere Seite, die mit dem Wappen von Paris und der Inschrift: Pour l'honneur et la gloire de la patrie geziert ist, nach dem Lande zu gerichtet wird, und die Rückseite mit dem Wappen von Frankreich und der Devise: dedié à la capitale fidèle, in die Stadt hinein sieht. Bereits wurden mit der einen neuen fertigen Pièce (die jetzt auf dem Fort von Ivry steht) in Arras Proben gemacht, die nach Urtheil von Sachverständigen, äußerst genügend ausgefallen sind.

Fig. 2 gibt diese Pièce im Grundplan.

Fig. 3 ist das Modell eines Schilderhäuschens, was vornen und hinten offen steht, und wohlweislich 2 Wind=fähnlein hat, um zu sehen, ob der Wind von der Stadt kömmt, oder von außen. Die Schildwachen selber an=belangend will man bedacht seyn, lauter Schielende anzu=stellen, deren Augen dergestalt divergiren, daß sie zu gleicher Zeit die 2 entgegengesetzten Seiten bestreichen können.

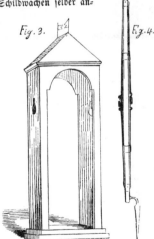

Fig. 4 ist der verbesserte Delvigne'sche Carabiner mit Bajonett, gleichfalls von Mr. Baudequin — Vorderhand sind 30,000 Stücke in Arbeit.

Es war 1 Uhr 23 Mi=nuten, als ich mit den Herzogen von Saumur und Chartres den Salon verließ. Thiers eilte mir nach und sagte, indem er mir auf die Achsel klopfte: „Vielleicht können Sie das Ding für die feuilles volan=tes brauchen. — Grüßen Sie mir die Herren Braun und Schneider. Gute Nacht.“ —

☞ **Jedermann wird gewarnt, diesem Käfig zu nahe zu treten.** ☜

Naturgeschichte.

Criticus quaestuarius.

Ahomo recensens.

Tirannus artistico - encyclopaedicus anonymus.

Familie der **Parasiten.**

Zu Deutsch: **Der Kunsttirann.**

Kennzeichen: Trägt statt des Dolches eine sehr spitzige Feder; geht immer verkappt und scheut das Licht; heißt sich selbst in seinen Aufsätzen **„Wir"** wie Könige und Fürsten, setzt jedoch aus guten Gründen seinen wahren Namen nirgends darunter.

Fundort: In öffentlichen Blättern. Gegenwärtiges Exemplar, schon ziemlich ausgewachsen, wurde gefangen in einer gewöhnlichen Rezensentenfalle oder Kritikerschlageisen; er lieferte nämlich in der ...... Zeitung eine Recension über ein Concert, was gar nicht statt fand, und über ein Bild, was nie gemalt worden war.

☞ Dieser wahre Schatz unserer Sammlung ist nur noch wenige Tage zu sehen. Er wird dann umgebracht, da der Unterhalt zu viel kostet; er nährt sich nämlich nur von Künstlerherzblut!

München, Verlag von **Braun & Schneider.** — Papier und Druck von **Fr. Pustet** in Regensburg.

Bestellungen werden in allen Buch- und Kunsthandlungen, so wie von allen Postämtern und Zeitungs-
expeditionen angenommen.

Nro. 18.

Erscheinen monatlich zwei bis drei Mal. Subscriptionspreis
für den Band von 24 Nummern 3 fl. 36 kr. R.-W. od. 2 Rthlr.
Einzelne Nummern kosten 12 kr. R.-W. od. 3 ggr.

Die Zweckesser.

Gegessen haben die Menschen, so lange die Welt steht. Sie aßen eben, weil sie Appetit, Hunger und Etwas zu essen hatten. Je mannigfaltiger und schmackhafter die Speisen waren, desto besser ließ man es sich schmecken; das war und ist noch jetzt in der Regel. Auch hatte man von jeher die löbliche Gewohnheit, dabei des edlen Trinkens zu pflegen, denn was ein Gemälde ohne Farbe, eine Blume ohne Duft, ein Lenztag ohne Sonnenlicht, ein Körper ohne Seele ist, das würde auch die beste Mahlzeit ohne ein Glas wohlschmeckenden Getränkes sein. Daß die Tafelfreuden in anmuthig unterhaltender Gesellschaft besser gedeihen, als wenn der Speisende sich allein gegenüber sitzt, ist ebenfalls eine alte Erfahrung. Daher hielten schon die alten Griechen ihre Symposien, die mit sinnreichen, unsern Toasten verwandten Trinksprüchen, gewürzt wurden. Auch die Deutschen haben von ältester Zeit her die Tafelfreuden und Trink-

genüsse geliebt, und es ist an ihnen nur zu rühmen, daß sie mehr Achtung vor dem Einfachen der Natur hegen, und daher den Wein ungemischt trinken, während die alten Griechen ihn mit so und so viel Theilen Wasser versetzten. Daher verläßt auch der Himmel vorzugsweise keinen Deutschen, weil er so viel Respekt vor der edelsten Gabe des Himmels, vor dem Rebensafte zeigt, und sich zur Lebensaufgabe gemacht hat, mit den einfachsten Mitteln die möglichst größesten Wirkungen an sich und Andern hervorzubringen. Man betrachte nur eine Gesellschaft Deutscher vor, während und nach einer tüchtigen Mahlzeit! Vorher bewegen sie sich durch, unter und gegen einander wie steife leblose Marionetten, die ein verborgener Lenker am Drahte zieht, damit sie sich verbeugen, die Hände ausstrecken, die Lippen öffnen oder sich um ein paar Zoll von ihrem Platze fortschieben. Man betrachte sie während der Mahlzeit! Allmählich bildet sich ein Glorienschein um ihre Häupter, sie sehen wie verklärte Engel aus, sie lächeln einander wie die Seligen zu, und auf dem höchsten Stadium sind sie förmlich in einen Lichtschimmer getaucht, der sie wie eine Strahlenatmosphäre einhüllt und aus allen Poren ihres mit Trank und Speise redlich angefüllten Körpers zu dringen scheint. Und nach der Mahlzeit — hier versagt mir die Feder ihren Dienst. Man drückt einander die Hände, man umarmt, man küßt sich, man sagt sich die schönsten Liebesworte, man declamirt, man lacht, man tanzt, man singt, die Decke des Zimmers ist gesprengt, und herab lächeln wohlgefällig die Engel des Himmels, die immer ihre Freude daran haben, wenn Glück, Frieden und Verträglichkeit unter den Menschen herrschen.

In jüngster Zeit ist man jedoch noch weiter gekommen, man ißt und trinkt nicht mehr, um zu essen, zu trinken und guter Dinge zu sein, man ißt einer Idee zu Ehren, und hat diesen Mahlzeiten den Namen von Zweckessen gegeben, d. h. man ißt zu einem Zweck, obgleich Andere behaupten, man schütze einen Zweck vor, um zu essen, und man sollte daher von Essenzwecken statt Zweckessen sprechen. Was man jedoch von solchen Verleumdungen zu halten habe, das wissen Diejenigen am besten, die einer Idee, einem Zwecke das große Opfer bringen, ein brüderliches Mahl zu halten, und den Gaumen, der von den vielen Toasten und Lebehochs trocken zu werden droht, mit Wein anzufeuchten

Der Zweckesser unterscheidet sich von sehr vielen seiner Mitmenschen, namentlich aber von allen Leinwebern, durch ein auch im gewöhnlichen Leben vollmondartig strahlendes Antlitz, durch vergnüglich und menschenfreundlich blickende Aeuglein, durch ein zierlich, reputirlich und appetitlich gewölbtes Bäuchlein, zuweilen selbst durch ein Näslein, welches, statt in eine Spitze, in eine etwas röthlich gefärbte Kugelform ausläuft. Im Sprechen schnalzt er unwillkührlich mit der Zunge, als untersuche er die Bestandtheile einer delikaten Speise, oder Jahrgang, Stoff und Werth einer vorzüglichen Weinsorte. Daß die Zweckessen ihm auf's gedeihlichste anschlagen, ist freilich hieraus ersichtlich, aber er ist es sich selbst schuldig, durch Trank und Speise seinen Leib zu stärken und zu kräftigen, der ja sonst den vielen Zwecken und Ideen, denen sich der Zweckesser opfert, auf die Dauer keinen Widerstand leisten könnte. Zweck und Idee zehren bekanntlich am menschlichen Körper, daher sind die Zweckessen erfunden, damit der Schaden, den der Zweck für sich allein am Körper anrichtet, durch das Essen wieder ausgeglichen werde.

Der Zweckesser ist eben so gut wie der Journalist, Publizist und politische Zeitungsschreiber darauf angewiesen, den Gang der Zeitereignisse genau zu verfolgen, um möglichst alle acht Tage einen Zweck und somit auch zu Gunsten des Zwecks ein Essen zu haben. Er schlägt in der Welt-, Kunst- und Literaturgeschichte nach. Auf den künftigen Montag fällt der Geburtstag irgend eines berühmten Dichters, Componisten,

Gelehrten, Philosophen, Künstlers, Erfinders u. s. f. Man erinnert im Tagblatt daran, wie sehr dieser Tag verdiente, durch ein Zweckessen gefeiert zu werden, ja wie man damit die Absicht verbände, dem gefeierten Verstorbenen ein Denkmal zu eressen und zu ermahlzeiten. Man fertigt eine Subscriptionsliste an und schickt sie den Berufenen und Ausgewählten in's Haus. An Zweckessern fehlt es gegenwärtig in keinem Städtchen Deutschlands. Das Zweck-, Ehren- und Erinnerungsmahl findet am Montage wirklich statt. Toast folgt auf Toast, Rede auf Rede, Gedicht auf Gedicht. Man ißt freilich nicht wenig, aber man trinkt auch um so mehr, weil die schwere Pflicht gebietet, nach jedem Toast, nach jedem Spruch, nach jedem Lebehoch anzuklingen und das Glas zu leeren. Die Köpfe werden heller, die Herzen wärmer, man wird sich des großen Zwecks, für den man schmaust, immer deutlicher. Der Vorsitzende ergreift den geeigneten Moment, und bringt die Errichtung einer Statue in Vorschlag, wo-

mit sich die Gesellschaft eben so sehr, als den Gefeierten ehren würde. Allgemeine Zustimmung. Man schlägt ein Comité vor, zu dessen Wahl, welches aus den tüchtigsten Zweckessern besteht, auch alsogleich geschritten wird. Ein in das Comité Gewählter klingt mit dem Messer an das Glas — allgemeine Stille. „Meine Herren!" beginnt er, „im Namen des Comité's danke ich Ihnen für das Vertrauen, womit Sie uns beehrt haben. Wir werden uns unfres Auftrags nach bestem Einsehen und Gewissen zu entledigen suchen, und wie der große Mann, dessen Andenken wir heute feiern, stets auf dem Wege des Lichts seiner Zeit und allen Zeiten vorangeschritten ist, so soll man auch uns stets auf dem Wege des Fortschritts finden. Soll aber das mit Ihrem Vertrauen beehrte, mit Ihrer Vollmacht ausgerüstete Comité segensreich wirken, so werden wir, angesehen die hohe Wichtigkeit des Gegenstandes, an einen noch größeren Verein von Kräften, als bei der Kürze der Zeit heute zu versammeln möglich war, denken müssen, weßhalb ich heute über acht

Tage eine neue Verſammlung, resp. Feſteſſen, in Antrag bringe, wobei das Comité ſich der angenehmen Pflicht entledigen wird, über ſeine Vorarbeiten den Theilnehmenden Rechenſchaft abzulegen!" Man kann ſich denken, mit welchem allgemeinen Jubel, mit welcher nur zu gerechten Zuſtimmung dieſer Antrag auf ein abermaliges Zweckeſſen begrüßt wird. Aber auch dieſem zweiten Zweckeſſen wird noch ein drittes, ein viertes, fünftes u. ſ. f. folgen, da das Comité immer wieder Bericht zu erſtatten oder wohl auch in einzelnen Fällen ein außerordentliches Zweckeſſen anzuſagen hat. Und wie nun gar, wenn das Ehrenſtandbild wirklich zu Stande kommt! Man hat mit Recht darauf aufmerkſam gemacht, daß auch die jedesmalige Reinigung einer ſolchen Bildſäule zu einem Feſteſſen eine ſehr geeignete Gelegenheit bieten würde. Welche feine Wendungen, welche Ideenaſſociationen knüpfen ſich nicht in mannigfachſter Hinſicht an das bloße Wort „Reinigung"! Endlich laſſen ſich die Zweckeſſen noch auf die einfachſte Weiſe in's Unendliche vervielfältigen, wenn jedes neu erfundene Zweckeſſen in jedem nächſten Jahre als Erinnerungsfeſt an dem betreffenden Jahrestage wiederholt wird. Angenommen: es wären in dem erſten Jahre nur **12** Zweckeſſen gefeiert worden, ſo gibt dies im nächſten Jahre allein zwölf Erinnerungszweckeſſen; es werden aber bei einiger Aufmerkſamkeit auf denkwürdige Perſonen und Ereigniſſe im Laufe des nämlichen Jahres noch zwölf neue Zweckeſſen hinzukommen; das gibt für das nächſte Jahr ſchon **24** Erinnerungszweckeſſen, die man auch wohl Zweck=Zweckeſſen oder Zweckeſſen=Zwecke nennen könnte, wozu mindeſtens abermals zwölf neue Zweckeſſen kommen, und ſo jedes Jahr in einfacher Progreſſion fort. Es liegt auf der Hand, daß zuletzt kein Tag ohne Zweckeſſen und Eſſenszweck verſtreichen kann, und die Theilnehmenden dann mit Recht von ſich werden ſagen können: ſie hätten nicht umſonſt gelebt, denn ſie hätten ihr ganzes Leben durch nie ohne Zweck gegeſſen und nie etwas ohne Eſſen bezweckt.

Da jedes weltgeſchichtliche Ereigniß Anſpruch darauf hat, durch ein Erinnerungsmahl gefeiert zu werden, ſo läßt ſich ohnehin jeder Tag durch ein Zweckeſſen beſetzt. Die Einführung der Cenſur oder der Inquiſition oder der Hexenprozeſſe, die Entdeckung Sibiriens, die Erfindung der Knute oder des Spießruthenlaufens — alle dieſe ſchönen Dinge haben ſo gut ihre Verehrer wie die Preßfreiheit, von der wir träumen, wie von der künftigen deutſchen Flotte und noch andern Dingen, die wir hier nicht nennen können. Außerdem ergreife man jede vorübergehende Gelegenheit am Schopfe, z. B. einen durchreiſenden berühmten Virtuoſen, die Anweſenheit eines gefeierten politiſchen Dichters oder eines modernen Religionsſtifters — denn ohne Zweckeſſen kann bei uns eine neue Religion nicht in's Werk geſetzt werden — den Beſuch eines ſpaniſchen Bildhauers oder franzöſiſchen Malers. In letzterm Falle müſſen alle diejenigen Zweckeſſer requirirt werden, welche ſich aus dem Meidinger oder Mozin einige franzöſiſche Phraſen gemerkt haben; auch iſt von der franzöſiſchen Höflichkeit zu erwarten, daß der gefeierte Fremde dem Vortrage eines deutſchen Feſtgedichts, obſchon er davon kein Wort verſteht, ſein Gehör ſchenken und ſeinen Beifall nicht verſagen wird. Er wird während des Vortrages gnädigſt ſeinen Kopf ſchütteln, er wird für die in dem deutſchen Gedichte ausgeſprochenen Geſinnungen ſeinen Dank ausdrücken und ſchlüßlich äußern, daß er von dem Gedichte um ſo mehr erbaut und gerührt ſei, je weniger er davon verſtehe. Unter andern wird er vielleicht in ſeiner Dankrede ſagen: „Meine Herren! Man hat uns häufig die Deutſchen als grob, unhöflich und plump geſchildert; nachdem ich jedoch die Deutſchen in ihrem eigenen Lande kennen gelernt, muß ich dieſem Vorurtheile widerſprechen, und geſtehe mit Freude, daß es kein höflicheres, den Franzoſen geneigteres Volk gibt als das deutſche. Selbſt die wenigen deutſchen Vocabeln, die ich mir zum täglichen Gebrauch auswendig lernte, kam ich anzuwenden nie in Verlegenheit, da ich überall Leuten begegnete, welche ihr Franzöſiſch ſprachen oder wenigſtens radebrechten. Wo ich eine Theatervorſtellung beſuchte, gab man mir aus überzarter Höflichkeit eine Ueberſetzung oder Bearbeitung aus dem Franzöſiſchen zum Beſten. Auf den Paradetiſchen der Damen legte man mir zu Ehren die **Oeuvres** von **Eugen Sue** und **Georg Sand** aus; man ſprach mit mir von **Rouſſeau** und **Voltaire** ſtatt von Göthe und Schiller."

„Je vornehmer die Cirkel waren, in die man mich aufnahm, deſto mehr erinnerten mich Meubles, Kleidung und Sitte an die Metropole der europäiſchen Civiliſation, an Paris. In den Schaufenſtern der Buch = und Kunſtläden erblickte ich die neueſten Erzeugniſſe der franzöſiſchen Kunſt, Literatur und Muſik. So bin ich auf den Gedanken geführt worden, daß Deutſchland eigentlich ein Departement von Frankreich ſei, und wohl darf Frankreich von Deutſchland erwarten, daß dieſes das Maaß ſeiner Höflichkeit vollmachen und uns fürs erſte mit der freiwilligen Abtretung der Rheingrenze erfreuen werde. Alles Uebrige bliebe dann uns überlaſſen. Das höfliche und vorurtheilsloſe Volk der Deutſchen lebe hoch!"

Der Franzoſe hat ſich jedoch verrechnet; einige nationale Gerichte trennen uns für immer von Frankreich und werden unſere Selbſtſtändigkeit retten: das preußiſche Gericht: Schinken mit Sauerkraut und Erbſen, die ſächſiſchen Schweinsknöchelchen, die bayeriſchen Spanferkel und Dampfnudeln u. ſ. w. Welcher geiſtreiche Kopf hätte wohl auch einen gegründetern Anſpruch auf ein Zweckeſſen, als der erſte Erfinder und Bereiter der menſchheitbeglückenden Dampfnudeln?

„Meine Herren!" könnte etwa der Hauptzweckeſſer und Haupttoaſtbringer das Feſtmahl einleiten: „wir feiern heute eine der wichtigſten Erfindungen, womit die Menſchheit geſegnet worden iſt, zugleich eine ächt nationale Erfindung, die Erfindung der Dampfnudeln. Wenn es auch wahr ſeyn ſollte, was man hier und da leſen kann, daß der Dampf zuerſt von Engländern, Franzoſen und Nordamerikanern im Großen, z. B. bei Dampfmaſchinen, Dampfſchiffen, Dampfſpritzen, Dampfgeſchützen u. ſ. w. angewendet worden iſt: ſo hat doch ein Deutſcher das Verdienſt, die ſegensreichen Wirkungen des Dampfes zuerſt erprobt zu haben, indem er Nudeln durch Dampf bereitete und ſo der Erfinder der berühmten Dampfnudeln geworden iſt."

Dieſer Schritt mußte geſchehen, ehe man daran denken konnte, Dampfmaſchinen, Dampfſchiffe, Locomotiven u. ſ. f. zu erfinden, und ſie werden mir daher Recht geben, wenn ich behaupte, daß die Dampfnudel innerhalb der Entwickelung menſchlicher Thätigkeiten eine weltgeſchichtliche Stellung einnimmt. Auf dem durch die Dampfnudeln vorgezeichneten Wege werden unſre Nachkommen fortſchreiten, ſie werden für die Schriftſteller die ſo höchſt nothwendigen Dampffedern, für die Virtuoſen die monſtröſen Dampfklaviere, für die Schneider die Dampfnadeln, für die Clienten die Dampfprozeſſe, für die Maler die Dampfpinſel, für die Diplomaten die Dampfnoten, für die kleinen Knaben die Dampfſteckenpferde und für die kleinen Mädchen die Dampfpuppen erfinden. Der unbekannte großherzige Erfinder der Dampfnudeln lebe hoch!"

Ich füge nichts weiter hinzu. Unſere deutſchen Zweckeſſer werden wiſſen, was ſie zu thun haben.

                                        H. Marggraff.

Der Gourmand.

Einem alten Gourmand im Traume
Erschien die bessere Welt,
Ein Jeder träumt sie wohl anders,
Die seine war so bestellt:
Da liefen gebratene Hasen
Auf einem Feld von Salat,
Da strichen geschmorte Fasanen
Auf sauerkrautener Saat,
Da sah aus porcellanenen Auen
Gesulzter Keuler Haupt,
Und Rostbeef war zu schauen,
Die Stirn mit Lorbeer umlaubt.
Manch' Bächlein von Oel und Essig
Erglänzte in rosigem Schein,
D'rinn schwammen gesott'ne Forellen
Und tauchten sich Salblinge ein.
Da hingen von duftenden Bäumen
Citronen und Austern zugleich,
Und waren die üppigsten Spargel
Das Gras im Pflanzenreich.
Da sah man romantische Felsen
Von Punsch à la glaçe geballt,

Von Champignons manch' Wäldchen,
Von Morcheln manchen Wald.
Und mitten durch die Landschaft,
Da floß ein breiter Po,
Der war von lauter Purpur,
Burgunder und Bordeaux,
Und d'rüber eine Brücke
Von Mandelteig gebaut,
Die führte zu einem Schlosse,
Wie man's wohl selten schaut.
Es war ein riesenhaftes
Strasburger Pastetenhaus,
Die Gänselebern und Trüffel,
Die sahen zum Fenster heraus.
Das Dach mit rothen Krebsen
Und Hummern war gedeckt,
Indianische Vogelnester,
Die hatten sich d'runter versteckt.
Und rings erbrausten Fontainen
Von gold'nem Champagnerwein,
Und murmelten frische Quellen
Von Markobrunner d'rein.

Ein Riese stand an dem Thore,
Johannisberger genannt,
Er scherzte mit einem Mamsellchen,
Gar männiglich bekannt,
'War Fräulein Anisette,
Das niedlich süße Kind,
Und stutzten noch in der Gesellschaft
Drei Pagen von spanischem Wind. —
Und wie er nun all' diese Fülle
Mit Kennerauge erblickt,
Da pries er der Seligen Wonne,
Und war zum Himmel entzückt.
Und plötzlich ertönt eine Stimme,
Und sagte, **dein** sei diese Welt,
Doch Ein's mußt zu nennen du wissen,
Was ihrem Schmucke noch fehlt.
Da rief er, berauscht von dem Glücke,
(Längst hatte er d'ran gedacht)
Goddam! Téte de veau ist die Lücke!
Er rief's — und ist d'rüber erwacht.

Fr. v. Kobell.

Für historische Vereine.

„Das war also die Burg Kaspars des Thoringers?!" —

Das sind die Züge der unglücklichen Argula von Grumbach.   Das Grab des Ritters Feigo von Bomsen.

Die Liebeswerbung.

Zwei werben um ein Mägdlein schön —
Das Mägdlein spricht in Hulden:
„Vor meinem Fenster mögt Ihr steh'n
Und treulich Euch gedulden.
Und wer vom Platze nimmer weicht,
Dem wird zuletzt der Kranz gereicht —
Was thut man nicht aus Liebe!"

So stehen sie nun sonder Trug,
Die beiden wackern Jungen;
Der Eine gar die Laute schlug,
Der And're hat gesungen.
Sie steh'n und harren sonder Wank,
Sie stehen tag- und mondenlang —
Was thut man nicht aus Liebe!

Der Winter kommt, es kommt der Reif,
Sie glänzen wie von Glase,
Sie frieren ein, sie frieren steif,
Voll Eis hängt ihre Nase.
Sie sind in Schnee wie eingescharrt,
Ihr Mantel wie ein Panzer starrt —
Was thut man nicht aus Liebe!

Der Frühlingssonne milde Gluth
Beginnt das Eis zu schmelzen;
In Strömen rinnt die Wasserfluth
Von ihren Winterpelzen.
Das Mägdlein spricht: „Nun geht nach Haus,
Ihr hieltet gut und wacker aus —
Was thut man nicht aus Liebe!"

Der Eine hört's und läuft davon
Und hat sich rasch empfohlen
Und sagt: „Mamsell! den Liebeslohn
Will ich mir später holen."
Der And're spricht: „Jetzt wird es schön,
Jetzt will ich con amore steh'n —
Was thut man nicht aus Liebe!"

Er steht und steht, bis gar ein Strauch
Umwachsen seine Glieder.
Da beugt mit zartem Liebeshauch
Die Maid sich zu ihm nieder:
„Nimm hin den Kranz, mein Held so kühn!"
Er aber flüstert aus dem Grün:
„Was thut man nicht aus Liebe!"

H. M.

Homo saltatrix scenica.
Familie der Elateren (Springkäfer).
Zu Deutsch: **Die Tänzerin.**

Homo cantator. Var. tenore.
Familie der Canoren oder Singvögel.
Zu Deutsch: **Der Tenorist.**

Kennzeichen: Ungeheuer leichtes Wesen.

Fundort: Auf Hoftheatern. Aber auch außerm Theater.

Zweck: Durch Pas machen und das Bestreben, die beiden großen Zehen so weit als möglich von einander zu entfernen, den menschlichen Körper auf der höchsten Stufe künstlerischer Schönheit zu zeigen.

Kennzeichen: Steht auf der Bühne beinahe fortwährend in zärtlichen Verhältnissen zur **Prima donna**, was meistens der Bassist, der wirklich abscheuliche Tirann, nicht leiden will; er siegt aber zuletzt doch ganz heroisch oder unterliegt auf eine höchst bedauernswerthe Art, während er sich immer zwischen dem kleinen c und dem eingestrichenen b bewegt. (Unser Bild gibt ihn **en civil** im Concert.)

Fundort: Gar nie in Wirths- oder Gasthäusern und bei Trink- und andern Gelagen, denn es ist erschrecklich, wie er sich wegen seiner Stimme in Acht nehmen muß.

Zweck: Seinen vom Composteur in Musik gesetzten Liebesschmerz und Heldenmuth singen.

München, Verlag von **Braun & Schneider.** — Papier und Druck von **Fr. Pustet** in Regensburg.

Bestellungen werden in allen Buch= und Kunsthand=
lungen, so wie von allen Postämtern und Zeitungs=
expeditionen angenommen.

Nro. 19.

Erscheinen monatlich zwei bis drei Mal. Subscriptionspreis
für den Band von 24 Nummern 3 fl. 36 kr. R.=W. od. 2 Rthlr.
Einzelne Nummern kosten 12 kr. R.=W. od. 3 ggr.

Demant und Rose.

Der Abend neigte sich seinem Ende zu, als wir von
einem Ritte heimkehrten, der uns um die Mauern von Kon=
stantinopel geführt hatte. Noch voll des Eindruckes, den die
großartigen Denkmale der altberühmten Stadt in unserer Seele
hinterlassen mußten, bestiegen wir bei den sieben Thürmen
eines jener leichten, zierlichen, aber auch gefährlichen Fahr=
zeuge, welche der Orientale Kaïk nennt, und die, wie Was=
servögel, zu Tausenden den Bosporus und das goldene Horn
durchkreuzen. Wir hatten noch nicht die Hälfte unserer Fahrt
nach dem gegenüberliegenden Galata zurückgelegt, als der
Sonnenball, feurig und roth wie glühendes Eisen, hinter
den fernen Höhen versank, nur eine leise goldene Glorie am
Horizonte zurücklassend. In diesem Augenblicke verhallte der
letzte Gesang des Muezzins von den Minarets, auf den Kriegs=
schiffen wurden unter Kanonendonner die Flaggen eingezogen,
und wenige Minuten später lagerte tiefe Stille über den Wassern.

In jenen Himmelsstrichen folgt die Nacht fast unmittel=
bar auf den Sonnenuntergang. So begann es schon tief zu
dunkeln, als wir landeten. Doch zu aufgeregt, um bereits
in den engen Zimmern unsres Gasthofes den Schlummer zu
suchen, beschlossen wir, nicht sogleich nach Pera hinaufzustei=
gen, sondern zuvor noch in einem der nahe gelegenen Kaffee=
häuser ein Stündchen zu verplaudern.

Dort wollte jedoch kein rechtes Gespräch in Gang kom=
men. Der Eine von uns, der wohl jetzt, ausruhend, die
Ermüdung seiner Glieder spürte, lehnte sich schläfrig in die
Ecke des Divans zurück; ein Anderer glaubte die Zeit nicht
besser benützen zu können, als durch Eintragen einiger Be=

merkungen in seine Schreibtafel; ich selbst gedachte der man=
cherlei Schicksale, welche seit langen Jahrhunderten über die
Stätte hingegangen waren, auf der ich wandelte. So schwie=
gen wir Alle, und bliesen, an dem Bernsteinstücke des lan=
gen Tschibuks saugend, den gewürzigen Dampf desselben in
bläulichen Strahlen vor uns hin.

Nicht weit von uns hatte ein alter Armenier von ehr=
würdigem Ansehen Platz genommen; er schien mit dem öster=
reichischen Schiffskapitain, dessen schnell segelndes Fahrzeug
uns von Smyrna herüber geführt hatte, in ein ernstes Ge=
spräch vertieft. Mit meinen Gedanken beschäftigt, merkte ich
nicht auf die Unterredung der Beiden, bis endlich der Arme=
nier aufbrach und mit einem schweren Seufzer sagte: „Ja,
Signor Angelo, heute sind es drei Jahre, und seitdem hatte
ich bei Tage keine Freude, bei Nacht keine Ruhe. Und so

19

wird es bleiben, bis ich über den Wolken wieder finde, was unter den Wassern begraben liegt. Schlaft wohl."

Der Armenier ging, und Angelo wandte sich grüßend zu uns. Nachdem wir von mancherlei Tagesneuigkeiten, von Wind und Wetter und von den Herrlichkeiten Stambuls geplaudert hatten, konnte ich nicht umhin, den Capitain über den Greis zu befragen, dessen seltsame Worte mir im Gedächtnisse geblieben waren.

„Ihr meint den alten Jussuf?" versetzte Angelo. „Er ist ein würdiger, vom Schicksal schwer geprüfter Mann. Der blühende Wohlstand seines Hauses vermag ihm nicht zu ersetzen, was ihm die Treulosigkeit der Menschen und das falsche Meer geraubt. Wir sind alte Bekannte und ich habe unter seinem gastlichen Dache drüben in Scutari vor Zeiten manchen frohen Tag verlebt. Freilich," setzte er mit einem wehmüthigen Ausdrucke hinzu, „dort steht es nun eben so öde und traurig aus, wie in seiner Brust."

Unsere Neugier war gespannt. Wir rückten näher zusammen und drangen in Angelo, uns die Geschichte von des Armeniers Unglück mitzutheilen, was er denn auch mit folgenden Worten bereitwillig that:

„Wenn Sie die große Straße von Pera hinaufgehen, der Moschee der tanzenden Derwische zu, so werden Sie die Trümmer eines aus der Zeit der Genueser stammenden Gebäudes bemerken, welches seit der letzten Feuersbrunst nicht wieder aufgebaut wurde. Dort wohnte vor mehreren Jahren ein fränkischer Kaufmann, Philipp Reynaud mit Namen, der, ziemlich unbemittelt hier angelangt, rascher, als es gewöhnlich zu geschehen pflegt, zum Besitze von nicht unansehnlichen Glücksgütern gediehen war. Freilich verlautete mancherlei Seltsames über die Quellen dieses so schnell errungenen Wohlstandes, welchen seine Neider lieber einer unlauteren Handlungsweise, als seinem rastlosen Fleiße, und dem Glücke, das ihn bei manchen gewagten Unternehmungen begünstigte, zuschreiben wollten. Er verachtete indessen das Gerede der Leute und sah die Zahl seiner Freunde mit dem Wachsthume seines Vermögens täglich zunehmen. Mit Jussuf hatte er längst in Geschäftsverbindungen gestanden; endlich gelang es ihm auch, sich als Freund in sein Haus einzuführen, in welchem damals noch Leben und Freude herrschte. Denn Jussufs Frau war munter und fröhlich von Natur, und Maria, sein einziges Kind, stand eben in der vollen Blüthe des jungfräulichen Alters.

Selten ist mir ein reizenderes Wesen vorgekommen. Sie war schlank und zierlich gebaut, und jede ihrer Bewegungen von unaussprechlicher Anmuth. Aus dem großen freundlichen Auge, dem Spiegel ihrer Seele, blickte die reinste Herzensgüte, und wer nur einmal dies feine von leise durchschimmerndem Roth belebte Antlitz aus dem üppigen Gelock des

seidenweichen goldbraunen Haars hervorlauschen gesehen, der gönnte dem holden Kinde sicher den bezeichnenden Namen der „Rose von Scutari", welchen die Mädchen jenes Stadtviertels der Freundin gegeben hatten. Man beneidete schon im Voraus den Glücklichen, der Marien einst heimführen würde, nicht allein um ihrer Anmuth und Tugend willen, sondern zugleich auch wegen der Aussteuer und des reichen Erbes, das ihr Bräutigam erwarten durfte. Dennoch mochte es keinem Franken in den Sinn kommen, sich um ihren Besitz zu bemühen, da, der alten Sitte getreu, die Töchter der Armenier sich selten anders verheirathen, als an ihre Landsleute und Glaubensgenossen. Mit um so größerem Erstaunen sah man daher Philipps Besuche so häufig werden, daß sich fast mit Gewißheit auf ein Verhältniß zwischen ihm und der Tochter des Armeniers schließen ließ, bis er endlich selbst das längst verbreitete Gerücht von seiner nahe bevorstehenden Verbindung mit der schönen Maria bestätigte.

Philipp mochte dreißig Jahre alt seyn. Er war ein gewandter und entschlossener Mann, von angenehmer Lebensart, in abendländischer und morgenländischer Sitte gleich wohl erfahren. Die Bildung seines blassen, von kurz geschnittenem Haar und glänzend schwarzem Barte eingefaßten Gesichtes hätte fast regelmäßig schön heißen können; sein dunkles Auge war feurig und durchdringend, nur ein eigenthümlich unheimlicher Zug, der ihm in aufgeregten Augenblicken, einem bitteren Lächeln nicht unähnlich, um die scharf geschlossenen Lippen zuckte, wollte mir niemals recht gefallen. In der Unterhaltung war er lebhaft und witzig; er erzählte gut, und wußte von seiner Heimath, von seinen Reisen und Abenteuern auf das Anziehendste zu berichten. Was Wunder, wenn Maria dem schönen Manne, welchen sie noch dazu von ihren Aeltern begünstigt sah, bald lieber zuhörte, als jedem Andern, und endlich mit der ganzen Schwärmerei einer jugendlichen Seele sich ihm hingab. Ich überlasse es Ihnen, sich die volle

Süßigkeit eines derartigen Brautstandes in diesem zum Genusse u. zur Liebe geschaffenen Himelstriche auszumalen; bedenken Sie aber zugleich, daß für uns arme Sterbliche das Paradies verloren ging und

laſſen Sie mich eine Erzählung raſch zu Ende bringen, die ich beſſer nicht begonnen hätte.

Der Hochzeittag kam heran. Die Trauung ſollte zuerſt in der franzöſiſchen Kirche zu Pera, ſodann nach armeniſchem Ritus vollzogen werden. Darum mußte Juſſuf mit ſeiner Familie von Scutari herüberkommen. Er hatte das Haus eines ſeiner Verwandten in Galata zum Verſammlungs-Orte gewählt, und die dritte Stunde nach Mittag war für die heilige Handlung feſtgeſetzt. Ich fand bereits die meiſten Gäſte zur Stelle, als ich zur anberaumten Zeit erſchien; bald nach mir trafen auch die Aeltern mit der feſtlich ge= ſchmückten Braut ein, auf deren blühendem Antlitz ſüße Be= fangenheit mit ſehnſüchtiger Erwartung kämpfte. Nur der Bräutigam fehlte noch immer. Nach morgenländiſcher Weiſe reichte man einſtweilen Kaffee und eingemachte Früchte umher, die Männer rauchten, die Frauen plauderten, aber eine Vier= telſtunde verging nach der andern und Philipp kam nicht. Jetzt war es vier Uhr, die Gäſte fingen an unruhig zu wer= den und ſteckten bedenklich die Köpfe zuſammen; als eine zu= fällige Verſpätung ließ ſich das räthſelhafte Ausbleiben des Bräutigams kaum mehr erklären, es mußte etwas vorgefallen ſeyn. Juſſuf, von banger Ahnung ergriffen, ſchickte nach der Wohnung des Franzoſen; der Bote fand ſie verſchloſſen. Was war zu thun? Man harrte noch immer, eine peinliche Stille lag über der Geſellſchaft, denn von gleichgültigen Din= gen mochte Niemand reden, noch weniger ſeine Befürchtungen ausſprechen; der Armenier ging, erzürnt und geängſtigt zu= gleich, mit großen Schritten im Zimmer auf und nieder; die Frauen beſchäftigten ſich um Marien und ſuchten die in Thränen Schwimmende zu tröſten.

Da plötzlich gibt es ein haſtiges Hin= und Wiederrennen auf der Straße, die Luft verdunkelt ſich auf einen Augen= blick, wie durch ein ſchnell heraufziehendes Gewölk und ſcheint dann in einen fahlen Schimmer getaucht; fern erhebt ſich ein dumpfes Getümmel, ein verworrenes Geſchrei, das wach= ſend immer näher und näher ſich heran wälzt, bis man zu= letzt deutlich den Schreckensruf: „Feuer! Feuer!" vernimmt.

Wer hier zu Conſtantinopel keine Feuersbrunſt erlebte, kann ſich von der Gewalt des Elements, von der furchtbaren Schnelligkeit, mit welcher die Flamme um ſich greift, von den ungeheuern Zerſtörungen, welche ſie anrichtet, kaum einen Begriff machen. Bei dem Mangel aller tüchtigen Löſchan= ſtalten und der gedrängten Bauart der meiſt hölzernen Woh= nungen werden ganze Häuſerreihen in wenigen Augenblicken ein Raub der Gluthen; nur die ſchleunigſte Flucht bietet Heil, außer dem nackten Leben iſt ſelten etwas zu retten. So hatte ſich denn auch jetzt von Pera her der Brand bis in unſere Nähe gewälzt, ehe wir recht zur Beſinnung kamen, und uns blieb nichts übrig, als das Haus zu verlaſſen und

nach dem Strande zu flüchten. Mit Schrecken vernahmen wir auf der Gaſſe, daß das Feuer zuerſt in Philipps Hauſe ausgebrochen ſei. Ich mochte die düſtere Ahnung, die mich bei dieſer Nachricht erfüllte, nicht ausſprechen.

Halb entſeelt brachten wir die Frauen in eines unſerer Boote, beſtiegen mit Juſſuf das zweite und ſtießen ab. Es war indeſſen Abend geworden. Ein heftiger Oſtwind ſchürte das Feuer, das durch die dichten Dampfwolken hoch und roth empor ſchlug und ſeinen ſchauerlichen Glanz auf die dunkeln Wogenhäupter warf. Wir befanden uns in der Mitte der Meerenge — das Boot mit den Frauen dicht bei dem unſrigen — als ein franzöſiſcher Kauffahrer mit vollem Winde aus dem Hafen ſegelte und bald ſo dicht an uns vorüber fuhr, daß wir auf dem Verdecke die hohe Geſtalt Philipps, deſſen bleiche Züge von den Flammen ſcharf er= leuchtet wurden, deutlich erkennen konnten. Im nächſten Augenblicke war das Schiff in Rauch und Nacht verſchwun= den, aber zu gleicher Zeit traf ein herzzerreißender Schrei unſer Ohr. Maria ſtand mit weit ausgebreiteten Armen aufrecht zwiſchen den Frauen, das Kaik von der gewaltſamen Bewegung erſchüttert, ſchwankte heftig, dann ſchlug es um und ſank mit Allen, die es getragen, in die bodenloſe Tiefe hinab.

Sie wiſſen, der Bosporus verlangt ſein Opfer. Der kühnſte Schwimmer vermag nicht aufzutauchen, wenn ſeine Wirbel ihn gefaßt. Wie es kam, daß uns nicht gleiches Schickſal traf, daß wir Juſſuf zu halten vermochten und die Barke bei unſern Bewegungen nicht ebenfalls eine Beute der Fluthen ward, iſt mir noch immer ein Räthſel. Ich brachte den Alten nach Hauſe und verließ ihn erſt den folgenden Tag, krank, düſter, ſchwermuthsvoll, wie Sie ihn heute geſehen haben. Die Aerzte friſteten ſein Leben, aber ſeinen Gram können weder ſie, noch kann ihn die Zeit heilen.

Vergebens verhieß Juſſuf demjenigen, der ihm wenig= ſtens die theuren Hüllen zur Beſtattung überliefern würde, alle die Edelſteine, mit welchen ſie an jenem Schreckenstage geſchmückt waren. Der finſtere Meergott gab die Roſe von Skutari nicht wieder heraus."

Angelo hielt inne und rief nach einer neuen Pfeife, um der Wehmuth, die ſich ſeiner unwillkührlich bemeiſtert hatte, gewaltſam Herr zu werden.

„Am nächſten Tage," fuhr er fort, „legte ſich die Wuth des Brandes, welcher mit reißender Schnelligkeit hunderte von friedlichen Wohnungen verwüſtet hatte. Man fieng an, die Trümmer für den Neubau fortzuräumen; viele Leichname und Verwundete wurden aus dem Schutte gezogen. So drang man auch in des Franzoſen Haus, deſſen Hinterge= bäude bei der entſchieden öſtlichen Richtung des Windes von den Flammen faſt gänzlich verſchont geblieben war. Gleich beim Eintritte ſtieß man auf einen ſchwer verwundeten ſchwar=

19*

zen Sklaven, welcher bald als zum Serail gehörig, erkannt wurde. Im Krankenhause geheilt, ward dieser durch Drohungen und Versprechungen zu Geständnissen vermocht, die sowohl über Philipps schnell erworbenes Vermögen, als auch über sein plötzliches Verschwinden ein furchtbares Licht verbreiteten. Der Schwarze sagte nämlich aus: er selbst, so wie mehrere seiner Genossen hätten seit längerer Zeit mit dem fränkischen Kaufmanne in Verkehr gestanden, und demselben eine Menge kostbarer Gegenstände, welche sie nach und nach aus dem Serail entwandt, zu geringen Preisen überlassen. Zuletzt war es dem Neger gelungen, eines Diamanten von nie gesehener Größe habhaft zu werden. Weil er aber eine Entdeckung fürchtete, so wollte er den Edelstein nur unter der Bedingung an Philipp abtreten, daß dieser auf einem eben segelfertigen Schiffe die Stadt augenblicklich verlassen, ihn mitnehmen, und den Erlös des ungerechten Gutes in Frankreich mit ihm theilen solle. Der Franzose hatte lange gezaudert und unterhandelt, dann aber, das Kleinod an sich nehmend, plötzlich nach einem Pistol gegriffen und den Sklaven durch einen Schuß zu Boden gestreckt. Weiter wußte dieser nichts zu bekennen. Wir dürfen indeß wohl mit Wahrscheinlichkeit schließen, daß Philipp, da er den Schwarzen nur verwundet sah, theils aus Scheu, den begonnenen Mord eigenhändig zu vollenden, theils um sein Entweichen in ein undurchdringliches Geheimniß zu hüllen, sein Haus selbst angezündet habe. Wer aber möchte an seiner Stelle gewesen seyn, als er, durch Flammen und Nacht dahin fahrend, den kalten glänzenden Stein mit so viel Jammer erkauft sah, als die Braut vor seinen Augen versank bei dem Leuchten der schrecklichen Hochzeitsfackel, die er angefacht!"

„Kurze Zeit nach jenen Ereignissen," erzählte Angelo weiter, „kam ich nach Marseille, wohin die Helene, (so hieß die Goëlette, auf welcher Philipp entfloh) bestimmt gewesen war, und erkundigte mich dort nach ihrer Ankunft. Ge-

scheitert im Angesichte des Hafens und untergegangen mit Mann und Maus, gab man mir zur Antwort, nur ein einziger Passagier war gerettet worden. Ich forschte nach, es konnte Niemand gewesen seyn, als Philipp. Die heimathliche Erde hatte das Schiff zurückgestoßen, das den Schuldbeladenen trug; aber auch das Meer wollte nichts mit ihm zu schaffen haben und warf ihn aus. Halbtodt wurde er des Morgens am Felsenufer von Fischern gefunden, die sich mitleidig seiner annahmen, und nach manchen Bemühungen ihn endlich zum Bewußtseyn brachten. Seine erste Bewegung war ein Griff nach dem Ledergurte, den er über den Hüften trug und in welchem er den Edelstein verborgen hatte. In ärmlichen Kleidern, die er von seinen Rettern entlehnte, machte er sich, nachdem er schnell zu Kräften gelangte, auf den Weg in die Stadt und begab sich dort zu einem Juwelier, den er bat, sein Kleinod zu schätzen. Dieser bewunderte die Größe und Reinheit des Diamanten und erklärte mit leuchtendem Auge den Werth anfangs für unberechenbar — dann betrachtete, prüfte und wog er ihn genauer, lächelte seltsam und gab ihn endlich Philipp mit den Worten zurück: „Es wundert mich nicht, daß ihr euch täuschen ließt, mein Freund; wäre doch mir beinahe das Gleiche wiederfahren. Was Kunst vermag, ward hier geleistet; aber euer Diamant ist und bleibt dennoch nicht mehr und nicht weniger, als ein wunderbar geschliffenes Stück Bergkrystall."

Philipp nahm den Stein und ging. Am folgenden Tage fand man seinen Leichnam zerschellt unter einer Klippe.

Hier schwieg Angelo. Es war spät geworden. Wir verabschiedeten uns und traten den Heimweg an. Er führte uns bei den Trümmern des genuesischen Hauses vorüber, die der spät aufgegangene Mond beschien. Drinnen regte sich's im Schutte und rauschte durch's Gestrüpp; die Vögel der Nacht hatten ihren Wohnsitz dort aufgeschlagen.

E. Geibel.

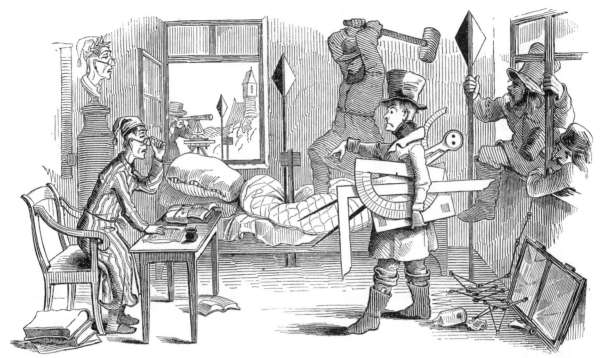

Lorenz Kindlein. Aber mein Herr, so schätzenswerth mir die Ehre Ihres Besuches ist, so muß ich doch gestehen, daß ich die Absicht hatte, auch heute nach Beendigung meiner gewohnlichen Anzahl Verse, dort in dem Bette zu schlafen.

Der Geometer. Herr, schlafen Sie wo Sie wollen oder mögen, aber merken Sie sich diese officielle Verkündigung: Im Namen der Eisenbahn! Wer irgend einen der zu der Vermessung nöthigen Pfähle, Pflöcke und Merkzeichen auch nur auf kurze Zeit herauszieht, muß die sämmtlichen Vermessungskosten zahlen. Im Namen der Eisenbahn! — Guten Abend.

1845.

1945.

Der orthographische Narr.

Ein eigenthümlicher Narr, der über gewiſſe Schwan=
kungen und Unſicherheiten in der deutſchen Rechtſchreibung
und Grammatik irre geworden, in allen übrigen Dingen aber
ein überaus verſtändiger und geſcheidter Mann iſt.

Neulich tritt er in großer Haſt bei mir ein. „Freund!“
ruft er in großer Aufregung aus: „Schreiben Sie Direktor
mit einem c oder k? Da habe ich eine Correctur zu beſor=
gen, doch um Vergebung: wie ſchreiben Sie Correctur, mit
einem c oder k? Mir ſchwindelt der Kopf — oder wie ſa=
gen Sie: mir oder mich ſchwindelt der Kopf? Mir oder
mich träumt? Mir oder mich ſchwant? Mir oder mich dünkt?
— Ich werde noch verrückt über dieſe Mir oder Mich's, dieſe
k's und c's? Wie ſchreiben Sie Direktor?“

„In der Regel mit einem k,“ antwortete ich, „es gibt
aber auch Leute, die das Wort, vielleicht mit demſelben Rechte,
mit einem c ſchreiben.“

„Da haben wir's: in der Regel, ſagen Sie, mit einem
k! Iſt das Conſequenz? Heißt das nicht: Sie ſchreiben es
ausnahmsweiſe auch wohl mit einem c?“

„Nach Bequemlichkeit,“ antwortete ich, „man hat keine
beſtimmte Regel dafür.“

„Zum Teufel!“ rief mein Freund in vollſter Wuth,
„in der Orthographie gibt es keine Bequemlichkeit. Doch
halt: ſchreiben Sie „giebt“ mit oder ohne ein e? Der
Verfaſſer, deſſen Werk ich hier korrigire, läßt in toller Con=
ſequenz das e fort; da müßte er doch auch „libt“ ſtatt „liebt“
u. ſ. w. ſchreiben, oder gar „ſchrib“ ſtatt „ſchrieb“, „blib“
ſtatt „blieb“ u. ſ. f.

„So ſchreibt er auch „mehre“ ſtatt „mehrere“, lauter
revolutionäre Bewegungen gegen das alte Grundgeſetz der
Grammatik. Produktion ſchreibt der Eine Produkzion, der
Andere Production, ein dritter wohl gar Produkcion, und
da will man noch von einer Einheit Deutſchlands und einem
Streben nach Einheit ſprechen! Früher ſchrieb ich die Lokal=
und Perſonal=Adjektiva mit einem großen Anfangsbuchſtaben,
z. B. „Hoffmann'ſche Tropfen, Frankfurter=Würſte,“ jetzt
fordert der modiſche Brauch, daß ſie mit einem kleinen Ini=
tial=Buchſtaben geſchrieben werden. In der Interpunktion,

oder Interpunkzion, oder Interpunction herrſcht gerad eine
eben ſolche Anarchie; kurz, es geht ſo bunt und regellos her,
wie auf einem Carneval — doch um Vergebung: ſchreiben
Sie der oder das Carneval? Es gibt jetzt aufrühreriſche
Rädelsführer, welche ſich an die Spitze der Empörung gegen
den Carneval ſtellen und das Carneval zum Herrſcher aus=
rufen. Wie ſteht es mit der oder das Münſter? In meiner
Kindheit verband ich mit dem Begriff des ſtraßburger Mün=
ſters zugleich den Begriff von etwas mannhaft Ehrwürdigem,
von etwas Beſeeltem, weil man damals der ſtraßburger
Münſter ſchrieb, jetzt ſoll ich ihn als etwas Unbelebtes, als
etwas Sächliches denken und das ſtraßburger Münſter ſpre=
chen und ſchreiben. Iſt es nicht gerade eben ſo mit der
Scepter, wofür man jetzt das Scepter eingeführt hat?“
„Das Wort iſt im Griechiſchen generis neutrius,“ be=
merkte ich. — „Was ich eben ſo gut weiß, wie Ihr Gelehr=
ten,“ fuhr er auf; „denn ich habe mein Griechiſch ebenfalls
getrieben; ganz ſo gut müßte aber auch die Fenſter ſtatt das
Fenſter geſprochen werden, denn das ſtammt von fenestra
her und fenestra iſt bekanntlich generis feminini. Du
lieber Himmel, wenn wir das Geſchlecht aller Worte, die bei
uns das Bürgerrecht erworben haben und naturaliſirt ſind,
auf ihr urſprüngliches Geſchlecht, dem ſie im Hebräiſchen,
Indiſchen, Perſiſchen, Griechiſchen, Lateiniſchen, Franzöſiſchen,
Spaniſchen, Ruſſiſchen, Merikaniſchen, Kamtſchadaliſchen u.
ſ. w. angehörten, zurückführen wollten, das müßte ja zuletzt
eine babyloniſche Verwirrung geben! Das Wort Comité hat
mich ſchon vollſtändig in Raſerei verſetzt. Früher ſagte und
ſchrieb man einzig und allein „das Comité“; da kamen an=
dere kluge Männer, welche ihre Kenntniß des Franzöſiſchen
an den Tag legen wollten, und meinten: Comité iſt im
Franzöſiſchen männlichen Geſchlechts, folglich muß es heißen:
der Comité. Endlich ſchlugen Andere einen Mittelweg ein
und ſchrieben die Comité, wofür höchſtens dies als Grund
angeführt werden kann, daß in den Comités zuweilen auch
wohl höchſt weibiſche Schwätzer ſitzen. Könnte man nicht über
dieſe Schwankungen in beſter und anſtändigſter Form verrückt
werden? Doch wie ſagen Sie: über dieſe oder dieſen
Schwankungen verrückt werden? Früher ſagte man: ich ver=
geſſe mich über dieſe Sache, jetzt heißt es: ich vergeſſe mich
über dieſer Sache? Sollte man nicht eben ſo gut ſagen
dürfen: ich denke über dieſem Falle nach? oder ich brüte
über dieſem Gedanken? ſo daß man mich förmlich wie eine
Henne über ihren Eiern brütend ſitzen ſehe. . Früher durfte
ich ſagen: Ich glaube, daß ich mich über dich, Geliebte!
vergeſſen kann; jetzt muß ich ſagen: daß ich mich über dir,
Geliebte! vergeſſen kann. — Schreit ein ſolcher Zuſtand ortho=
graphiſcher und grammatikaliſcher Verwirrung nicht zum Him=
mel? Sollte ich einmal in's Irrenhaus kommen, ſo wiſſen
Sie, über welchen Gegenſtand — oder ſoll ich ſagen: über
welchem Gegenſtande? — ich närriſch geworden bin. Leben
Sie wohl!“

Damit ſtürzte mein Freund in Wuth und Verzweiflung
fort. Und es iſt wahr: die Schwankungen in Deutſchland,
die grammatikaliſchen und orthographiſchen mit inbegriffen,
ſind wirklich zum Närriſchwerden.

H. M.

Die Fabel von der Nase.

Die Tafel war gedeckt zum Fest;
Es traten ein die hohen Gäst';
Darunter auch ein Ritter war
Mit grauem Bart und rothem Haar
    Und einer ungeheuren Nase.

Der Narr, der mit zu Tische stand,
Die Nase gar possierlich fand;
Er lugt sie an, er lacht sie an,
Und spricht, daß's Jeder hören kann:
    Hu! welche große, grause Nase!

Der Herr, ob dieser frechen Red'
Den Narren streng bestrafen thät;
Der merkt es sich, und geht in sich,
Und spricht gar leis und höfelich:
    Ei! welche kleine, feine Nase!

Der Herr, ergrimmt ob diesem Wort,
Schafft alsobald den Narren fort;
Der sinnet nach und grübelt nach,
Und spricht, um abzuthun die Schmach:
    Gelt: du hast wohl gar keine Nase!

*   *   *

Und hat euch nun die Mähr ergötzt,
So merkt euch diesen Spruch zuletzt:
Wer über fremde Mängel spricht,
So gut er's macht, er trifft es nicht —
    Das lehrt die Fabel von der Nase.

Ein deutsches Sängerfest.

Ich wollt', ich wär ein König,
Dazu ein König vom Rhein!
Dann lüd' ich vom deutschen Lande
Die Sänger alle ein.

Auf meiner höchsten Veste,
Dem Ehrenbreitenstein,
Da sollten sie singen und trinken
Von meinem besten Wein!

Dann regte sich wohl tief unten
Held Roland im Grabesschoos,
Und käme vom fernen Lande
Herbei zu Rheinkönigs Schloß!

Das hörte im nahen Aachen
Wohl Kaiser Karol auch,
Der zöge herüber und sänge
Mit 'uns nach altem Brauch!

Der starke Siegfried säße
Gewiß im großen Kreis,
Und sänge zum Harfengetöne
Chriemhildens Ruhm und Preis!

Und hört' es im Hunnenlande
Herr Volker, der Sänger kühn;
Er würde gar schnell sich erheben,
Zur Burg am Rhein zu ziehn!

Ich säß' auf hohem Throne,
Mit güldener Rebenkron',
Und gäbe dem besten Sänger
Den besten Wein zum Lohn.

Und Frauen hold und sittig,
Sie mehrten des Festes Lust,
Dann glitten süßer dem Sänger
Die Lieder aus voller Brust.

So wollt' ich es halten für immer
Auf meiner Burg am Rhein;
Da zöge wohl Keiner vorüber,
Und Alle kämen herein.

Und Alle wollt' ich empfangen,
Bewirthen auf's allerbest'!
Das wäre im deutschen Lande
Ein rechtes Sängerfest!

Joh. B. Vogl.

München, Verlag von Braun & Schneider. — Papier und Druck von Fr. Pustet in Regensburg.

Fliegende Blätter

Bestellungen werden in allen Buch- und Kunsthandlungen, so wie von allen Postämtern und Zeitungs-
expeditionen angenommen.

Nro. 20.

Erscheinen monatlich zwei bis drei Mal. Subscriptionspreis
für den Band von 24 Nummern 3 fl. 36 kr. R.-W. od. 2 Rthlr.
Einzelne Nummern kosten 12 kr. R.-W. od. 3 ggr.

Fritz Beutels wunderbare Fahrten und Abenteuer
zu Wasser und zu Lande.

(Fortsetzung.)

Zweites Kapitel.

Fritz Beutels Geburts-, Jugend- und Erziehungsgeschichte.

In der gewöhnlichen Weinkneipe, zu der gewöhnlichen Stunde, vor dem gewöhnlichen Auditorium hält Fritz Beutel heute folgenden Vortrag:

„Was der Mensch will, das kann er auch. Zwei Momente gibt es jedoch, über die nach der gebräuchlichen Annahme der Mensch keine Macht besitzt: Geburt und Tod. Daß diese Annahme falsch sei, kann ich mit meinem eigenen Beispiele beweisen. Ich bin mehrmals so gut wie todt gewesen, habe mich aber stets wieder bloß durch meinen festen Willen zum Leben zurückgebracht. Merkwürdige Fälle dieser Art erzähle ich Ihnen ein andermal. Heute habe ich es jedoch nur mit meiner Geburt zu thun.

Mein Vater war nämlich ein armer Schulmeister, mithin war meine Mutter auch arm. Vier und zwanzig ihrer Kinder waren bereits gestorben, vier und zwanzig lebten noch. Nicht zu verwundern, meine Herren! denn meine Mutter brachte immer Sechslinge zur Welt, einmal hatte sie die Menschheit gar um einen Zwölfling vermehrt. Ich aber war ein gewöhnlicher Einling, obschon in jeder andern Hinsicht

ungewöhnlich genug. Ihrer Armuth wegen hatten sich nun meine Aeltern vorgenommen, daß ich absolut nicht geboren werden sollte. Ich aber, von jeher ein Trotzkopf, der vor keinem Hindernisse zurückschreckte, hatte mir fest in den Kopf gesetzt, geboren zu werden — und ich wurde geboren. Mit den Worten: „Guten Morgen, liebe Aeltern!" erblickte ich an einem schönen Frühlingsmorgen das Tageslicht.

Ich erinnere mich ganz deutlich, wie ich sogleich die große Schüssel mit dem Mehlbrei ergriff, der für meine vier und zwanzig Geschwister zum Frühstück bestimmt war, die Schüssel an den Mund setzte und bis zur Nagelprobe ausschlürfte. Man kann sich vorstellen, wie meine zwei Dutzend Geschwister auf mich loszankten. Ich aber ergriff mit der einen Hand die Schüssel als Schild, mit der andern den Löffel als Degen, stülpte mir auch noch den Suppentopf als Helm auf den Kopf, und setzte mich in Postur. Meine Geschwister ihrerseits nahmen auch ihre Löffel zur Hand und so lieferte ich damals meine erste Schlacht. Hier parirte ich einen Hieb, dort theilte ich einen aus, brauchte auch die Kriegslist, mit meinem Löffel in die Schüssel meines Vaters zu fahren und meinen Geschwistern den Mehlbrei in die Augen zu spritzen, so daß sie dieselben nicht aufthun konnten, und trieb sie zuletzt vollkommen in die Flucht. Hiervon hat auch die Löffelgarde ihren Namen erhalten Meine Aeltern waren zwar über meinen guten Appetit anfangs ziemlich erschrocken, brachen aber zuletzt in ein herzliches Gelächter aus, und mein Vater sagte in richtiger Ahnung meiner künftigen Größe: dieser Junge wird einst dem Namen Beutel Ehre machen! Erwähnen muß ich noch, daß ich, durch ein mir angebornes Schamgefühl getrieben, mich gleich nach meiner Geburt in ein Bettuch gehüllt und solches wie eine Toga malerisch um meine Schultern geworfen hatte. Kurz, ich war schon im ersten Momente meines Daseins ein ganzer Kerl!

Nur weniges Einzelne will ich noch aus meiner frühesten Lebensperiode anführen. So wurde drei Tage nach meiner Geburt ein großes Concil gehalten, um über den Namen zu berathen, den ich in der Taufe empfangen sollte. Alle Muhmen und Vettern wurden hierzu versammelt. Christian, Christoph, Christlieb, Hans, Michel, Paul, Peter, Traugott, Fürchtegott, Leberecht wurden genannt, und ich sollte unter diesen Namen die Auswahl haben, da ich ein so gescheiter Junge war. Ich schüttelte jedoch zu allen diesen schönen Namen mißbilligend den Kopf, besonders zu dem Namen Leberecht, gegen den sich ich weiß nicht welches Gefühl in mir sträubte. Endlich begann ich: „Meine verehrten Aeltern! liebwerthe Muhmen und Vettern! Eigentlich hieße ich lieber gar nicht. Ich füge mich jedoch, da dies gegen allen christlichen Brauch und gegen alle polizeilichen Bestimmungen verstoßen würde. Vor meiner Geburt, theuerster Herr Vater! habe ich sie oft aus einem Buche vorlesen hören, worin die hochherzigen Thaten des großen Fritz, des berühmten Preußenkönigs, beschrieben waren. Diese Thaten haben mich schon damals höchlichst interessirt, und so verlange ich denn, auf den Namen Fritz getauft zu werden. Und somit heiße ich gegenwärtig als Fritz Beutel — Mensch, und als Mensch — Fritz Beutel. Es ist auch nicht zu leugnen, daß ich zu Pferde einige Aehnlichkeit mit dem großen Friedrich habe, schon dadurch, daß ich zu Pferde sitze. Zufällig habe ich zwei Portraits bei mir, das eine mich, das andere Friedrich

den Großen zu Pferde darstellend. Da! hier! haben Sie die Güte, beide Portraits und namentlich beide Pferde zu vergleichen. Freilich steht das meine etwas dürftig aus, aber

es hat doch auch seinen Schwanz, seine vier Beine und ähnliche Gliedmaßen, die es als Pferd erscheinen lassen. Beide, Pferd und Reiter, sind hier im zusammengefrornen Zustande aufgenommen, im aufgethauten sehen sie weit vollständiger aus. Ja, davon muß ich Ihnen sogleich erzählen, meine Herren! Auf meine Jugend= und Erziehungsgeschichte komme ich ein andermal zurück. Ich erzähle Ihnen jetzt meine, berühmte, obgleich von der jetzigen Generation mißdeutete und darum schwer verstandene Entdeckungsreise nach dem Nordpol.

Drittes Kapitel.

Fritz Beutel's Entdeckungsreise nach dem Nordpol.

Sie wissen, meine Herren! wie oft man und immer vergebens nach der nordöstlichen und nordwestlichen Durchfahrt gesucht hat. Ich habe mehr gethan; ich habe diese Durchfahrt durchritten und sogar einen Abstecher nach dem Nordpol gemacht. Aber ich habe stets Undank geerntet; Franklin, dessen berühmter Nordpolerpedition ich beiwohnte, hat mich in seiner Schrift gar nicht erwähnt, und meinen Berichten wollte man in London nicht glauben, obschon ich damals von den Einwirkungen des Nordpols noch so sehr magnetisirt war, daß sich alle Magnetnadeln auf der ganzen Erde nach mir drehten. Da ich damals gerade keinen so festen Wohnsitz hatte, wie jetzt in diesem Weinhause, so waren die Magnetnadeln, Compasse und Boussolen in der erstaunlichsten Unruhe, worüber Sie in den Zeitungen die merkwürdigsten Hypothesen gelesen haben müssen. Was half es mir, daß ich in London vor der naturforschenden, vor der geographischen, vor den verschiedenen Handelsgesellschaften ein Stück Nordpol, welches ich abgeschlagen hatte, zum Beweise meiner wichtigen Ent-

deckung vorwies, daß ich, wenn ich Abends durch die Straßen ging, aus allen Körpertheilen Nordlichter und knisternde Funken von mir gab? Es wollte Niemand, trotz dieser thatsächlichen Beweise, meine Erzählung für wahr halten.

Wie Sie bereits von mir gehört haben, wohnte ich und zwar in mehrfacher Eigenschaft, der Franklin'schen Nordpolerpedition bei, theils aus Reiselust und Entdeckungseifer, theils als Weinreisender des Hauses Brandt zu Guben, um die verschiedenen Sorten Lausitzer Weine unter den Bewohnern

der Labradorküste abzusetzen. Sehr bald hatte ich eingesehen, daß der gewöhnliche Weg zu Schiffe in den höheren Nordvolgegenden ein ganz falscher und unausführbarer sei; denn wie will sich so ein Schiff durch die immer mächtiger werdenden Eisschollen und Eisberge Bahn brechen, und wie wenn es zuletzt ganz einfriert? Was aber einfriert, das liegt in der Regel still, wie ich an mir selbst erfahren habe.

Nun hatte ich aber von der Königin von Tombuktu, meiner Gemahlin, von welcher später die Rede sein wird, ein allerliebstes Rößlein zum Andenken erhalten, welches eine Gazelle zur Mutter und einen Berberhengst zum Vater hatte. Dieses Ding bestand mehr aus Knochen als aus Fleisch, mehr aus Feuer als aus Blut. Seine Flanken waren im eigentlichsten Sinne durchsichtig zu nennen, und seine zierlichen Beine glichen geschmeidigen Weidengerten; ich habe sie später nach dem Tode des lieben Pferdleins an einen Stiefelputzer und Kleiderreiniger als Ausklopfstöcke verkauft.

Mein Roß hatte von seiner Mutter, der Gazelle, wie ein Windspiel laufen und von einem Jugendfreunde, einem afrikanischen Gemsbock, springen gelernt. Nun spekulirte ich so: Je höher nach Norden, desto mehr häufen sich im Polarmeere die Eisblöcke und Eisschollen. Auf die Geschicklichkeit meines Pferdes im Springen rechnend, durfte ich daher gar nicht im Zweifel sein, von Eisscholle zu Eisscholle und so allmälig bis zum Nordpol zu gelangen. Nur dies schien bedenklich, wie mein an die Hitze der afrikanischen Sonne gewöhntes Roß die Polarkälte ertragen würde. Doch auch dafür wußte ich Rath. Ich ließ in London ein großes Brennglas von zehn Schritt Durchmesser verfertigen, welches ich sodann an den dem Erfrieren ausgesetzten Stellen meines Pferdes anbrachte, um die Sonnenstrahlen auf den bedrohten Punkt zu concentriren. So gelang es mir lange Zeit, mein Pferd vor dem Erfrieren zu schützen oder bereits erfrorene Stellen sofort aufzuthauen.

Zu dem Kapitäne Franklin äußerte ich gleich, daß er mit seinem Schiffe nicht weit kommen würde; und wie ich gesagt, so geschah es, das Schiff fror zuletzt ein und lag still, nicht auf seinen Lorbeern, sondern auf Eis. Allmählich wurde es so kalt, daß selbst die Worte, die man sprach, zu Eis erstarrten und gefroren in der Luft stehen blieben; auf dem höchsten Stadium der Kälte wurde sogar die Flamme auf dem Herde in Eis verwandelt und mußte mit kochendem Wasser wieder aufgethaut werden, — kurz die Kälte verrichtete auf unserm Schiffe ganz unglaubliche Dinge, die nur in meinem Munde als wahr erscheinen können.

Mein Brennglas war uns zu dem größten Nutzen. In der Regel froren wir über Nacht ein, wovor uns die wärmsten Decken, Matratzen und Pelze nicht schützen konnten; man hätte uns in irgend einem Museum aufstellen können und

wir würden an Starrheit und Unbeweglichkeit den vollendet=
sten Antiken Ehre gemacht haben — aber wie uns am andern
Morgen aufthauen? Da half mir mein Brennglas. Mit
den ersten Strahlen der Morgenröthe erhob ich mich von
meinem Lager.

„Sie waren ja aber eingefroren, Herr Beutel!" bemerkte
hierbei einer der Anwesenden.

„**A posteriori** wohl, aber nicht **a priori**," sagte hierauf
der unerschütterliche Beutel — „oder vielmehr nur von hinten,
nicht von vorn, gleichsam nur in der Realität, aber nicht in
der Idee. Mein philosophisches Bewußtsein ließ mich nicht
zum gänzlichen Erfrieren kommen. Ohnehin war ich so vor=
sichtig, vor Schlafengehen ein paar Tropfen Gubener Land=
wein zu mir zu nehmen, und dieser Landwein ist bekanntlich
so hitziger Natur, daß er auch dem äußersten Kältegrad Wi=
derstand leistet. Es blieb also immer ein Fleckchen in meinem
Gehirne übrig, welches nicht einfror. Zudem hatte ich das
besagte Brennglas so an meinem Lager angebracht, daß die
ersten Strahlen der Morgensonne auf meine erstarrten Glieder
concentrirt wurden und mein gefrorenes Blut aufthauten. Mit
selbigem Brennglas thaute ich auch die übrige Schiffsmann=
schaft auf, den Kapitän, den Steuermann, den Hochboots=

mann, den Koch, die Matrosen, Einen nach dem Andern.
Ich muß noch bemerken, daß in diesen hohen Breitegraden
das Erfrieren der eigentliche normale Zustand ist, und wun=
derbar belebend und erquickend auf die Nerven wirkt.

Endlich wurde ich dieses ewigen zwecklosen Erfrierens
und Aufthauens überdrüßig, setzte mich zu Pferde, überließ
das Schiff seinem Schicksal, und sprengte geradezu auf den
Nordpol los. Wo das Meer spiegelglatt gefroren war, hatte
ich eine ganz treffliche Reitbahn, hie und da traf ich aber

auch auf offene Stellen, und hier galt es nun, mit meinem
Pferde geschickt von Eisscholle zu Eisscholle, von Eisberg zu
Eisberg zu setzen. Denken Sie sich nun meinen Schreck, als
einmal mein Pferd mitten im Sprunge einfror, so daß ich
hoch in der Luft zwischen zwei gewaltigen Eisbergen schwebte,
was wohl noch keinem Sterblichen wiederfahren ist. Glück=
licherweise war auch die untere Luftschicht ganz dick und fest
gefroren, so daß ich wenigstens vor der Gefahr eines tödtlichen
Sturzes gesichert war. Lange Zeit hielt ich mich dadurch
wach, daß ich von Zeit zu Zeit einige Tropfen Gubener Land=
wein auf Zucker zu mir nahm. Es wurde Nacht und diese
Nacht wollte kein Ende nehmen; die Sterne schimmerten über=
aus hell, die Nordlichter knisterten und funkelten rings um
mich her. Ich befand mich ganz in der Nähe des Nordpols,
dieß erkannte ich daran, daß mehrere eiserne Instrumente, die
ich mit mir führte, aus meinen Taschen und direkt auf den
Nordpol zu sprangen, der sie magnetisch an sich riß. Mit
Schaudern bemerkte ich, daß der Winter angebrochen war,
der in diesen Regionen in einer sechs Monat dauernden Nacht
besteht. Ich ergab mich in mein Schicksal, setzte mich zum
Erfrieren möglichst bequem, stellte mein Brennglas gegen Osten
auf, damit nach Ablauf der sechs Wintermonate die ersten
Strahlen der Sonne auf mich fallen und einen allgemeinen
Aufthauungsprozeß an Reiter und Pferd veranlassen möchten,
schloß meine Augen — und erfror —."

Bei diesen Worten zuckt Fritz Beutel zusammen und
sitzt mit aufgesperrtem Munde und weit aufgerissenen Augen,
starr und steif, wie ein Todter da.

Man drängt sich um ihn, man fragt was ihm fehle,
ob ihn der Schlag getroffen; man holt Wasser herbei und
will ihm die Schläfe damit waschen.

Plötzlich stößt Fritz Beutel mit lauter Stimme den
Namen „Tombuktu!" hervor, und wischt sich mit den Worten:
„Welch wohlthätiger Schweiß!" die Stirn, dann fährt er
weiter fort:

„Meine Herren! die bloße Vorstellung, wie ich so in
der Luft schwebend mit meinem Pferde erfror, brachte mich
so eben dem Erfrieren nahe. Mit Gewalt versetzte ich mich
daher in die Vorstellung der Aequatorialhitze von Tombuktu,
ein kritischer Aequatorialschweiß brach sogleich aus allen Poren
aus, und die Gefahr zu erfrieren war beseitigt.

Um indeß für heute der Gefahr eines Rückfalls zu ent=
gehen, will ich mir die Beschreibung des Nordpols mit seinen
zahlreichen Wundern auf einen andern Abend versparen, und
erlaube mir noch, Ihnen einen Vorgeschmack von den Aben=
teuern zu verschaffen, welche ich in Tombuktu erlebte."

———

(Fortsetzung folgt.)

Käuzlein und Raupe.

(Alter deutscher Spruch.)

Manch Käuzlein mit schönem Gefieder,

Legt sich als Eule nieder.

Manche kriecht als Raupe aus dem Bette

Und kommt als Schmetterling von der Toilette.

Die Deputation.

(Pfälzisch.)

Die Bäuch, die Bäuch, die dicke Bäuch,
Die Bäuch sin unser Schade!
'S wär besser werrlich, sag ich Euch,
Mir Bäcker hädde gar keen Bäuch
    Keen Backe un keen Wade!

Noch Billigkeit un noch Vernunft
Is unser Tax zu nieder;
Drum war auch unser ganzi Zunft
Bei ihrer letschte Zsammekunft
    Als wie een Mann darwider.

Mir sage unserm Zunftschkriwent:
„Jetz Alder schpitz dein Fedder,
„Schreib daß mer nimmer lewe könnt,
„Mach e Lamento ohne End,
    „Sunscht hol dich's Dunnerwetter"

Er hot gedhan sein Schuldigkeit,
Die Schrift war schier zum Flenne,
So kläglich wie die dheuer Zeit,
E Chrischt, e Judd, e Derk, e Heid
    Hätt sich erbarme könne.

Mir knöchle siewe Mann eraus,
Zufällig lauder Dicke;
Die gehn zum Präsident in's Haus
Un rücke mit der Bittschrift raus
    Un denke 's durchzudrücke.

Was hot der Präsident gedhan?
Er lest die Schrift un lächelt:
„Ihr Herrn, guckt Euch nor selwer an;
„Euch sieht mer doch keen Mangel an: —"
    Des war nig gut geknöchelt!

Väterliches Regiment.

Mir gucke an uns in der Rund, —
Do war nix mehr zu mache;
Mir Fetzekerl, all kugelrund,
E Jeder wiegt dreihunnert Pund!
    Mir mußte selwer lache.

Drum noch e Mol: die Bäuch, die Bäuch,
Die Bäuch sin unser Schade!
'S wär besser werrlich, sag ich Euch,
Mir Bäcker hädde gar keen Bäuch,
Keen Backe un keen Wade!

K. G. Nadler.

Väterliches Regiment.

Gensdarm. Den Schlafrock aus, den polizeiwidrigen, der verweichlicht! hier eine abhärtende Jacke, nach dem Landeskinder = Jacken = Staatsmodell, Stempel **Nr. 20** gegen **10 Thlr. 8 Sgl. 7³/₄ hl.**

Lorenz Kindlein. Aber, verzeihen Sie, ich werde mich erkälten.

Gensdarm. Einfältiges Landeskind auf niederem Standpunkte. Wir wissen am Besten wo der Schuh dich drückt.

Zur Geschichte der Riegelhäubchen.

Im Britischen Museum befindet sich ein merkwürdiges Fragment, welches aus den Ruinen des Isistempels in Tentyra stammt, mit einer bildlichen Darstellung, wovon wir oben eine getreue Abbildung geben. In der „Galery of Antiquities selected from the British Museum," von F. Arundale und J. Bonomi herausgegeben und mit Beschreibungen von S. Birch versehen, findet sich hierüber Folgendes: „Die drei Figuren scheinen weibliche zu sein, die vielleicht einer Göttin Huldigung und Opfer darbringen; vor der Ersten ist Etwas, was beinahe einem Kandelaber ähnlich sieht, und eine Lotusblume; die Zweite trägt den Nilschlüssel und einen Nilmesser in den Händen; die Dritte möchte auf die Hathor oder die ägyptische Venus, die an einem Sperber= oder Falkenkopfe kenntlich war, hindeuten, wofür zugleich die graziöse Haltung und das edelschöne Antlitz sprechen. Freilich waren auch Osiris, Phtha und andere altägyptische Gottheiten mit solchen sperberähnlichen Köpfen versehen. Die Kappe oder Kapuze dieser Personen ist die gewöhnliche Calantica. Merkwürdig aber sind die auf diesen Kappen befindlichen Aufsätze, oder die nach rückwärts gekrümmten zwei Lappen, die unter andern auch Osiris trug, und welche offenbar die Urform für die weltberühm-

ten Riegelhäubchen der Münchener Bürgermädchen abgegeben haben. Man darf sich jene Kopfläppchen nur noch mehr nach hinten verlängert denken, so daß sie eine Art Dach bilden, woran der Regen ungehindert ablaufen kann.*) Wie nun jene altägyptischen Kopfläppchen nach München verpflanzt worden sind, das bedarf freilich noch genauerer Untersuchung, dürfte aber zu sehr wichtigen Aufschlüssen über die Wanderschaft, Abstammung und Verbindung der Völker führen. Wir überlassen es den deutschen Archäologen, der von dem englischen Forscher aufgefundenen Spur weiter nachzugehen. Welche Ueberraschung, wenn nachgewiesen würde, daß die schönen Münchenerinnen ihre Ur=Verwandtschaften unter den ägyptischen Mumien zu suchen hätten! — Man vergleiche gefälligst mit den obigen anmuthigen Alt= Aegypterinnen die folgende Abbildung eines Münchener Bürgermädchens mit ihrem Riegelhäubchen.

---

*) Es läßt sich überhaupt nachweisen, daß alles Moderne uralt ist. Man betrachte z. B. die Sperberfeder auf dem Haupte der dritten Figur nach obiger Abbildung. Solche etwas nach rückwärts gekrümmte Sperberfedern trugen unter andern auch Osiris und Djom oder Gom, der ägyptische Herkules. Wer denkt hierbei nicht unwillkührlich an den Federkopfputz unserer modernen Damen oder an die Federstutze auf den Czacos unserer Bürgergarde?

Archäologische Section der Redaction der fliegenden Blätter.

☞ **Heute zum letzten Male.** ☜

Naturgeschichte.

Femina lucina.

Obstetrix Succurrens.

Familie der Adjuvanten.

Zu Deutsch: **Die Sagefemme** oder:
Die Madame.

Kennzeichen: Allerlei Gepäck in dem Ridicule, ein Geschoß
eigener Art unter dem Arme und immer Eile, wie es
scheint.

Fundort: Für München und seine Vorstädte siehe „Sieberts
Adreßbuch von München ꝛc.“ (Ausgabe v. 1842.) S. 75.
(Ueberhaupt mögen Ehemänner und andere Leute, die es an-
geht, sich selber und bei Zeiten um die Fundörter erkundigen,
damit nicht bei Nachtzeit ganze Stadtviertheile durch unsinni-
ges Gelärm und Geschelle an unrechten Glocken aus dem
Schlafe geschreckt, und furchtbar geärgert werden.)

Zweck: Speditionsgeschäfte.

München, Verlag von **Braun & Schneider.** — Papier und Druck von **Fr. Pustet** in Regensburg.

Fliegende Blätter

Bestellungen werden in allen Buch= und Kunsthand= lungen, so wie von allen Postämtern und Zeitungs= expeditionen angenommen.

Nro. 21.

Erscheinen monatlich zwei bis drei Mal. Subscriptionspreis für den Band von 24 Nummern 3 fl. 36 kr. R.=W. od. 2 Rthlr. Einzelne Nummern kosten 12 kr. R.=W. od. 3 ggr.

Adalbert Töckel, der Raucher.

Wie die Männer die Poesie zu verkennen pflegen, welche in dem Strümpfestricken der Frauen liegt, so verkennen auch die Frauen die Poesie, welche in dem Tabakrauchen der Männer liegt. Das Stricken und Stopfen von Strümpfen ist allerdings eine ziemlich nützliche und dabei reinliche Beschäf= tigung, und eine Frau thut überhaupt nichts, was nicht zu= gleich förderte und schaffte und seine Pfennigprocente abwürfe; um wie vieles poetischer dagegen ist das Tabakrauchen der Männer, und zwar schon darum, weil es, wie die Poesie selbst, eigentlich gar nichts abwirft, vielmehr noch Geldopfer verlangt.

Es gibt wirklich Männer, welche ihre Frau lieber missen würden, als ihre Pfeife, denn jene ist häufig kalt und leer an Gefühlsinhalt, wenn der Mann wünscht, sie möchte warm und voll sein, diese läßt sich in jedem Augenblick füllen und in einen brennenden Zustand versetzen; die Frau hat in jedem Augenblicke hundert Spitzen, die Pfeife immer nur eine; die Pfeife steht im Schmollwinkel ohne zu schmollen, die Frau macht das ganze Zimmer zu ihrem Schmollwinkel; der Pfeife kann man eher ein Dutzend Mal den Kopf, als der Frau einmal den Mund stopfen; bei der Pfeife fließen die bittern Säfte nach unten ab, bei der Frau steigen sie nach oben wie Dämpfe, die sich in Form von Tropfen — bei den Frauen Thränen genannt — an den Deckel hängen; die Frau setzt sich ihr Köpfchen selbst auf; der Pfeife wird er aufgesetzt; aber darin sind sie sich ähnlich, daß beiden häufig der Kopf raucht, und daß man beide ausklopfen kann.

Die Pfeife, diese Lippen=, Gaumen= und Luftröhren= Verlängerung des Mannes, diese verschwiegene, treue, anspruchs= lose, demüthige Geliebte, die mit wahrer Inbrunst an seinen Lippen und nur auf sein ausdrückliches Gebot an den Lippen eines Fremden hängt, ist daher des Mannes begleitende und tröstende Freundin geworden durch Freud' und Leid, in Krieg und Frieden, im Müssiggange und bei der Arbeit, zu Wasser und zu Lande. Der Matrose, der Krieger, der arme Gelehrte ertragen alle Stürme des Meeres, alle Schrecken eines Feld= zuges, alle Entbehrungen der Studierstube leichter im Zusam= mensein mit der gemüthlichen Pfeife, die ein nothwendiges Mitglied der menschlichen Gesellschaft geworden ist, und man= cher Student hat sich seinen Hunger, mancher Soldat seine Feigheit, mancher Junggeselle seine glühende Sehnsucht nach

21

einer Tisch= und Bettgenossin, mancher Verliebte den Gram und das seelenmörderische Feuer seiner ungestillten Liebe verraucht.

Wie das erste Kind den jungen Mann zum Vater macht, so macht die erste Pfeife den jungen Menschen zum Mann.

Jeder kennt die Poesie, die uns in der ersten Blume, welche der Frühling erzeugt, entgegen blüht, in der ersten Reise, die wir über das Weichbild der Geburtsstadt unternehmen, uns aus Wald und Thal und Strom entgegenquillt, in dem ersten Kinde, zu dem wir uns als Vater zu bekennen veranlaßt sind, uns entgegenlächelt; aber dieß Alles reicht nicht an die Poesie der ersten Pfeife!

Jetzt hat der junge Mensch Etwas, was er mit Fug und Recht sein nennen kann; etwas Reelles, welches seiner idealistischen Stimmung das Gleichgewicht hält, eine interimistische Ergänzung seines innern Menschen, der nach einem zweiten weiblichen Sein verlangt, um sich mit ihm verschmelzen zu können — kurz, den Vorgeschmack der ehelichen Amalgamirung mit einer jungen Frau, welche durch die Pfeife symbolisch angedeutet und eingeleitet wird.

Und welche männliche Prüfungen muß ein junger Mensch bestehen, ehe es ihm gelingt, der ersten Pfeife vollkommen Herr zu werden! Seht die Krämpfe und Verzuckungen, die um seine Lippen spielen, nachdem er die ersten Züge gethan! Wie er die verhängnißvolle Pfeife immer wieder erlöschen läßt, und immer wieder sie anzündet, als fürchte er, die herbe Prüfung nicht bestehen zu können! Wie er seufzt, stöhnt, würgt, hustet und prustet! Wie endlich seine Lippen blau werden, seine Wangen erbleichen, seine Nase sich verlängert und zuspitzt, seine Augen halbgebrochen starren, und die Angst in Gestalt von Schweißtropfen auf seiner Stirne sichtbar wird! —

Doch nein! ich will dieß herzerschütternde Gemälde nicht weiter ausführen. „Das Leben ist ein Moment" sagt Mortimer, „der Tod ist auch nur einer!" Um wie viel mehr wird das Rauchen der ersten Pfeife nur ein Moment sein.

Der junge Mensch hat endlich die bittere Prüfung bestanden und ein Heiligenschein von Mannhaftigkeit und Würde schwebt um die bleiche Stirn des unerschrockenen Märtyrers.

Aber die Frauen leider verstehen diese Poesie des Rauchens nicht, und es ist dieses Mißverständnisses wegen manche Liebe und manche Ehe aus den Fugen gegangen, und, um so zu sagen, verraucht worden. Hört ihr lieben Leser folgende Geschichte:

Seraphine und Adalbert Töckel waren zwei junge und in sich und ihrem Gott vergnügte Eheleute. „Kein noch so leichtes Wölkchen," würde einer von den früheren Romanschriftstellern sagen, „trübte den Rosenhimmel ihrer Ehe," wobei man freilich eigentlich nicht weiß, was man unter Rosenhimmel zu verstehen hat. Leider ließ sich aber Herr Töckel von einer teuflischen Leidenschaft blenden, die ihn früher beherrscht hatte, von ihm mühsam unterdrückt wurde, jetzt aber wieder mit erneuerter Stärke zum Ausbruch kam. So lange er sich um die Liebesgunst der holden Seraphine bewarb und während der Bräutigamsepoche hatte er seine Tabakspfeife bei Seite gestellt; denn das Tabakrauchen war der Dämon, der ihn beherrschte, von dem aber Seraphine, geborne Pudel, lange Zeit nichts ahnte.

Jetzt als Ehemann und im sichern Besitze seiner liebenswürdigen Herzensdame, suchte er ein altes bestaubtes Gestell von einer Tabakspfeife wieder hervor, setzte sich in seine Arbeitsstube, verriegelte die Thür, stopfte, that ein paar Züge, immer scheu, wie ein Verbrecher, nach der Thür, um sich, hinter sich blickend, ob nicht der Engel von Frau sich durch das Schlüsselloch eingeschlichen habe. Er setzte die Pfeife weg, aber seine Blicke konnten von ihr nicht lassen, und die abgesetzte Geliebte sah ihn so wehmüthig an, so wehmüthig,

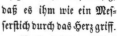

daß es ihm wie ein Messerstich durch das Herz griff.

Noch ein paar Züge! — die Pfeife ist ausgeraucht; mehr nicht, nein, heute nicht. Und doch — die Stube ist ohnehin schon voll Rauch, also eine zweite Pfeife, eine dritte; Adalbert Töckel schwimmt in Rauchwolken; es ist bitter kalt draußen, er öffnet die Fenster; er badet sich in

Eau de Cologne als er zu Tische gerufen wird; nichts hilft: seine junge Frau meint, seine Haare dufteten so eigenthümlich, nach einem Gemisch aus Riechwasser und Tabaksdampf; denn die Frauen haben eine eben so feine Spürnase, als die Jagdhunde, und werden von ihren Müttern eben so gut dressirt.

Herr Töckel schiebt ihren Geruch auf Sinnentäuschung und behauptet, sie müsse den Schnupfen haben. Seraphine geborne Pudel, aber, gründlich und neugierig, wie Frauen in solchen Dingen sind, schleicht sich heimlich auf Adalberts Arbeitszimmer, welches, wie er ausdrücklich begehrte, heute nicht gereinigt werden soll. Sie findet es verschlossen, den Schlüssel abgezogen; aber sie blickt durch das Schlüsselloch — die

Fenster sind geöffnet. Himmel! zwanzig Grad Kälte und die Fenster geöffnet! Eine wichtige Entdeckung, die zu weiteren Enthüllungen führen muß.

Aber für heute schweigt sie; man ist zärtlich gegen einander, doch gezwungener und kälter als sonst, denn sie hat etwas auf dem Herzen, was sie auch gerne auf der Zunge haben möchte, und er hat etwas auf dem Gewissen, was er lieber ganz auf dem Ungewissen haben möchte.

Andern Tags ist er wieder auf dem Arbeitszimmer. Er hat sich das Wort gegeben, nicht zu rauchen; aber die Pfeife steht ihn heute noch viel schmachtender und trauriger an als gestern, gerade wie eine verlassene Geliebte, welche alle ihr zu Gebote stehenden Mittel der Coquetterie aufwendet, um ihren grausamen Liebhaber abermals in ihr Netz zu ziehen. Er kann nicht widerstehen; er stopft, glimmt an und raucht in vollen Zügen gerade wie gestern; das Verbrechen wächst; jeder Zug ein Frevel; und Zug auf Zug und Frevel auf Frevel! Er öffnet die Fenster, er hüllt sich tief in Pelz und Schlafrock, er friert, daß ihm die Zähne klappern; aber er raucht doch; und der Unglückliche ahnt nicht, daß Seraphine durch das Schlüsselloch ihn beobachtet.

Beim Mittagessen hält er sich von seiner Frau möglichst ferne; sie aber thut höchst unbefangen, zärtlich, schmiegt sich an ihn, er rückt fort, sie ihm nach.

„Warum fliehst Du mich, Lieber?" sagt sie vorwurfsvoll — jetzt umschlingt sie ihm, er hält den Athem an, sie aber nähert ihr Spürnäschen seinen Haaren.

„Schrecklicher Mensch!" ruft sie plötzlich und fährt zurück. „Leibhaftiger Tabaksduft! Unglücklicher! Du rauchst wohl?"

Verlegen wie er ist, stammelt er etwas von einem Freunde, der ihn besucht und in seinem Arbeitszimmer eine halbe Cigarre geraucht habe. Sie schüttelt ungläubig den Kopf, läßt sich aber für heute noch beschwichtigen, um den Hauptausbruch ihres Zorns auf eine gelegenere Zeit aufzusparen. Doch tritt wieder eine merkliche Verstimmung ein.

Und so kam der dritte Tag.

Adalbert Töckel kämpfte wie ein Held mit sich selbst und mit der Pfeife, die, ihres Triumphs gewiß, heute verlockender und verführerischer aussah, als je, wenn auch weniger schmachtend und betrübt sehnsüchtig. Aber er konnte in der Nähe seiner Geliebten nicht arbeiten, er dachte an sie, er liebäugelte mit ihr. Nach einer Stunde meinte er: für alle Fälle stopfen kannst du sie, das wird dir auch deine Frau nicht verargen.

Gedacht, gestopft! —

Er hatte heute eine neue Sorte Tabak. Wie mag er schmecken? Die Wißbegierde wuchs: und eh' er selber noch wußte, wie es kam, duftete ihm das Aroma des edelsten Varinas um die Nase, die sich auf diesem höchsten Stadium ihrer Glückseligkeit fast in einen Verklärungsschimmer zu hüllen schien. Ein Engelslächeln spielte um seine Lippen, über seine Wangen zuckte es wie das Roth der ersten Jugendliebe. Gerade die Heimlichkeit, das Verbot steigerten den Genuß. Die Thür war abgeriegelt, sogar das Schlüsselloch heute mit Papier verstopft.

Plötzlich klopfte es. Herr Töckel fuhr zusammen, und zitterte heftig. Wer klopft? rief er unmuthig.

„Oeffne doch, lieber Mann!" klang die zarte Stimme Seraphinens, die sich auf Socken herbeigeschlichen hatte; „was für Heimlichkeiten treibst Du denn, daß Du Dich einschließest?"

Entsetzt schleuderte Adalbert die Pfeife auf den Boden, daß der Kopf zerbrach und die Asche umherstaubte.

„Weib!" rief er zornig, und es war das erste Mal, daß er sein liebes Frauchen mit Weib anredete, „Du weißt, wie ungern ich mich in meinen Arbeiten stören lasse. Was führt Dich zu mir?" —

„Etwas höchst Wichtiges!" betheuerte Madame Töckel, indem sie zugleich versicherte, daß sie nicht wanken noch weichen werde.

Der unglückliche Töckel öffnete endlich, da die sonst so zarte Stimme der Madame Töckel immer durchdringender wurde, und man kann sich denken, welche Ehestandsscene, die erste zwischen beiden Gatten, nun erfolgte. Sie behauptete, daß sie höchst unglücklich verheirathet sey, da ihr Mann rauche, er habe sie betrogen, er kenne ihre Antipathie gegen das Tabakrauchen, das ihr noch abscheulicher sei, als der Trunk, lieber möge er täglich im Dusel sein; sie beklagte die eben erst aufgesteckten reinen Fenstervorhänge und sich selbst, während er ihr vorwarf, sie habe ihn verrätherisch belauscht, sie habe hier nichts zu suchen, in seiner Stube sei er Herr und könne thun und lassen was er wolle — endlich, nachdem sie einen Strom von Thränen vergossen, und ihres Mannes Zorn gelöscht hatte, verglich man sich dahin, daß es ihm gestattet sein solle, jeden Morgen eine Cigarre der feinsten und wohlriechendsten Art auf seinem Zimmer rauchen zu dürfen, das Pfeifenrohr aber wurde in Beider Dasein auf dem Feuerherde in einem feierlichen Auto da fe verbrannt.

Aber man lasse den Löwen Blut lecken und sein Blutdurst wird wachsen; so auch der Rauchdurst des Herrn Töckel. Er rauchte häufig zwei, drei und vier Cigarren, er begann überhaupt seine Frau zu meiden, er begleitete sie nicht mehr auf ihren Spaziergängen, er ging lieber allein und verpaffte und verpuffte seine Zärtlichkeit vermittelst der Cigarren in die Luft; er blieb selbst Abends nicht mehr zu Hause, sondern begab sich in eine Bierstube, wo er eine neue Geliebte, eine

Meerschaumpfeife, und diese ihn unterhielt; er kam häufig mit einem Spitz, d. h. einem Rausch, nach Hause, und entschuldigte sich vor sich selbst mit der Grausamkeit und Hartherzigkeit seiner Frau, welche ihn zu Hause nicht rauchen lassen wolle.

Sie aber behauptete das ganze Haus, die Wäsche, die Betten dufteten nach Tabak, man könne es nirgends mehr aushalten, sie sank in Ohnmacht, wenn er aus der Bierstube nach Hause kam, obgleich er ihr vorhielt, daß sie und andere Damen im Wintergarten, wo hunderte von Cigarren in Arbeit seien, recht wohl ausdauerten; kurz der häusliche Frieden war untergraben, der Riß wurde weiter und weiter, die Zungen schlugen sich gegenseitig Wunden, die nicht mehr zu heilen waren und immer heftiger bluteten, und immer mehr die edelsten Organe des ehelichen Verhältnisses angriffen — und so trennte man sich endlich, mit beiderseitiger Bewilligung und zu beiderseitigem Vergnügen.

Er hat nie wieder geheirathet, um seiner alten Geliebten, der Pfeife, ganz und gar leben zu können, und sie durfte nicht darauf rechnen, einen zweiten Mann zu bekommen, da der Fluch auf ihr haftete, wenn auch einen Mann, doch keinen Tabakrauchenden ertragen zu können.

Dies ist die tragische Geschichte von Adalbert Töckel und Seraphine, geborne Pudel, geschiedene Töckel, allen Eheleuten zur Lehr' und Warnung aufgeschrieben.

Hermann Marggraff.

Was mir ein Arzt erzählte
Von einem Traume bang,
Ich euch zum Lied erwählte,
Hört freundlich den Gesang!

Er sprach: ich denk mit Schauern
Stets an den tollen Traum;
In eines Kirchhofs Mauern
Saß ich an einem Baum.

Kein goldner Vollmond schiffte
Durch's stille Rebenthal,
Es zuckte durch die Lüfte
Entfernter Blitze Strahl.

Ich aber saß beklommen,
Als drohte noch was mehr,
Sprach: wie bin ich gekommen
Um Mitternacht hieher?

Ich seufzte und ich grollte,
Da hör' ich dumpfes Schall'n
Als ob die Erd' entrollte
Den Grabeshügeln all'n

Der Mond aus Wolkenbergen
Auf einmal strahlend bricht,
Da seh' ich, wie aus Särgen
Steigt Leich an Leiche dicht.

Die lenken ihre Schritte
Gerade auf mich zu,
Ich aber rief: ich bitte,
Ihr Todten! kehrt zur Ruh!

Schnell will ich mich erheben,
Gebannt blieb ich am Baum,
Die Leichen zu mir schweben. —
O nie vergeſſ'ner Traum!

Die erste wie im Grimme
Hebt auf die schwarze Hand,
Und spricht mit hohler Stimme:
Mein Tod war heißer Brand,

Du aber hast gestecket
Moschus in mich hinein,
Die Gluth noch mehr gewecket,
Der Tod half mir allein.

D'rauf mit den Knochenhänden
Die zweite weist auf's Herz:
Und spricht: so mußt' ich enden
Hier innen saß mein Schmerz.

Du aber gabst mir Pillen
Und Tränke für die Brust,
Mein Leiden hat zu stillen
Allein der Tod gewußt.

Die dritte kommt geschritten
Und streckt mir hin ihr Bein:
Hätt'st du dieß abgeschnitten,
Würd' ich noch lebend sein.

Doch du auf meine Klagen
Sprachst: Tod und Leberthran
Heilt dich in wenig Tagen, —
Der Tod nur hat's gethan.

Die vierte mit dem Kopfe
Stets nickte hin und her:
Wie war mir armen Tropfe
Im Leben der so schwer!

Hätt'st Wasser mir gegeben
Statt China immerdar,
So wär' ich noch am Leben —
Der Tod mein Helfer war.

Jetzt kommt die fünfte Leiche
An Krücken zu auf mich.
Ich kenne sie, rief: weiche!
Die Erde decke dich!

Fort! fort! sie deck' euch alle
Ihr Todten! fort vom Licht!
Da ruft's mit grellem Schalle:
Arzt! mit dir in's Gericht!

Nun kommt der Tod gegangen:
Die Leichen singen: „Tod!
Mit Kränzen sei umfangen,
Du Retter aus der Noth!

Preis Arzt dir, der gefunden
Den Balsam Grabesruh;
Du bandest unsre Wunden
Sanft mit dem Sargtuch zu."

Und jetzt an mir vorüber
Schwebt Tod und Leichenchor,
Schnell wird der Himmel trüber
Das Mondlicht sich verlor,

Zum Baum, wo meine Stätte,
Ein Blitzstrahl niederkracht,
Davon bin ich im Bette
Vom tollen Traum erwacht.

———

Justinus Kerner.

Der Staatshämorrhoidarius.

(Fortsetzung.)

Der Staatshämorrhoidarius wieder am Actentische. Ein Lakai überbringt ein Handbillet. „Wie — ich?! — zu Sr. Excellenz dem Herrn Staatsminister — ?!

Der Staatshämorrhoidarius kömmt decorirt von der Audienz zurück.

In Folge des dieser Anerkennung zu Ehren, von den Collegen des Gefeierten gegebenen Festdiners (das Couvert mit einer Flasche Gesellschaftswein zu **30** kr. R. W.) stellen sich neue Beschwerden und Anschoppungen im Unterleibe ein. Der Arzt wird abermals zu Rathe gezogen und verordnet Bewegung, wo möglich Reiten.

Die Anwesenheit der Gesellschaft **Lejars et Cuzent** veranlaßt den Staatshämorrhoidarius nach Baucher's Methode (vermöge deren das unbändigste Pferd und der ungeschickteste Reiter in zehn Tagen gänzlich dreffirt werden) Unterricht zu nehmen. — Erste Lection bei Herrn Lejars. —

Zweite Lection. Die Trefflichkeit der Methode bewährt sich. Der neue Schüler macht ungeheure Fortschritte.

Dritte Lection. Die Fortschritte werden immer auffallender.

Der Staatshämorrhoidarius, von der Kunstfertigkeit der **Mdlle. Pauline Cuzent** bezaubert und hingerissen, bietet ihr Herz und Hand an.

Der Staatshämorrhoidarius wird ein kühner Reiter. **Steeple Chase** mit Hindernissen. Er setzt über einen Riesenstoß von Aktenretardaten.

Naturgeschichte.

Bei bedeutend herabgesetzten Preisen.

Fruges consumere natus. Hor. Epist. I. 2, 27.

Homo bestialescens. Ling. volg. vel acerb.

Zu Deutsch: **Der Epicureer.**

Kennzeichen: Hat sehr viel Geld oder Schulden, schöne Pferde und Kutschen, Landgüter, Köche, Affen, Hunde, Lakeyen, eine (?) Frau u. s. w.

Fundort: In Residenzstädten und Luxusörtern civilisirter Länder.

Beschäftigung: Rein animalisch, als: essen, trinken, schlafen ꝛc. ꝛc., kutschiren, reiten, fahren.

Zweck: fruges consumere.

☞ Achtung! und Dank! ☜

Hohe, Verehrungswürdige! Gönner und edle Menschenfreunde hiesiger Stadt!

Da auf vielseitiges Verlangen eines hohen Adels, löblichen Militärs und geehrten Publikums meine große Menagerie, die ich vor den Häuptern der meisten hohen Potentaten Europas zu zeigen die Ehre mich schmeicheln darf heute dieselbe zum allerletztenmal allhier gezeigt zu werden verlangen, so scheide ich mit meinem und meiner ungezogenen Kinder Dankgefühle: so wie die ergebenste Anzeige, daß ich kommenden Jahrmarkt mit einer neuen hier nie gesehenen Sammlung von gut und sicher verwahrten Thieren, alle von der Polizei untersucht, so daß gar keine Person nichts zu befürchten hat, in dieser Stadt hier eintreffen werde. Die Sammlung wird wo möglich alle bis jetzt noch hier fehlenden Thierklassen in Pracht=Exemplaren aufweisen, so viel es bei unsern sehr beschränkten Lage und Mitteln möglich ist: so wie ich keine Kosten und Mühe scheue, ohne daß ich deßwegen die Entréepreise zu erhöhen mich schmeichle.

Leben Sie wohl! Unvergeßlich werden mir stets Ihre Bewohner seyn!

van Broek, Menagerie = Inhaber.

München, Verlag von **Braun & Schneider.** — Papier und Druck von **Fr. Pustet** in Regensburg.

Bestellungen werden in allen Buch- und Kunsthandlungen, so wie von allen Postämtern und Zeitungsexpeditionen angenommen. **Nro. 22.** Erscheinen monatlich zwei bis drei Mal. Subscriptionspreis für den Band von 24 Nummern 3 fl. 36 kr. R.-W. od. 2 Rthlr. Einzelne Nummern kosten 12 kr. R.-W. od. 3 ggr.

Die Königin.
Eine jütländische Volkssage.

I.

„— — Reich' ihr die Hand, mein Kind!
Die Mutter will dir sagen,
Was du erlebst in spätern Tagen.‟

Altes Schauspiel.

Auf dem Herrenhofe Lönborg, der zum Amte Ringkjöbing gehört, war vor vielen Jahren in einer Abendstunde des Monats December Alles in geschäftiger Bewegung. Baronesse Hjelm, die Gemahlin des Besitzers, war nämlich von einer Tochter entbunden worden. Diener und Mägde rannten die Stiege auf, die Stiege ab; während der Doktor, die Hebamme, die Freundinnen der Frau und sonstige bei einer solchen Gelegenheit unentbehrliche Personen im Saale versammelt und in eifriger Unterhaltung miteinander begriffen waren.

Abgesondert von diesen, in einer Kammer neben dem Krankenzimmer, saß ein altes Weib. Graue, buschige Haare hingen ihr über die runzelige Stirne herein, eine lange, gebogene Nase überragte den größten Theil ihres häßlichen Gesichtes, und wie sie so dasaß, mit ihrem zahnlosen Munde unverständliche Worte murmelnd, hätte sie mancher Furchtsame

für die Mutter des Teufels gehalten, den sie zu einem geheimen Zwiegespräch herbestellt habe. Sie mochte wohl schon lange hier harren und des Wartens müde sein, denn sie erhob sich mehrmals und lauschte an der Thüre. Auf einmal heiterten sich ihre Züge auf; ein großer, schlanker Mann trat mit dem neugebornen Kinde auf den Armen zu ihr ein. Sein Antlitz trug das Gepräge der innerlichsten Freude, er war ja der Vater, der dem Weibe sein Kind brachte, um dessen künftiges Schicksal zu erfahren.

Mutter Lisb', — so hieß man das Weib, welches das Orakel der ganzen Gegend war, — betrachtete geraume Zeit aufmerksam Hände und Augen der Kleinen, ohne sich um den Doktor zu kümmern, der hinter dem glücklichen Vater nachfolgte und mit einem spöttischen und ungläubigen Lächeln auf sie hinschaute. Endlich erhob die Wahrsagerin ihre Stimme und brach in folgende Worte aus:

„Ich sehe eine Krone um das Haupt dieses Mägdeleins; sie wird, wenn die Zeit kommt, die Königin eines großen Volkes werden; aber nun merke Er auf meine Worte, Vater Hjelm! Das, was ich Ihm jetzt sage, ist mehr als Wind.‟ — Der Baron nickte zufrieden mit dem Kopfe. — „Das Erstemal, wo Er über einen Weg fährt,‟ fuhr Lisb' fort, „muß Er eine gute Handlung thun, dann wird Alles richtig eintreffen, was ich Ihm gesagt habe. Bringt nun das kleine Ding wieder zur Mutter, es zittert ja vor Kälte.‟

So erzählt die Sage von der Geburt dieses Kindes. — Am anderen Tag verließ die Alte reichlich beschenkt das Schloß; ihre Weissagung aber verbreitete sich wie ein Lauffeuer in der ganzen Gegend.

22

Als die Zeit kam, wo die Kleine getauft werden sollte, nahmen Vater und Mutter den Kalender zur Hand, um den allerschönsten Namen für dieselbe herauszusuchen; der Vater hätte ihr gern einen romantischen Namen gegeben, allein er bequemte sich, den Bitten seiner Frau nachzugeben, und das kleine Fräulein Hjelm erhielt bei der Taufe in der Egvad=kirche, nach der Mutter der Baronesse den Namen „Cäcilia."

Auf dem Heimwege nun, fuhren sie durch das Dorf Vostrup, wo auf einmal eine zahlreiche Schaar Bauern ihre Aufmerksamkeit erregte. Der Baron ließ halten, in dem Glauben, daß diese Versammlung ihm zur Ehre geschehe, der gute Mann hatte sich jedoch geirrt; es lag etwas ganz An=deres zu Grunde.

Vor der Hütte armer Taglöhnersleute war ein neuge=borner, schwächlicher Knabe, in Lumpen eingewickelt, gefun=den worden. Da die Leute, denen er gelegt wurde, zu arm waren, um ihn selbst zu ernähren, brachten sie den Knaben zum Vogte, damit er auf Communkosten erzogen werde. Dieser schlaue Mann wußte nun keinen bessern Rath, als die Leute des Kirchenspiels zusammenrufen zu lassen und den Elternlosen auf dem Wege der Versteigerung an den Wenigst=nehmenden loszuschlagen. Das Geschäft war eben in vollem Gange; ein Bauer machte das Gebot, die Verköstigung für achtzehn Schillinge Monatgeld übernehmen zu wollen, als Hjelm aus dem Wagen stieg, um dieser Licitation eigener Art zuzusehen. Da schleppte sich ein altes Weib, auf einen Stock gestützt, zu ihm hin, und legte ihre Hand auf seine Schulter. Unwillig über eine solche Vertraulichkeit wandte sich der Baron gegen sie, die Alte ließ sich jedoch durch seine zürnende Miene nicht abschrecken.

„Denk' Er an das, was ich Ihm gesagt habe," raunte sie ihm in die Ohren, „heute ist es seit jenem Abend, wo die Kleine geboren ward, das Erstemal, daß Er über einen Weg fährt, und hier ist Gelegenheit zu einer guten Handlung."

So redend verschwand Lisbeth; Hjelm fand sich von ihren Worten getroffen, er ging zum Vogte hin, der ihm auf seine Zusage, das Kind unentgeltlich aufzuziehen, dieses gern überließ. Die Baronesse rümpfte freilich die Nase, als ihr Gemahl mit dem kleinen, schmutzigen Knaben auf den Armen, zum Wagen hintrat, aber der Baron war Herr im Hause, Alles ward geordnet, und acht Tage später ließen sie den Knaben taufen und unter dem Namen „Theodor," was soviel als „Gottesgabe" bedeutet, in das Kirchenbuch von Egvad eintragen. —

Als nun die beiden Kinder größer wurden, gaben sich auch ihre verschiedenen Sinnesanlagen zu erkennen. Theodor hatte eine auffallende Unlust zu jeder sitzenden Beschäftigung; er bildete den vollkommensten Gegensatz zur kleinen Cili, wie man sie nannte. Es war unmöglich, ihm Etwas zu lehren,

was mit Nachdenken verbunden war und Ausdauer erforderte; dagegen war er ein trefflicher Schütz und ganzer Jäger. Er konnte schwimmen wie ein Fisch, lief mit dem Sturmwinde um die Wette, und wenn er zuweilen Cili mit auf seine Streifzüge verlockte, fand man sie Beide am Damme außen, in einem losgebundenen Boote sich herumtreibend, oder der verwegene Knabe stieg auf eine von den Tannen, die an der Rückseite des Schloßes standen, während das zarte Mädchen im Garten stehend zu ihm hinaufsah und in kindlicher Freude in die Händchen klatschte, wenn sie den lieben Bruder so hoch oben sah.

Je älter die Kinder wurden, desto fester ketteten sie sich aneinander, merkwürdig genug, da Cili, wie gesagt, den vollkommensten Gegensatz zu Theodor bildete; es war um=sonst, daß ihr die Baronesse bei jeder Gelegenheit einschärfte, welcher Unterschied zwischen ihr und dem Bruder herrsche; und eben so wenig half es, daß sie ihr erzählte, was die alte Frau über ihr künftiges Schicksal geweißsagt habe. Mutter Lisb' kam ja selbst, wenn sie so auf den Feldern außen spaziren gingen, ohne daß Jemand darum wußte, sehr oft zu ihnen, liebkoste Beide, und bat sie allzeit, sich lieb zu haben. — So wurden die Kinder dreizehn Jahre alt, Theo=dor konnte mit genauer Noth lesen, desto besser verstand er aber mit seiner Büchse umzugehen. Er hatte sich einen großen Hund abgerichtet, der nun sein beständiger Begleiter auf allen seinen Ausflügen ward. Zuweilen mehrere Tage von Lönborg abwesend, wußte Niemand, wo er sich die Zeit über aufhielt; die lange, dunkelbraune Haide war sein Tummelplatz und liebster Aufenthaltsort, er kannte die Gegend auf einen Um=kreis von vielen Meilen eben so gut, wie der Hase sein Lager kennt. Sein Charakter erlitt bedeutende Veränderungen, oder richtiger, die verborgenen Keime desselben entwickelten sich immer mehr und mehr, aber das Verhältniß zwischen ihm und Cili blieb immer dasselbe. Es schien, als ob sie sich noch fester an den Jungen anschließe; innig und herzlich, wie wenn Beide nur eine Seele hätten.

Um diese Zeit ereignete es sich, daß die Schwester der Baronesse nach Lönborg kam und den Wunsch äußerte, das junge Fräulein mit nach Copenhagen zu nehmen, um dort deren Erziehung zu vollenden. Frau Hjelm war über dieses Anerbieten sehr erfreut, weil sie darin einen Ausweg sah, die Kinder von einander zu trennen, was sie bis jetzt vergeblich versucht hatte. Cili selbst schien daran Gefallen zu finden, sie erzählte es Theodor, und noch am nämlichen Abend will man sie im Garten unten mit der alten Lisb' in eifrigem Gespräche gesehen haben. Theodor fuhr fort zu singen und zu jubeln wie vorher, am nächsten Morgen aber, als der Wagen der Schwester vor der Thüre hielt, suchte man ihn und Cili vergebens, — sie waren spurlos verschwunden, auch der

Hund des Jungen war fort. Der Baron ließ die ganze Gegend durchsuchen, aber vergeblich; die Verschwundenen kamen nicht zurück, und seit jenem Tage sah man Mutter Lisb' nie mehr in Lönborg.

Man kann sich wohl denken, daß die Eltern über dieses Ereigniß, das sie so unerwartet überraschte, in tiefe Trauer versanken. Der Baron erwartete in den ersten vier Tagen jeden Augenblick die Rückkehr der Kinder; er konnte sich gar nicht denken, daß sie für immer fortbleiben sollten. Die Baronesse verzweifelte, denn Cili war ja ihr einziges Kind, ihre Freude und ihr Stolz, sie war ihr Alles. — Auf diese Weise vergingen mehrere Jahre, die Zeit milderte wohl den Schmerz der Eltern, brachte ihn aber nicht in Vergessenheit.

Es war an einem späten Sommerabende, während der Baron und seine Gemahlin im Garten sich ergingen, als auf einmal im Hofe ein großer Lärm entstand. Ein Diener des Barons stürzte auf ihn zu und blieb mit dem athemlosen Ausrufe: „Gnädiger Herr! Karo ist zurückgekommen!" vor ihm stehen. Der Baron wußte Anfangs nicht, was der Diener damit meinte, aber in demselben Augenblicke fuhr ein großer, graugefleckter Hund mit freudigem Bellen auf ihn zu; und siehe! — es war der Hund, den Theodor abgerichtet hatte und der mit ihm verschwunden war. Eine frohe Hoffnung durchleuchtete die Seele der Baronesse, sie nahm die Rückkehr des Thieres als ein Zeichen an, daß auch sein Herr in der Nähe sein müsse. Nachdem der Gutsherr den Diener ausgefragt, wann und von welcher Seite Karo gekommen sei, ließ er alle Leute des Hofes zu Pferde steigen, ritt selbst an der Spitze voraus, und dann ging es voller Eile über die Haide hin, um wo möglich den Flüchtlingen auf die Spur zu kommen. Der Gutsherr befehligte die erste Hälfte und zog gegen Vostrup hin; die zweite Abtheilung von einem alten, verabschiedeten Trompeter angeführt, der auf Lönborg das Gnadenbrod erhielt, gen Tarm und Skjärnaa. Diesem letzten Trupp folgte Karo als Wegweiser.

Schon brach die Nacht herein, die Luft war von der Hitze des vorhergehenden Tages noch ziemlich warm, und die Blumen beugten ihre durstigen Häupter zur Erde und schlürften den fallenden Thau. Kaum vermochten die Eilenden zwei Schritte vorauszusehen, so dick war der Nebel, der von Feld und Moos aufdampfte, die Rohrdommel sang unten im Schilfe bei Skjärnaa, und die Fledermaus flatterte lustig von einer Stelle zur andern.

Unten in einem Hohlwege bei Tarm lagen vier baumstarke, breitschulterige Männer und hielten ihre Abendmahlzeit. Sie hatten eben ein Lamm geschlachtet und brieten es an einem Torffeuer, das in dunkelrothen Flammen emporloderte. Man hatte Mühe, aus dem Gespräche, das diese Leute führten, klug zu werden; sie sprachen eine fremde, aber volltönende Sprache, und begleiteten dieselbe mit lebhaften Geberden. Als das Mahl geendet war, steckten sie die Reste zu sich, jeder nahm seine Thonpfeife hervor, stopfte und zündete sie an, und dann streckten sie sich gemächlich auf der Erde aus. Es verging wohl eine Stunde, ohne daß ein Wort gesprochen ward. Jeder schien seinen eigenen Betrachtungen überlassen. Plötzlich ertönte in der Nähe Hundegebell, die Männer stutzten, erhoben die Köpfe und flohen mit gewaltigen Sätzen tiefer in die Haide hinein; aber die Verfolger waren ihnen auf den Fersen, der alte Trompeter hatte sie gesehen, bevor sie sich flüchteten, er setzte ihnen nach und holte den Einen von den Männern ein, der hinter den drei Andern zurückgeblieben war. Mit einem jubelnden Freudengeschrei band der alte Kriegsmann Hände und Füße des Unbekannten zusammen, während Karo's klagendes Gebell kund gab, daß sie den in ihre Gewalt bekamen, den sie gesucht hatten. Der Gefangene ward gebunden auf ein Pferd gesetzt, des Trompeters Getreue umringten ihn, und so ging es über Stock und Stein wieder nach Lönborg zurück.

Der Baron war bereits heimgekommen und ließ den Gefangenen gleich vor sich führen. Es war ein junger Mann mit kohlschwarzen, gekräuselten Haaren und feurigen, glänzenden Augen. Man konnte sich keine schönere Figur, noch ein richtigeres Ebenmaß denken, als das, welches man hier sah, der bloße Anblick dieses Menschen war auffallend und eindrucksvoll. — Hjelm stutzte, er betrachtete ihn fest und steif, als ob er seinen eigenen Augen nicht traue. Die Baronesse warf nur einen Blick auf ihn, und stieß dann einen Schrei aus, — es war Theodor, der vor ihr stand! In einen Winkel gedrückt suchte er, lautlos, ihren Blicken zu entgehen, und that, als ob er die Ehrennamen, mit denen ihn sein Pflegevater überhäufte, nicht höre. Wenn er ja einmal emporschaute, so fuhren seine Augen schnell und scheu von einem Gegenstande im Zimmer zum andern. Er glich einem gefangenen Wilden, der zum Erstenmal in eine europäische Wohnung kommt. Vergeblich fragte der Baron nach Cili, Theodor biß die Lippen zusammen und schwieg; endlich ging die Baronesse zu ihm hin, legte ihre Hand auf seinen Arm und fragte mit dem freundlichsten Tone: „Warum schweigst du? Wo ist Cili? Sprich, mein Sohn! ich bitte dich darum."

Er schüttelte den Kopf und erwiederte nichts.

„Theodor!" fuhr sie weinend fort, „vergiltst du auf diese Weise die Liebe deiner Pflegeeltern? Siehst du meine Angst nicht? Wo ist meine Tochter?"

Diese Worte schienen ihn plötzlich zu wecken, er erhob das gebeugte Haupt, betrachtete die Baronesse eine Zeitlang mit glänzenden Augen, und rief dann mit tiefer und hohler

Betonung: „Cili? — Ich weiß nichts von ihr, ich habe mich nie um Andere bekümmert.“ —

„Und wo hast du dich seit deiner Abwesenheit umhergetrieben?“ fragte Hjelm in einem milderen Tone, als vorher, „warum verließest du uns?“ —

„Weil ich nicht Lust hatte, hier länger zu bleiben!“ murmelte er leise und sank wieder in die vorige Stille zurück.

„Gut, Junge! Gut!“ schrie der Gutsherr erbittert. „Ich will dir reden lehren. Morgen führe ich dich nach Ringkjöbing und übergebe dich den Händen der Gerichte!“ — Er schellte und gab dem Trompeter, der indessen mit gezogenem Palasch und zwei großen Reisepistolen in den Seitentaschen vor der Thüre außen Wache gehalten hatte, den Auftrag, ihn zu binden und dann in die Thurmkammer hinaufzuführen. „Dort kannst du die Nacht über sitzen!“ rief er, als man Theodor fortführte, „und wenn du morgen nicht gutwillig eingestehst wo sich meine Tochter befindet, lasse ich dich nach Ringkjöbing bringen; du hast die Wahl!“

Der Gefangene warf einen wohlwollenden, gerührten Blick auf die Baronesse hinüber und ließ sich dann ohne Widerstand fortführen.

In derselben Nacht sahen die Leute von Lönborg eine leichte, weißgekleidete Gestalt, mit einem Lichte in der Hand, im Aufgange zum Thurme verschwinden; es war Frau Hjelm, die noch einen Versuch machen wollte, das Herz des jungen Menschen zu rühren. Als sie in den Thurm kam, war Theodor verschwunden. Schon wollte sie die Kammer wieder verlassen, als sie zufällig zum Fenster hinauf sah; eine dunkle Gestalt saß zusammengekrümmt in der Fensterwölbung; Theodor hatte sich der Bande befreit, zwei von den Eisenstangen zur Seite gebogen, und wollte eben durch die Oeffnung schlüpfen, als die Baronesse die Kammer aufschloß und eintrat.

„Theodor!“ rief sie mit zitternder Stimme, „was treibst du? Ich komme dich zu befreien.“

„Ich habe es selbst gethan!“ erwiederte er kurz und suchte die letzte Eisenstange zu lösen; das Eisen gab nach, fiel in den Thurm herein, und er stieg durch die Oeffnung.

„Und mein Kind? Was ist aus dem geworden? Theodor!“ schrie die Baronesse in fürchterlicher Angst, „Theodor! hörst du nicht! wo ist meine Cili?“

Er schien sich auf eine Antwort zu bedenken, doch plötzlich gewann sein besseres Gefühl die Oberhand, er neigte sich zurück und flüsterte: „Fürchte nichts, gute Frau! Cili hat es gut; sie vermißt Nichts.“ — Das waren seine letzten Worte. Er verschwand, und ein dumpfer, hohler Schlag tönte über den ganzen Hof, wie wenn ein schwerer Körper von einer bedeutenden Höhe herabgestürzt wäre; die Baronesse kehrte weinend in ihr Zimmer zurück. Als der nächste Morgen kam, war der Gefangene verschwunden; Niemand konnte begreifen, wie er aus dem Thurme kam, der sechzig Fuß hoch und ringsherum von spitzen Feldsteinen umgeben war.

II.

Wer junge Wölfe nährt am eignen Herde,
Der nährt für ihren Raub auch seine Heerde.

Saxo Grammaticus.

Seit dieser Nacht waren sieben Jahre vergangen. In all' dieser Zeit hatte man auf Lönborg von den Verschwundenen nichts mehr gehört. Die Sorge untergrub die Gesundheit der Baronesse, und auch bei dem Gutsherrn konnte man die Spuren des Grames deutlich sehen, sein Haar wurde grau, und das Alter beugte ihn vor der Zeit. Nirgends waren die verlassenen Eltern mehr zufrieden, die Heimath war ihnen verhaßt, und wenn sie zu Fremden kamen, erinnerte sie der Anblick von Kindern allzeit an das, was sie verloren.

Es war im Herbste, die Haide stand voll Blumen und der Wind pfiff kalt und schneidend vom Meere herein, als Beide in einer Abendstunde von einem Herrenhofe heimfuhren, wo sie acht Tage zugebracht hatten. Der Baron fand die Gegend sehr unheimlich, er war schlechter Laune und blickte ernst und finster vor sich hin. Da kam des Weges daher eine Schaar Männer ihnen entgegen, die in kurzen Zwischenräumen einige heisere, langgezogene Töne ausstießen. Ueberrascht, auf eine so seltsame Weise die Stille der Steppe unterbrochen zu sehen, ließ der Gutsherr anhalten, um den Zug besser in Augenschein nehmen zu können.

Es waren Leute, die sehr gut zu der Stelle paßten, auf der sie sich herumtrieben; ihre Haare waren von der Farbe der Nacht, und ihre Gesichter so dunkel und fahl wie die Haide, über die sie hinschritten. Es konnten wohl Zwanzig sein; die Größten von dem Zuge trugen eine große Kiste auf den Schultern, die in eine Pferdedecke eingewickelt war. Es mußte unter ihnen etwas Seltsames vorgefallen sein, das sah man hinlänglich aus ihrem langsamen, abgemessenen Gange und dem trauernden Ausdrucke ihrer wilden Gesichter. Voran ritt ein junger Mann auf einer abgemagerten, alten Mähre, er hatte einen großen, weißen Stab in der einen Hand, und leitete sein Thier mit der andern.

Während Hjelms und seiner Frau Aufmerksamkeit auf die Ankommenden gerichtet war, erhob sich ein altes, bleiches Weib von einem Graben in der Nähe, wo sie bis jetzt gesessen hatte. Sie ging zum Wagen hin und rief mit hohler Stimme: „Steig' herab, Mann! auch Du, Frau! ich will Euch zeigen, was Euer Herz wünscht!"

Ueberraschung und Schrecken überfiel das Ehepaar bei diesen Worten. In dem eisigen Tone, womit die Alte sprach, lag Etwas, das in ihrem Innern jede Saite zum Zittern brachte. Mechanisch stiegen sie aus und folgten der Alten. Sie ging quer über die Haide hin auf die Männer zu, die sich bis jetzt mit langsamen Schritten vorwärtsbewegt hatten, und nun stille hielten, während sie die Kiste auf die Erde niederstellten; darauf wandte sie sich mit folgenden Worten gegen den Anführer: „Sieh' einmal auf, lieber Sohn! hier ist Jemand, den du wohl kennst!" Der Mann erhob sein Haupt, die Baronesse fuhr erschreckt einen Schritt zurück, denn sie schaute in das todtenbleiche, schmerzbewegte Antlitz Theodors.

„Komm' näher, Mann!" rief die Alte und trat zur Kiste hin; sie zog die Decke weg, und öffnete die Truhe. Drinn lag ein junges Weib, in ein grobes, aber reines Tuch eingehüllt, einen Thimiankranz um die Locken gewunden. Die Baronesse erbleichte beim Anblick dieser Leiche, in diesen Zügen irrte sie sich nicht, sie waren in ihr Herz eingegraben. Sie stieß einen durchdringenden Schrei aus: — „Cili! mein einziges, mein verlornes Kind!" — Die Mutter sah ihre Tochter wieder. —

Es war ein erschütternder Anblick, diese Gruppe zu sehen. Der Baron weinte laut, Theodor beugte sich über das Pferd hin, um seine Thränen zu verbergen, nur die alte Lisbeth stand anscheinend gleichgültig an der Seite der Leiche. Sie stützte sich auf ihren Stab, ihre langen, weißen Haare flatterten im Winde.

„So mußte ich dich wieder treffen!" rief endlich die Baronesse, indem sie sich von der Leiche erhob, vor der sie hingesunken war. „So sollte es erfüllt werden, Lisb'!"

„Es ist erfüllt!" — erwiederte die Hexe mit kreischender Stimme. „Deine Tochter war Königin eines großen Volkes!"

„Wie?" rief Hjelm, „erkläre dich, Weib!" —

„Sieh' hin vor Dich!" — fuhr die Alte fort. „Sieh' hin, den Du Theodor nennst, er ist der Größte von uns Allen; Eure Tochter war sein Weib, sie war unsers Königs Königin. Doch laßt uns jetzt in Friede, wir müssen die Todte begraben." Mit diesen Worten schloß die Alte die Truhe, hüllte sie in das Tuch ein, und die Männer hoben sie wieder auf ihre Schultern, um die unterbrochene Wanderung fortzusetzen. Hjelm wollte es verhindern, und die Tochter in seinem Familienbegräbnisse beisetzen lassen; die finsteren und feindlichen Blicke der Zigeuner sagten ihm jedoch deutlich, wie unnütz dieser Widerstand sei. Er ging dann zu Theodor hin und bat ihn, nach Lönborg zu kommen, wenn er zurückkehre. Dieser nickte stillschweigend mit dem Kopfe, gab den Männern ein Zeichen, und der ganze Zug setzte sich wiederum in Bewegung.

Die Familie zog nach Lönborg zurück und wartete am nächsten Tage vergeblich auf Theodor. War es nun Furcht vor Strafe, oder hatte er einen andern Grund, der ihn zurückhielt, genug, er kam nicht. — Am nächsten Morgen fand man am Ende vom Egvadkirchhof einen frisch aufgeworfenen Erdhügel, mit Blumen bepflanzt, das war das Grab der Königin, und noch viele Jahre darnach ward es geschmückt, ohne daß man wußte, von wem es geschah.

Einen Monat später trug man eine Leiche in Hjelms Familienbegräbniß hinab, — es war die der Baronesse.

— So lautet die Sage von der Königin. —

Sommervergnügungen.

Zwei Löwen gingen einſt ſelband
In einem Wald ſpazoren,
Und haben da von Wuth entbrannt
Einander aufgezohren.

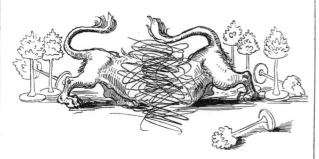

Da kamen eines Tags daher
Des Wegs zwei Leute, edel,
Die fanden von dem Kampf nichts mehr,
Als beider Löwen Wedel.

Daraus geht nun für Groß und Klein
Die weiſe Lehr' hervor:
„Selbſt mit dem beſten Freunde dein
Im Walde nie ſpazor!“

Copenhagen. Die Zeit ſchreitet rüſtig vorwärts; ſie iſt ihren Kinderſchuhen entwachſen und erregt die ſchönſten Hoffnungen Mit dem Fortſchreiten der Zeit erwartet jeder (wie auch ganz natürlich) ein Fortſchreiten alles deſſen, was in der Zeit exiſtirt, alſo auch der Muſik. Lange Zeit begnügte man ſich mit ſüßem Liebesgirren, mit dem Flöten der Nachtigall und dem Kuhreigen, allein „Anderes wollen andere Zeiten,“ und als die Schäferzeit vorüber war, ertönte der mächtige Klang zuſammenſchmetternder Schwerter und dieſem Klange entſprechende Lieder. Als dieſe endlich verhallt waren, blieben jedoch die erweckten Leidenſchaften zurück, und man hat mit Freuden bemerkt, daß in der Muſik einige ſehr rühmenswerthe Fortſchritte im Ausdrucke der menſchlichen Leidenſchaften ſowohl, als in Nachahmung der empörten Natur gemacht wurden; ich will hier unter anderem nur der hochgehenden See und dem Rollen des Donners Erwähnung thun, in welch' letzterem das Meiſte geleiſtet, und die Natur beinahe noch übertroffen wurde.

Ein Hinderniß ſteht den jetzigen Componiſten im Wege, welches ſie hemmt, den oben genannten Weg mit Glück zu verfolgen, und welches viele abſchreckt, auszuharren. Dieſes längſt gefühlte Hinderniß, welches den Componiſten unmöglich macht, Ausgezeichnetes zu leiſten, beſteht in der Unvollkommenheit der Inſtrumente.

Einige der größten Muſiker der Jetztzeit, dieſes Uebel wohl erkennend und einſehend, daß ohne Abhülfe deſſelben nichts Gutes geleiſtet werden könne, verwandten eines Theils ſelbſt ihre beſten Kräfte zur Löſung dieſes Problems, andern Theils munterten ſie junge Genie's im Fache der muſikaliſchen Mechanik hiezu auf. Allein ihr ehrenwerthes Streben wurde mit keinem Erfolge gekrönt, und erſt einem talentvollen jungen Manne, den wir mit Stolz den Unſern nennen, war es aufbehalten, dieſe Aufgabe einigermaſſen zu löſen und wenigſtens dem nothwendigſten Bedürfniſſe abzuhelfen. Das Ganze wird wohl am deutlichſten, wenn ich die Worte dieſes ausgezeichneten Mannes ſelbſt gebrauche, wie ſelbe im geleſenſten muſikaliſchen Journale unſerer Stadt ſtehen. — Nachdem er zuerſt in der Einleitung auseinanderſetzt, woran es jetzt noch in der Muſik mangle, beginnt er, wie folgt:

Durch die Noth der Muſiker reſp. Componiſten bewogen, überlegte ich oftmals im Stillen, wie dieſer wohl abzuhelfen ſei, und mein guter Genius flüſterte mir einen Gedanken ein, den ich jetzt ſchon zum Theil realiſirt habe und der die ſchönſten Früchte verſpricht. Der Sohn eines vermögenden Gutsbeſitzers, hatte ich Gelegenheit, die mannichfachen Hausthiere zu beobachten, und da ich in jeder Hinſicht tolerant bin, ſo dehnte ich meine Beobachtungen auch auf diejenigen Thiere aus, welche unter den Zweigen der Eiche ihre Nahrung ſuchen. Von Natur mitleidig, ſtets geneigt dem Schwachen beizuſtehen und den Verachteten zu Ehren zu bringen, war ich ein eifriger Beobachter und Vertheidiger dieſer Thiere. Durch einen glücklichen Zufall entdeckte ich, daß unter gewiſſen Umſtänden jedes derſelben, je nachdem man es auf den Rüſſel ſchlägt oder am Schwanze zieht, einen herrlichen Baß- oder Sopranton von ſich gebe.

Hierauf gründete ich mein Inſtrument, welches vollkommen geeignet iſt, alle Töne von der wildeſten Verzweiflung bis zu den zarteſten Tönen der Liebe hervorzubringen. Mehr zu ſagen, verbietet mein eigener Vortheil, da ich entſchloſſen bin, mir hierauf ein Patent geben zu laſſen, und ich will hier nur ſoviel erwähnen, daß zur Auswahl der Stimmen ein feines Ohr und ein richtiger Takt gehört, um den Zeitpunkt nicht zu verſäumen, in welchem dieſelben wie die eines italieniſchen Sängers fixirt werden müſſen. NB. Die däniſche Nationalhymne, welche neulich mit einem ſolchen Inſtrumente ausgeführt wurde, war von unbeſchreiblicher Wirkung.

Teufels Bekehrung.

Der Teufel war sehr übel auf,
Und stund ihm schier sein Leben drauf;
Drum wollt' er in die Kirche gehen
Und von der alten Art abstehen;

Nachdem er aber genommen ein
Und wieder kommen auf die Bein';
Hat er's als wie zuvor getrieben,
Und ist der alte Teufel blieben.

Nach Abraham a Santa Clara.

München, Verlag von Braun & Schneider. — Papier und Druck von Fr. Pustet in Regensburg.

Bestellungen werden in allen Buch= und Kunsthand= lungen, so wie von allen Postämtern und Zeitungs= erpeditionen angenommen.

Nro. 23.

Erscheinen monatlich zwei bis drei Mal. Subscriptionspreis für den Band von 24 Nummern 3 fl. 36 kr. R.=W. od. 2 Rthlr. Einzelne Nummern kosten 12 kr. R.=W. od. 3 ggr.

Die schöne Geschichte
von dem Manne, welcher die Langeweile kennen lernen wollte.

Aus seines Vetters Nachlaß herausgegeben von **F. Röse.**

Erstes Kapitel.
Durchaus ähnliche, nach der Natur aufgenommene

Portraits von Herrn Jacob Melchior und Frau Melchior.

Nur weil der Held dieser Geschichte, — insofern man Herrn Jakob Melchior junior überhaupt einen Helden nen= nen kann — mir so überaus nahe steht, und der Gegenstand meiner größten Achtung und Liebe seyn muß — wie der günstige Leser am Schluße der Geschichte selbst einsehen wird

— habe ich mich entschlossen, diese langweilige Lebensgeschichte zu schreiben, der ich sonst meines Gewerbes ein **Adonisa= teur de la tête,** wie man in Berlin sagt, auf Deutsch ein Perrüquier war, und möchte ich mich bei dieser Gelegenheit mit allen einschlagenden Kopfarbeiten einem hohen Adel und niedern Publikum gehorsamst empfohlen haben.

Fast hätte ich die Sache aber schon gleich im Anfange wieder aufgegeben, und aus den schön gefalteten Bögen Pa= pilloten gemacht, weil ich gleich zu sehr spürte: Aller An= fang ist schwer. Wochenlang zerbrach ich mir den Kopf, ja ich war zuletzt ganz außer mir, wie ich das Geschäft angrei= fen sollte, da rieth mir ein guter Freund: Weil meine Ge= schichte auch langweilig werden sollte, könnte ich am Besten jene von Eugen Sue zum Muster nehmen, und die fiengen alle damit an, daß sie ein möglichst getreues Bild von allen Hauptpersonen zu geben sich bemühten.

Demnach habe ich nun gleich zu Anfang meiner Schrift das Bild Herrn Jakob Melchiors senior und seiner Frau Gemahlin hingesetzt, und dieses ist das Bild ihres Sohnes, Herrn Jakob Melchiors **junior,** des Helden dieser Geschichte. Herr Melchior **senior**

ist en face, seine Gattin aber aus der Maulwurfsperspektive aufgenommen. Bei allen dreien ist nach der Vorschrift von

Lessing, Winkelmann, Mengs, Rumohr, Schorn u. s. w. eine möglichst charakteristische Handlung gewählt, ein Moment, wie Lessing sagt, in dem sich rück- und vorwärts das ganze Leben der darzustellenden Person spiegelt. Herr Melchior senior trinkt, seine Gattin schläft in starker Verdauung begriffen, der Sohn sitzt auf einer Geldkiste (?!) zwischen seines Vaters Weinkrug und seiner Mutter Fleischtopf, und wird, wenn wir nicht bald eine vierte Person auftreten lassen, inmitten dieser Schätze Hungers sterben, da er sich aus theoretischer Unentschiedenheit und praktischer Faulheit, also aus Weltschmerz nicht ermuntern kann, nach diesem oder jenem zu greifen.

Herr Melchior senior machte eigentlich in seinem Leben nur einen dummen Streich, und der bestand darin, daß er auf die Welt kam, ehe er die Garantie hatte, daß sein Geld und sein Durst stets in einem angenehmen Gleichgewichte stehen werde, alle anderen dummen Streiche waren nur die Folge dieses ersten, und der einzige kluge Streich war der, daß er starb, als das Mißverhältniß zwischen diesen beiden Streichen einen so hohen Grad erreicht hatte, daß ihm kein Weinwirth mehr borgte. Früher hatte er nämlich dadurch Geld erworben, daß er die Kiste, auf der wir in der Abbildung Melchior junior sitzen sehen, christlichen und unchristlichen Wucherern in Versatz gab. Diese Kiste, ein uraltes von einem in der Hexerei wohlerfahrnen Ahnherrn der Melchiorschen Familie gestiftetes Fideicommiß, enthielt einen nie versiegenden Schatz von Gold, Silber, Juwelen u. s. w. Sie konnte stets dem ältesten Sohne in der Familie weder durch Gewalt, noch List, selbst nicht durch Advokatenkniffe abspänstig gemacht werden, das war gut, — ein schlimmer Umstand war aber, daß keine Gewalt der Erde sie öffnen konnte, ehe und bevor nicht der jedesmalige Besitzer seine Mündigkeit durch irgend einen klugen Streich dargethan hatte. Unser Herr Melchior senior starb nun aber dahin, ehe ihm die Oeffnung der Kiste auf die gemeldete Weise gelang, und alle, welche hierauf hoffend ihm Geld vorgeschossen hatten, waren betrogen. Der zweite dumme Streich Herrn Melchiors war, daß er ein Mädchen ihres Geldes, ihrer Schönheit und ihrer Talente wegen heirathete. Denn wegen ihrer Schönheit wurde sie ihm untreu, andere verzehrten das Geld, und (wie die Weiber sich in der Ehe zu ändern pflegen!) die Talente verloren sich alle; und als die einst geistreiche Dame nicht mehr lieben konnte, legte sie sich auf's Essen, d. h. viel Essen, sehr viel Essen. Der dritte dumme Streich Melchiors war, daß er die einheimische Weinkultur emporbringen wollte, nicht durch Schutzzölle, sondern durch vermehrten inländischen Consumo, insofern er ihn persönlich darstellen konnte. Ach wenn alle seinem Beispiele gefolgt wären, wie viele arme Winzer und reiche Weinhändler hätten sich

gefreut?! Aber die Herzen sind kalt, und der Bierdurst ist zeitgemäß und populär. Melchior opferte sein Leben für seine Idee, und seine Frau starb vor Freude bei seiner Todesnachricht. Sie hinterließen beide nichts als den Ruhm ihrer Thaten in der darauf bezüglichen Urkundensammlung, eine wegen ihres Umfangs höchst merkwürdige Masse unbezahlter Rechnungen. O, wie viel goldene Regeln wollte er seinem Sohne noch geben, als ihn der Tod ereilte! „Mein laut Taufregister zu St. Moritz vielgeliebter Sohn, fing er an, kennst du den Unterschied zwischen einem ordentlichen und einem außerordentlichen Professor? „Junior gähnte mit jener natürlichen Grazie, mit welcher Fanni Elsler ihre Pas macht, und ein englisches Vollblutpferd seinen Schweif trägt. — „Ein ordentlicher Professor," sagte Senior, „weiß nichts Außerordentliches und ein außerordentlicher nichts Ordentliches. Ich wäre nun fast einmal ordentlicher Professor geworden, weil meine Ideen so alt und einfach sind, aber es kam nicht dazu, weil sie allen, namentlich den Jüngern, zu schnell einleuchteten. Siehe das Entscheidendste für das ganze Leben ist die Wahl eines Berufs und die Wahl einer Gattin. Glaube mir, kein Geschäft nährt so gut seinen Mann, wie Essen und Trinken. Heirathe aber wen du willst und wie du willst, denn die Ehe ist ein Hasardspiel, wo man nur gewinnt, wenn man mit dem Gedanken heirathet, daß die Weiber zu unserer Verbesserung da sind. Sei dann deine Frau, wie sie sei, jeden Tag, wann sie schilt, wirst du dich freuen, daß du hier schon einen Theil des Fegefeuers bei einer guten Flasche Wein abmachen kannst, und jeder Tag an dem sie nicht schilt, wird ein Festtag für dich seyn. In meinem Hause hatte es deren freilich weniger gegeben, als auf der Insel Ischia, wo bekanntermaßen 211 im Jahre seyn sollen. Uebrigens gibt es nichts comoderes als die Comodität, und nichts fideleres als die Fidelität. Der Anfang aller Weisheit ist die Langeweile — hier starb er. —

Wir bitten jetzt den günstigen Leser, über den Verlauf unserer Geschichte höchst gespannt zu seyn, denn beim Beginne derselben sitzt Melchior junior aus seiner Eltern Hause herausgeworfen, wie oben abgebildet, auf dem Hafendamme in Hamburg, aus Faulheit dem Hungertode nahe, und wenn es Abend wird, schmählicher Einkerkerung gewiß. Vorläufig ist zwar der Krug noch voll und der Topf noch voll und die Kiste voll und Melchior ist auch voll, nämlich voll Wißbegierde, was sein Vater mit dem letzten Worte Langeweile — dem einzigen, welches ihm von der ganzen Rede erinnerlich ist — habe sagen wollen. Du mußt dich nämlich für den Helden meiner Geschichte interessiren, lieber Leser, denn er hat sich nie gelangweilt, und so wie er sich langweilt, ist die Geschichte aus, und wenn du dich langweilst, ist sie auch aus; denn wir bitten dich inständigst, so wie das der Fall ist, so höre zu lesen auf.

Jetzt tritt in unserer Geschichte eine neue, interessante Figur auf: ein dicker, dummer, reicher Engländer, welcher sich seit frühester Jugend langweilt, und jetzt auch aus langer Weile nach Hamburg gefahren ist, nachdem er den ganzen Sommer sich in Norwegen mit Fischangeln gelangweilt

hat. In demselben Jahre, an demselben Tage, um dieselbe Stunde, wo sich obenerzähltes Sitzen des jüngern Melchior ereignete, saß gleichfalls am Hafendamme zu Hamburg auf seinem Gepäcke der Lord Nothingnix; um ihn her standen: ein eiserner Spiritus-Schnell-Ofen, ein Beefsteack-Brat-Thee-, Koch- und ganzer Leib-Wasch Apparat, kurz alle jene Erfindungen, durch welche heut zu Tage ein Reisender trotz Eisenbahnen und Gasthöfen sich die Sache eben so schwer machen kann, als ob wir 1245 schrieben. Nachdem sie sich lange angeschaut hatten, sprach Lord Nothingnix: Was machst du Bursche?

Jakob Melchior junior: Was macht ihr, Herr?

Lord. Ich langweile mich.

Junior. Ich langweile mich nicht.

Lord. God dam. Da soll ich nun Packträger rufen, in den Gasthof gehen, Essen, Schlafen, immer das alte Lied. Ich wollte, ich wüßte etwas anzustellen, das mich nicht langweilte.

Junior. Ich wollte, ich wüßte etwas anzustellen, das mich langweilte.

Lord. Ich suche einen Diener, der meinige ist mir davon gelaufen, weil ich ihn unter Weges aus langer Weile täglich geprügelt habe. Willst du mein Diener sein?

Junior. Ist es langweilig?

Lord. Bis jetzt haben es noch alle meine Diener gesagt. Ich halte mir elf Diener und habe nicht für zwei zu thun. Also wenig Arbeit, wenig Lohn, wenig Essen und viele Schläge.

Junior. Topp ich wills probiren.

Also wurde Jakob Melchior junior der Diener des Lord Nothingnix, und ging mit ihm auf die Reise, um die Langeweile kennen zu lernen.

Ende des ersten Kapitels.

Zweites Kapitel.

Als sie eine Station weit gefahren waren, stieg der Lord aus dem Wagen, um sich, wie er sagte, nach dem langweiligen, ewigen Sitzen und Schlafen einmal wieder die Beine auszutreten.

Junior kam aber vom Bedientensitz heruntergehupft außer sich vor Freude über das prächtige Leben; so bequem im Schlafe sich die Welt besehen, Menschen und Länder kennen lernen, im Lehnstuhl und wenn's gar nicht mehr möglich war, noch mehr des lieben Schlafs zu genießen; wie ein großer Herr im prächtig gallonirten Rocke, die Tasche voll Geldstücke, ins Wirthshaus treten, wo alles auf den leisesten Wink fliegt, und Essen und Trinken die Hülle und Fülle, und von der besten Sorte!! — Es war herrlich! —

Juhe, rief er! wenn man da nur gar nicht zu sterben brauchte, besser kann's im Himmel selbst nicht seyn! das begreife ich nur nicht, warum sich mein Geldkasten noch nicht geöffnet hat; denn wenn das nicht ein gescheidter Streich von mir war, daß ich so mit dem Lord auf die Reise gegangen bin, so werde ich gewiß in meinem ganzen Leben keinen gescheidten Streich zuwege bringen; bei diesen Worten wollte Junior gerade einen seines Sieges im Voraus gewissen Angriff auf eine kalte Repphuhnpastete machen, welche der Wirth in der Geschwindigkeit herbeigeschafft hatte, als ihn auf einmal sein Lord beim Kragen packte.

23*

Warum bist du so lustig Kerl, schrie er ingrimmig, das ist noch das Langweiligste an diesem langweiligen Leben, daß während man sich für sein vieles Geld wie ein Mops ennüirt, man so viel lustiges Lumpenpack um sich herum sehen muß. Aber nicht wahr, du bist blos lustig, weil du endlich deinen Zweck erreicht und auf dem verdammten, harten, wackelichten Bedientensitz dort oben, im Chausseestaub und Hitze kennen gelernt hast was lange Weile heißt?

Nein Herr, sagte Junior, und legte, scheinbar plötzlich traurig werdend, Messer und Gabel nieder; es ist doch etwas Langweiliges, wenn man, so wie ich, beim Reisen eine Absicht hat. Ihr würdet Euch gewiß auch nicht so sehr langweilen, wenn Ihr nicht die Absicht hättet, Euch zu amüsiren. Jetzt ist's vorbei mit dem Spaß bei mir, denn die lange Weile habe ich noch immer nicht kennen gelernt, weder auf dem Kutschbock noch hier bei der Pastete. Aber Herr, wenn auch nicht für die lange Weile und auch nicht fürs Plaisir, so doch um den Hunger zu stillen, erlaubt Ihr wohl, daß ich die Kleinigkeit da zu mir nehme, setzte er lachend hinzu.

Bursche schrie der Lord, kirschbraun vor Wuth im Gesichte, du wagst es, dich in meinem Dienste nicht zu langweilen, und verlangst dann noch daß ich dich ausgefressenen Schlingel mit Repphühner-Pasteten mästen soll! und damit begann er Juniors Rücken auf das Nachdrücklichste mit seinem spanischen Rohre zu bearbeiten.

Hoho meint Ihr so! rief Junior, nun das ist auch lustig zu seiner Zeit und macht besonders Appetit wenn man's kurz vor Tisch treibt. Im Nu hatte er den dicken Lord gepackt, zu Boden geworfen und mit dem rasch entrissenen Stocke

einigemale sehr unsanft berührt, als die andern Bedienten endlich herbeikamen und — so mannhaft Junior sich wehrte, er wurde überwältigt, und es wäre ihm gewiß schlimm ergangen, wenn nicht der noch am Boden liegende Lord gerufen hätte, sie sollten den Junior in Frieden lassen und ihn wieder auf die Beine stellen.

Das sei ein braver Bursche, sagte er, so geschickt hätte noch kein Boxer von Alt-England ihn zu Boden gestreckt, und als Seine Lordschaft mit vieler Mühe wieder aufgerichtet war, umarmte er den Junior, ließ ihm eine Flasche Burgunder zu seiner Pastete reichen, und sagte, jetzt solle er nicht mehr auf dem Bedientensitz, sondern ihm gegenüber im Innern des Wagens Platz nehmen, da hoffte er würde er sich doch auch mit der Zeit langweilen.

Lord Nothingnir war nun in der That ein langweiliger Reisegesellschafter, da aber Junior beharrlich sein Schlafen fortsetzte, war das nur alle halbe Stunden von einem Jähs! unterbrochene Schweigen seines Herrn, durchaus nach seinem Wunsche. Ueberhaupt konnte es gar keine besser zusammenpassendere Reisegesellschaft geben, als die Beiden waren, denn der Lord that alles was Junior wollte, in der Hoffnung es würde ihn unterhalten, und dieser ahmte alle Handlungen seines Herrn nach, weil er wünschte, es möge ihn langweilen.

Jetzt kamen sie am Ende eines Waldes über einen freien Platz; da hielten die Bewohner des nächsten Dorfes einen Tanz, weil gestern glücklich und reichlich die Erndte beendet war. Augenblicklich erwachte Junior vom Schalle der Musik, befahl dem Kutscher zu halten, und hinein unter die Leute! — — das war eine Lust nach dem langen Sitzen und Schlafen; erst ein frischer Trunk guten kühlen Weines und dann das hübscheste Mädel im Arm, und herum gings im Kreise, daß die kurzen Röcke und langen Zöpfe flogen.

Wie gerne tanzten die Mädchen mit dem schmucken rothbackigen Junior, der prächtig aussah in seinem goldbetreßten Rothrocke, und die Bursche wurden doch auch nicht neidisch, und tranken gerne mit ihm, denn er war zu lustig, daß man gar nicht aus dem Lachen herauskam, und Geld kriegten der Wirth und die Spielleute mehr als sie begehrten. Eine Weile versuchte der dicke Lord es auch so zu treiben, aber schon nach einigen Minuten standen ihm die dicken Schweißtropfen vor der Stirne, denn er hatte unglücklicher Weise ein eben so muthwilliges als handfestes Mädchen zur Tänzerin erwählt, die ihn, als er nach einer Tour austreten wollte, festhielt, und unter schallendem Gelächter aller Anwesenden den dicken Herrn mit sich herum drehte bis sie selbst vor Lachen kaum

mehr schnauben konnte. Todtmatt warf sich Lord Nothingnir unter einen Baum auf das Gras nieder und als Junior ihm ein Glas Wein reichte und fragte: Herr, heißt das nicht gelebt wie die Vögel im Hanfsamen? schrie der Lord: Bursche, du mußt den Teufel im Leibe haben, daß du solch eine Tänzerin aushalten kannst; von Vergnügen bei einer solchen Anstrengung, die ärger ist als Holzhacken, kann natürlich gar nicht die Rede sein. „Darauf ließ er sich von seinen Bedienten allerlei kalte Kuchen und einige Flaschen Wein aus dem Wagen holen, und fing an zu speisen; er war aber so stark echauffirt, daß ihm die Pasteten nicht schmecken wollten, und der Wein trieb ihm so das Blut zum Kopfe, daß er ganz dunkelroth im Gesichte aussah. Etwas Sodawasser war daher das Einzige, an dem er sich laben konnte.

Als nun aber die Bedienten unter dem Vorwande, daß sie die Speisen wieder einpacken wollten, hinter ihres Herren Rücken von denselben naschten, sprang auf einmal Junior dazwischen, warf dir Kerle wie Flederwische durcheinander und rief: Ihr Schlingel, Mundraub ist kein Diebstahl, aber man muß doch nichts hinter seines Herrn Rücken nehmen, sondern sprechen: Mit Erlaubniß! — Also, mit Erlaubniß Herr Lord! Warum eßt und trinkt Ihr denn nicht?

Ich habe keinen Appetit, und es dürfte mir schaden, sagte der Lord seufzend.

Ich habe aber Appetit und mir schadet es auch nicht, erwiederte Junior und tranchirte mit großem Behagen einen Wildschweinkopf in Gelée. Was solch eine Herumspringerei Hunger und Durst macht. Kommt her Mädle, setzt Euch zu mir, he Hans, Jörgel bringt Eure Gläser! heut muß Alles lustig sein! Und nun steckte er seinen Tänzerinnen der Reihe nach die leckersten Bissen in den Mund und schenkte den Burschen fleißig ein, — natürlich ohne dabei sich selbst zu vergessen.

Nach einer Weile stiegen alle wieder auf den Wagen unter lautem Beifallruf der Landleute. Das war ein rechter Spaß sagte Junior, streckte die müden Beine von sich, lehnte den weinschweren Kopf an die Wand und schlief ein. Gottlob sagte der Lord, daß wir heut Nacht nach Schloß Pimpelsheim zu meiner schönen Braut kommen, da wird denn doch endlich die Langweilerei ein Ende nehmen, und allmälig schlief er zwar auch ein, aber während Junior sich im Traume noch immer mit der schwarzaugigen Else im Tanze drehte, war der Lord von grausen Gesichtern geplagt, und träumte, er würde schon wieder:

☞ Zur Nachricht für den günstigen Leser, damit er, von welcher Nation er sein mag, doch ja wenigstens diese der ganzen Menschheit verständliche Stelle unserer Geschichte versteht.

Deutsch:	Dieses ist ein Rebus!
Französisch:	C'est un Rébus!
Englisch:	That is an Rebus!
Italienisch:	Questo è uno Rebus!
Ciceronianisch:	Hoc est unus Rebus!

Drittes Kapitel.

Es war schon völlig Nacht als Lord Nothingnix, Melchior **junior**, die elf Bedienten und der Kutscher wieder erwachten von Hundebellen und Lichterschein, und richtig, sie fuhren durch Pimpelsdorf, und vor ihnen lag von oben bis unten, nach der Länge und nach der Breite hell erleuchtet, Schloß Pimpelsheim, der Sitz des letzten Sprößlings der vormals berühmten Grafen von, zu und auf Pimpelsheim. Drinnen wurde zum Tanz aufgespielt und Tusch geblasen zu den Toasten, daß die hohen, gothischen Fenster klirrten; durch das Säulen-Portal sah man aber auf der von Hängelampen prächtig erleuchteten großen Treppe reich gallonirte Diener mit Flaschen und Schüsseln auf- und abspringen, daß es eine Lust war.

Melchiörchen, sagte jetzt der Lord, von denen da oben kann ich nicht lernen, wie man sich amüsirt, ich muß dich daher dort als einen vornehmen Herren einführen, damit du mich sehen läßt, wie du's treibst. Hier werde ich dir's eher nachthun können als draußen bei dem Bauernpack. Du mußt dir's daher gefallen lassen liebes Juniörchen, daß ich dich für meinen jüngern Bruder ausgebe, das ist nicht viel bei uns in England. Aber schloß er traurig, ich fürchte, du wirst dich dort eben auch langweilen.

Ja Herr, antwortete Junior das sollte mir auch Leid thun, wenn so auf einmal der Spaß ein Ende hätte, denn mir gefällts zu gut, so mit Euch die Langeweil zu suchen.

Jetzt waren sie angelangt, der Herr Haushofmeister empfing sie und hieß sie willkommen. Die Frau Gräfin Viktorine sagte er bedeutungsvoll die Hand krümmend, wollten eben zu einer Polka antreten, als sie aber hörten, daß ihr längst erwarteter hoher Bräutigam angelangt seien, fielen sie alsobald in Ohnmacht.

Ist sie jung und hübsch die Braut? fragte Junior, während der Lord für die gute Nachricht ein Goldstück gab.

(Schluß in nächster Nummer.)

Schwank
aus dem Hungerjahre 1817.

Man hat mir einen Schwank gesagt,
Ich sag' ihn auch, wenn's euch behagt.

Zwei Bauern in der Schenke saßen,
Und wuchrisch ihren Schatz ermaßen,
Die Körnerfrucht in ihrer Scheuer,
Wiewohl der Kern schon wäre theuer,
Müßt er viel höher noch hinauf,
Bevor sie schritten zum Verkauf.
Da sprach der eine im Verlauf:
Nicht eh'r verkauf ich meinen Trödel,
Bis einen Gulden kost' ein Knödel.
Das hat der Wirth mit angehört;
Ob ihn der Wucher hat empört,
Oder hat ihn bloß der Schalk gestochen,
Genug, er hat es brav gerochen.
Denn da sich eben die Gesellen
Thäten ein Mittagsmahl bestellen,
Ließ er, sie wacker zu bedienen,
Kochen zwei Dutzend Knödel ihnen,
Die gar so wohl bereitet schienen,
Daß die zwei Bauern, gar nicht stutzend,
Von Knödeln jeder fraß ein Dutzend.
Drauf, nach dem Mahl den Mund abputzend,
Sie nach der Zehrung fragten den Wirth.
Der sprach: zwei Dutzend Knödel wird
Grad vier und zwanzig Gulden machen.
Da wollten erst die Bauern lachen;
Ob denn ein Knödel ein' Gulden kost'!?
Sprach der Wirth aber gar getrost:
Ihr habet selber ja gesagt:
Daß es nicht anders euch behagt,
Eh'r zu verkaufen euern Trödel,
Bis einen Gulden kost' ein Knödel;
So mögt ihr nun verkaufen getrost,

Weil das Knödel ein' Gulden kost't.
Da schnittens grämliche Gesichter,
Und appellirten an den Richter;
Der aber, zu gemeinem Frommen
Verurtheilt auch sie zu der Summen
Und zu den Kosten obendrein.
Da mußten sie, um quitt zu seyn,
Weil sie nicht hatten baare Gulden,
Um zu tilgen die Knödelschulden,
Vom aufgesparten Körnerhaufen
Ein tüchtig Zahl und Maß verkaufen,
So viel es eben kosten will.
Der Wirth strich ein die Gulden still,
Und sprach: Ihr könnt in Frieden gehn,
Denn euer Will ist heut gescheh'n;
Doch kehrt ihr künftig bei mir ein,
Werden die Knödel wohlfeiler seyn.

Die Vacanz.

He Nachbar!, was thut ihr da?
Ich sperre meinen Laden und gehe in die Vacanz!
Und wenn nun die Leute kommen und wollen Brod?
Das geht mich nicht an! Der Mensch muß eine Erholung haben!

Geographie und Ethnographie.

„Die Geographie ist die Schwester der Geschichte und nicht die Dienstmagd derselben," sagt Nathan der Weise. Die Geschichte erhält von derselben die schätzbarsten Erläuterungen, und würde ohne sie miß= oder gar nicht verstanden werden; die Erkenntniß ihrer Wichtigkeit war es, welche im Jahre 1821 in Paris die geographische Gesellschaft in's Leben rief. Schon im Jahre 1827 zählte die Gesellschaft 300 Mitglieder. Sie läßt Reisen in unbekannte Gegenden unternehmen, ja selbst in solche, die gar nicht existiren (wir werden zu seiner Zeit auf eine solche Reise zurückkommen), und belohnt die wichtigsten Entdeckungen mit Preisen von 100 bis 10,000 Franc's. — Dem Beispiele von Paris folgte Florenz. Schon im Jahre 1824 trat daselbst eine ähnliche Gesellschaft zusammen. — Aber auch Deutschland wollte nicht ganz zurückbleiben. Im Jahre 1828 u. 29 bildeten sich an mehrern Orten Vereine für Erdkunde, die sich nur dadurch von den oben genannten unterschieden, daß sie die Erforschung älterer und längst bekannter Gegenden und Länder, und solcher Dinge, die bereits Jedermann wußte, zur Aufgabe machten. Bald krönten ausgezeichnete Resultate ihre Bemühungen, und wir glauben ebenso den Dank unserer Leser zu verdienen, als der Wissenschaft selbst einen Dienst zu erweisen, wenn wir diese eminenten Fortschritte des menschlichen Geistes zur Kenntniß des größeren Publikums bringen. Wir beginnen mit

Michel Sauerkraut, geb. den 11. August 843. Er liegt zwischen dem 46° u. 54° nördlicher Breite und dem 24 und 35 Meridian östlich von der Insel Ferro; schlummert süß und träumt angenehm

Nils Schnapsyoping (Geburts=Ort und Datum hypothetisch) balancirt sich zwischen dem 55° und 56° nördlicher Breite und dem 26 und 30 Meridian östlich von der Insel Ferro; frißt Grütze und geberdet sich unanständig.

Das Mährlein von der Wahrheit.

Es reitet der Herr zum Thor hinaus —
Juhe! nun geht's in Saus und Braus;
Die Diener sie han ein'n guten Tag
Bei Nichtsthun und bei Weingelag:
   Se, se, das ist die Wahrheit!

Der Herr, als er zurück nun kümmt,
Vom Narren all das Ding vernimmt;
Darob erboßt er sich gar sehr,
Und schilt sie und bedräut sie schwer:
   Se, se, das ist die Wahrheit!

„Wie weiß der Herr denn?" fragen sie.
„Der Narr verräth uns!" sagen sie.
Sie greifen und sie binden ihn,
Und bläuen ihn und schinden ihn;
   Se, se, das ist die Wahrheit!

Und wieder reitet der Ritter aus;
Und kommt vor Abend nicht nach Haus.
„Nun, Hänslein mein, wie steht die Sach'?"
»Mumm! mumm!« „heraus doch mit der Sprach',
Und sage mir die Wahrheit!"

So wie der Narr das Wort vernimmt,
Ein großer Schreck ihn überkümmt;
Er machet sich der Kleider los,
Und zeiget ihm den Rücken bloß:
   „Se, se, das ist die Wahrheit."

Träume.

Der Traum der Verblühten.

Der Traum des Wüstlings.

Der Traum des Eifersüchtigen.

Der Traum des Criminalisten.

☞ Die verehrlichen Subscribenten, welche die Fliegenden Blätter mit Post beziehen, belieben ihre gefälligen Bestellungen auf den 2ten Band, von dem die 1ste Nummer bis Ende Oktober ausgegeben wird, an die resp. Post- und Zeitungs-Expeditionen zu machen, damit in der Zusendung kein Aufschub eintritt.

München, Verlag von **Braun & Schneider.** — Papier und Druck von **Fr. Pustet** in **Regensburg.**

Bestellungen werden in allen Buch= und Kunsthand=
lungen, so wie von allen Postämtern und Zeitungs=
erpeditionen angenommen.

Nro. 24.

Erscheinen monatlich zwei bis drei Mal. Subscriptionspreis
für den Band von 24 Nummern 3 fl. 36 kr. R.=W. od. 2 Rthlr.
Einzelne Nummern kosten 12 kr. R.=W. od. 3 ggr.

Die schöne Geschichte

von dem Manne, welcher die Langeweile kennen lernen wollte.

Aus seines Vetters Nachlaß herausgegeben von **F. Röse.**

(Schluß.)

Der Haushofmeister schaute Melchior etwas kurios an
wegen seiner Kleidung, und mochte ihn, weil er drinnen im
Wagen beim Lord gesessen, wohl für so eine Art Sekretär
halten. Er antwortete daher in einem ziemlich groben Tone:
Junger Herr, Sie müssen noch nie bis auf vierzig Stund in
die Nähe dieses Schloßes gekommen sein, wenn Sie nicht wissen,
daß Sr. Herrlichkeit des Lord Nothingnix Braut, hochgräf=
liche Gnaden, das schönste und jüngste Mädchen unter der
Sonne ist.

Dann ist sie gewiß in Ohnmacht gefallen, murmelte
Junior vor sich hin, weil sie den alten Wampen da hei=
rathen soll.

Der Lord machte eine Bewegung, als ob er dem vor=
lauten Burschen eine tüchtige Ohrfeige geben wollte, dann
besann er sich aber wieder und sagte: Melchior, wenn du
nicht mein jüngerer Bruder wärest, so —

Also Ew. Herrlichkeit Bruder?! rief der Haushofmeister
in größter Bestürzung aus, oh, dann verzeihen Sie doch, daß
ich gezweifelt habe, Sie wüßten nicht Alles, oder seien nicht
überall gewesen.

Inzwischen hatte er die Angekommenen in die für sie
bestimmten prächtigen Zimmer geführt, die Bedienten hatten
das Gepäck heraufgeschafft, und Junior wurde jetzt vom
ersten Kammerdiener des Lord's als großer Herr heraus=
staffirt und frisirt; weißes Halstuch, schwarzer Frack, weiße
Weste, Glacéehandschuh, seidene Escarpins, Schuhe, Claque,
Degen. Wenn er auch wegen der engen Hosen nicht ganz
gut gehen konnte, ja als sie sich in die Gesellschaftszimmer
begaben, auf der Treppe beinahe gefallen wäre, so sah der
starke aber schlanke junge Bursch doch wunderhübsch aus in
seinen vornehmen Kleidern.

An der Thüre des großen Saales riß der Herr Haus=
hof= und Ceremonienmeister beide Flügelthüren möglichst ge=
räuschvoll auf und schrie: Se. Herrlichkeit Lord Nothing=
nix und dero Herr Bruder!

Alsobald marschirte die Frau Gräfin Mutter den An=
kommenden einen Schritt entgegen, um denselben einiges von
jenem Unsinn vorzuschwatzen, was man so verbindliche
Worte nennt. Weil sie nun aber ihren künftigen Schwie=
gersohn nie gesehen hatte und Jakob Melchior **junior** sei=

nem dicken Lord weit vorausgeeilt war, so nahm sie Ju=
niors Hand, und stellte ihn der Gesellschaft als künftigen
Besitzer von Schloß Pimpelsheim und von der Frau Gräfin
Viktorine, ihrer Tochter, vor, welche letztere, als ihr Bräu=
tigam so unerwartet hübsch und jung war, unanständig schnell
Anstalt machte aus ihrer Ohnmacht wieder zu sich zu kommen.
Da lachte Junior hell auf und sprach: Potz Blitz, mir
wär's schon recht, wenn die Jungfer Viktorine meine Braut
wäre, denn ich habe in meinem Leben kein so hübsches Mädel
gesehen, wie die da. Aber setzte er traurig hinzu, es geht
nicht, ich bin nur „mein jüngerer Bruder" und diese
alte dicke Figur, das ist Herr Lord Nothingnix, der sich
hier mit Heirathen amüsiren will. — —

Alsobald fiel Gräfin Viktorine wieder in Ohnmacht
und ihre Mutter ebenfalls in den Stuhl daneben, nachdem
sie gerufen hatte: **Quel erreur! quel affront! je me
meurs!** Alle Lorgnetten und Brillen waren aber voll Be=
wunderung auf Junior gerichtet und der geistreichste aller
anwesenden Herren sprach: O du himmlisches Vaterland des
göttlichen Shakspeare! Man begreift doch immer mehr, wie
ihn nur dieser Boden, diese Luft, die so gleichsam mit Humor,
Naivität und Kraft geschwängert sind, hervorbringen konnten,
das beweiset jeder neue Sohn des weißen Albions, welcher
zu uns kommt.

Mutter und Tochter ließen sich hinausführen und dann
für den Abend entschuldigen; ein lustiger alter Onkel des
Hauses suchte vergebens, auf ländliche Ungenirtheit sich stützend,
statt ihrer die Honneurs zu machen. Die Gesellschaft zerstreute
sich unter lebhaften Debatten über die so unerwartet interes=
santen Ereignisse des Abends, und voll angenehmer Erwar=
tung der noch interessanteren Verwickelungen, welche dieser
Abend nach sich ziehen mußte.

Am andern Tage beim Frühstück thaten die Gräfinnen
als ob gar nichts vorgefallen wäre, behandelten den dicken
Lord, als den künftigen Schwiegersohn des Hauses, mit der
größten Auszeichnung, und Melchior junior, als den künf=
tigen lieben nahen Verwandten, mit der größten Freundlichkeit,
doch konnte Niemand unbemerkt bleiben, daß Gräfin Viktori=
nens Augen viel öfter und viel länger auf Junior, als auf
ihrem Bräutigam ruhten, und daß diese schönen schwarzen Augen
dann von einer so heftigen, nur durch eine gewisse Schwer=
muth gedämpften Liebe strahlten, wie sie bei einer Sechs= und
zwanzigjährigen aller Ehren werth ist. Der günstige Leser
wird es uns gewiß auf's Wort glauben, wenn wir berichten,
daß diese ganze Geschichte von a bis z den dicken Lord un=
gemein langweilte, den schlanken Melchior aber ungemein
amüsirte. In dieser seiner Langeweile war nun aber der Lord
alle Tage widerwärtiger, Junior dagegen in seiner Fröh=
lichkeit immer anziehender, und die Gräfin Viktorine deßhalb
immer weniger Herr ihrer Leidenschaft, und da selbst Mama
am Ende auch nicht mehr viel dagegen hatte, wenn ihre
Tochter den Lord Nothingnix junior heirathen würde, so
suchte die Braut nur nach einer Gelegenheit, damit Melchior
sich gegen sie aussprechen könnte; denn dieser hatte in seinem
fortgesetzten Eifer, von dem Lord hier vielleicht die Langeweile
zu lernen, nicht unterlassen, den Lord auch in seiner Zärtlich=
keit und Aufmerksamkeit gegen Viktorine nachzuahmen. Lange
wollte sich aber die gewünschte Gelegenheit nicht zeigen, da
hier wiederum der Lord (natürlich nur von ihm zu lernen
wie man sich amüsirt) Melchiorn auch auf jedem Schritt und
Tritt verfolgte, und Alles mitmachte, was dieser trieb, mochten
es oft auch noch so ausgelassene Streiche bei Jagd, Fischfang,
Gelag und Tanz seyn.

Eine merkwürdige Sitte war nun damals in der soge=
nannten guten alten Zeit, daß wenn die Frauenzimmer sich
in der Früh die Haare machten oder machen ließen, dieselben
in einen großen Pudermantel gehüllt oder auch nicht gehüllt
vor einem großen Spiegel hinsaßen, und dann ihre Herren

Anbeter zu sich beschieden, damit so in stiller Bewunderung ihrer eigenen Schönheit und bei Hofmachen, Gedichte vorlesen, Intriguiren, Machiniren, Blicke wechseln, Herzen und Gedanken austauschen ꝛc. diese langen langweiligen Stunden möglichst schnell vorüber gingen. Demgemäß fehlte nun der Lord nie beim Lever seiner Braut und Junior nie bei dem der alten Gräfin, da jener dort Unterhaltung, dieser hier Langeweile suchte. Aber sie erreichten beide auch hier nicht ihren Zweck, denn in dieser einzigen Stunde des Tages, wo sie Junior nicht als Beigabe zu ihrem Lord=Bräutigam haben konnte, war Gräfin Viktorine gewöhnlich sehr übel gelaunt, und Junior amüsirte sich sehr daran, daß sich die alte Gräfin so schrecklich viel Mühe gab, um ihm hier anzudeuten, er möge doch statt seines Bruders um ihre Tochter werben, und wie ärgerlich sie wurde, wenn der dumme Landjunker, nach ihrer Meinung, die Sache durchaus nicht begreifen konnte. Ja, als er endlich, in einem Anfall von außerordentlicher Gutmüthigkeit, ihr wie ganz absichtslos erzählte, daß er wie alle jüngeren Söhne in England gar keinen Titel, Rang und Vermögen hätte, machte sie Anfangs zwar ein gar bedenklich ernsthaftes Gesicht, dann meinte sie aber, das hätte bei ihm keine Gefahr, sein Bruder müße doch bald sterben an Schlagfluß oder Wassersucht, und dann bekäme er ja ohnehin Alles.

Eine andere kuriose Sitte war ferner damals, daß wenn man so einer Dame den Hof machte, man alles dumme Zeug thun mußte, was ihr nur immer in den Kopf kam. So hatte nun auch die alte Gräfin verlangt, Junior solle von ihrem Kamermädchen nach und nach das Haarfrisiren lernen,— damit sie, wenn er es verstünde, ganz ungestört mit ihm allein seyn könnte — und Junior hatte sich dagegen diese Lehr=stunden sehr gern gefallen lassen, weil ihm, als er sie bei der Gelegenheit näher betrachtete, ein paarmal im Dorf mit ihr lustig getanzt und ein paarmal sie beim Nachhause=gehen geküßt hatte, Babet, das Kamermädchen, unend=lich besser gefiel, als selbst die Frau Gräfin Viktorine. Diese war schön, jene war hübsch, diese war sechsundzwanzig, jene war siebenzehn Jahre alt, diese war blaß und kränklich, jene war frisch und gesund, diese seufzte immer, jene lachte immer. Der Gräfin konnte freilich sein Scherzen mit der hübschen Babet nicht entgehen, aber so etwas hielt man da=mals bei einem Edelmanne keiner Beachtung würdig.

Als nun die alte Gräfin trotz aller ihrer Bemühungen ihrem Ziele um keinen Schritt näher kam, denn der Junior war ein feiner und schlauer Vogel geworden durch das lange Leben auf dem Schloße, da erklärte auf einmal Gräfin Vik=torine, ihrer Mutter Haare würden jetzt viel besser gemacht, als ihre, und Junior solle jetzt auch sie einmal frisiren und der Lord der Alten Gesellschaft leisten.

Gesagt gethan, schon am nächsten Morgen mußte der Lord der alten Gräfin, Junior aber Viktorinen aufwarten. Und oh Wunder, im Widerspruch mit den Wünschen unserer Reisenden hatten die Damen wiederum sich geändert. Der Lord langweilte sich so, daß er zuletzt laut gähnte, denn die Alte sprach heute vor lauter Unruhe und Spannung kein Wort, Junior mußte sich dagegen bei Viktorinen vortrefflich unterhalten haben, denn kaum auf des Lords Zimmer an=gelangt, warf er sich hell auflachend in einen Sessel und fragte ganz treuherzig: ob es langweilig wäre, ein Mädchen zu entführen? Eine Sünde könnte es doch gewiß nicht seyn, wenn Einen Eine so gar schrecklich lieb habe. Der Lord lief darauf mit unverständlichem Gemurmel wohl eine Stunde lang im Zimmer auf und ab, und als Junior, der nie lange auf einem Flecke verweilen konnte, seine Flinte genom=men hatte, und in den Wald hinausgeeilt war, befahl Seine Lordschaft ihrem ersten Kammerdiener, in aller Stille ein=zupacken, und seinen Leuten, welche im Dorfwirthshause logirten, die Weisung zu bringen, daß sie präcis eilf Uhr mit dem Reisewagen am hinteren Parkthore seiner warten sollten.

Den ganzen Tag wichen alle im Hause einander sorg=fältig aus, denn jeder fürchtete, man möge an der leisesten seiner Mienen schon sein Geheimniß errathen, und als endlich die schwärzeste und stürmischte aller Herbstanfangsnächte anbrach, ließen alle für's Nachtessen sich entschuldigen. — — Vom Gekrächze einiger durch den Sturm aufgescheuchter Raben unterbrochen, schlägt es d'runten im Dorfe langsam und feierlich eilf. Ein zartes Frauenzimmer schleicht vor Frost und Grausen zitternd eine urkundlich seit zwanzig Jahren, d. h.

seit dem Tode des Besitzers dieses Schloßes, nicht betretene Treppe hinab; dieser starb nämlich in Folge eines Bein=bruchs, den er sich durch einen Fall auf besagter enger Wen=

deltreppe zuzog. Das zitternde Frauenzimmer meint leises Ge i=
sterweben um sich her zu spüren, wie sie im Vorwärtsschrei=
ten mit Gesicht und Händen zwanzig Jahr alte Spinnwe=
benmassen durchschneiden muß. Endlich hat sie d'runten die
Thüre erreicht, diese widersteht einen Augenblick ihrer schwa=
chen Kraft, und stürzt endlich mit lautem Gepolter zu Bo=
den. Die Thüre war nur angelehnt, denn Angeln und
Schloß sind, wie so manches andere Eisenwerk in diesem
entlegenen Theile des Schloßes, von treuen Dienern des Pim=
pelsheimischen Hauses längst verkauft, um sich für den noch
länger rückständigen Lohn zu entschädigen. Wie ein gescheuch=
tes Reh flieht jetzt die erschreckte Flüchtlingin den dunkeln
Ulmengang hinab, ein Mann kommt rasch aus einem Sei=
tengange nicht weit von ihr, sie will rufen, besinnt sich, und
schon sind seine Schritte verhallt. Sie meint in der Ferne
eine weibliche Stimme schreien und einen Wagen davon fahren
zu hören, schon will sie wieder umkehren, aber nein, sie geht
bis an's Parkthor, und richtig ihr Wagen hält noch dort,
des Lords Bedienter hebt so eben ein Frauenzimmer hinein,
das muß Babette sein. Der Bediente fragt leise: die auch? —
die weibliche Stimme antwortet leise: Nur rasch! — unsere
interessante Nachtwandlerin fühlt sich gleichfalls gepackt und
in den Wagen gehoben und fort geht's so rasch wie nur vier
gute Engländer laufen können.

Wenn wir uns die Resultate der dunklen Ereignisse
dieser stürmischen Nacht bei Licht besehen, so finden wir am
anderen Morgen in einem Wirthshause fünf Stunden südlich
von Pimpelsheim, Junior und Babette höchst vergnügt beim
Caffee sitzend, und in einem zweiten Wirthshause fünf Stun=
den nördlich von Pimpelsheim, sitzen der Lord und die alte
Gräfin gleichfalls nur durch eine Caffee=Kanne getrennt sich
auch gegenüber, aber sie machen höchst langweilige abgespannte
Gesichter und auf dem Sopha daneben liegt Gräfin Vik=
torine in Thränen gebadet. Die Sache verhält sich aber
ganz einfach so. Das Resultat des langen tête à tête Ju=
niors mit Viktorine war nämlich gewesen, daß Ersterer
versprochen hatte, wenn die schöne Gräfin wirklich so schreck=
lich in ihn verliebt wäre, so wolle er sie entführen. Um
aber bei der Sache doch den Anstand zu konserviren, so solle
die Gräfin sich ihrer Mutter entdecken, damit diese (als ob
sie die ganze Geschichte errathen hätte) zuerst in den Wagen
hineinsitzen und dann endlich bei Tagesanbruch mit lautem
Eclat sich zu erkennen geben könne. Durch die Dienerschaft
würde dann schon das Gerücht unter die Leute kommen, als
ob Viktorine die Gestalt im Wagen für Babet gehalten
hätte u. s. w. Durch diesen höchst schlau ersonnenen Plan,
hatte die Alte gemeint, würde man am schnellsten und sicher=
sten an das von allen Betheiligten erwünschte Ziel kommen,

nämlich dem alten Lord den Besitz Viktorinens unmöglich,
eine schnelle Heirath nothwendig, und das übrige würde sich
von selbst machen. Gut. —

Nun waren aber leider wegen der schnellen Abreise des
Lords, zwei statt eines Wagens am Parkthore gewesen und
Junior hatte aus Versehen die nach neugieriger Kammer=
mädchenweise gleichfalls dort herumschleichende Babet er=
wischt, und als er seines Irrthumes inne geworden, da hatte
er nicht erst lange auf die junge Gräfin gewartet, sondern
den Kutscher tüchtig zufahren lassen; denn wenn er sich die
Sache reiflich bedachte, so war sie ihm gerad so recht. An=
dererseits hatte der Lord die bei so viel Fett höchst auffallende
Bosheit gehabt, sich ganz ruhig zu verhalten, wie er die
beiden Damen einsteigen sah, und als der Tag anbrach, da
schauten er und die nebensitzende alte Gräfin sich so an —

Wie sah es aber am Mittage nach der Flucht mit un=
sern beiden Paaren aus? — So, daß unsere Geschichte ein
baldiges Ende nehmen muß. Der Lord und die Gräfin
hatten sich nämlich klug in des Schicksals Willen gefunden,
saßen jetzt höchst vergnügt wieder im Schlosse beim Verlo=
bungsschmauße, und seine Lordschaft versicherte einmal über das
andere, das sei das Erste, welches ihm in seinem Leben recht
von Herzensgrund amüsire, daß Gräfin Viktorine ihn
jetzt doch heirathen müsse, und die Gräfinen waren mit dieser
Wendung der Sache sehr zufrieden, weil sie jetzt erfahren
hatten, Junior wäre zwar ein jüngerer Sohn, aber nicht
aus einer altenglischen Adelsfamilie, sondern aus der viel
älteren und größeren derer von Habenichts in der Linie

Melchior. Bald darauf wurde die Hochzeit mit großem Gepränge gefeiert, und als man in der Umgegend genug geredet hatte von dem ungeheueren Nadelgelde der Ladi Nothingnir, reiste der Lord nach Karlsbad und Myladi nach Baden-Baden; sie sollen eine sehr glückliche Ehe geführt und sich vor dem Tode des Lords einmal in Paris, einmal in Petersburg, und einmal in Neapel, das letztemal sogar auf eine ganze Stunde wieder gesehen haben.

Junior und Babet hatten sich dagegen bald ihre Liebe erklärt und durch tausend Küsse bewiesen. Dann schickten sie der Gräfin mit Dank und Gruß ihren Wagen wieder zurück, und bestellten sich in dem Wirthshause einen Verlobungsschmaus so gut ihn der Wirth in der Geschwindigkeit herbeischaffen konnte. Als sie den vierten Gang, einen vortrefflichen Lammrostbraten verzehrt hatten und auf den Reißpudding warteten, sagte endlich die verständige Babet: Aber wenn du ein so vornehmer und reicher Herr bist, kannst du und willst du mich auch heirathen? —

Hah Narr! lachte Junior, das war nur ein Gespaß mit der Lordschaft, ich bin nichts und habe nichts und will dich dennoch nächsten Sonntag heirathen.

Jetzt schmeckt mir kein Bissen mehr, stöhnte Babet und legte erbleichend Messer und Gabel nieder. Du leichtsinniger Bursche du! Was ist denn aber in der großen eisernen Kiste hinter dir? —

Ist das dumme Ding, brummte Junior, mir auch hierher nachspazirt! In dem Kasten ist viel Geld, aber ich kann nicht dazu.

Wenn wir kein Geld und kein Amt haben, rief Babet, so können wir uns auch nicht heirathen. O! ich unglückliches Mädchen, meinen guten Dienst habe ich aufgegeben und einen Mann krieg ich nun doch nicht! dabei liefen ihr die hellen Thränen die Backen herunter.

Das ist langweilig, fing auch Junior an zu weinen, daß man nicht heirathen kann, wenn man kein Geld hat; jetzt habe ich endlich gelernt, was es heißt, sich langweilen. Aber ach was! setzte er plötzlich sich fassend hinzu, und umarmte seine Braut, wenn wir auch kein Geld haben, ich verstehe mich ja auf's Haarfrisiren und du erst recht, da heirathe ich dich doch und wir werden zusammen ein Perückenmacher.

Auf einmal knallte es hinter ihnen wie ein Pistolenschuß, daß sie erschrocken von einander fuhren. O! Freude,

der Kasten war aufgesprungen, Melchior hatte den ersten gescheiten Streich in einem Leben gemacht und kann Schreiber dieses am besten dem günstigen Leser sagen, daß der Melchior der glücklichste Gatte und der fröhlichste Perückenmacher unter der Sonne ist, denn ich bin selbst der Melchior Junior und habe meine Lebens- und Liebesgeschichte zur Aufmunterung für alle die verfaßt, welche, wenn sie noch so viel sind und verstehen, doch nicht meinen, heirathen zu können, wenn sie kein Geld und kein Amt haben. Auch in unsern aufgeklärten Zeiten hat jeder solch eine spuckhafte Geldkiste, die sich ihm öffnet, wenn er durch die That zeigt, daß er ein rechter Kerl ist. Dieses ist die Moral von der Sache. — Mit

freundlichem Gruße und mit dem Wunsche, daß der Leser recht bald, je nachdem er alt oder jung ist, entweder wie der Lord sich amüsire oder wie der Melchior sich ennüyire, schließt hiermit die schöne Geschichte von dem Manne, der die Langeweile kennen lernen wollte.

———

Podagraisten-Diner.

Die Auskehr.

Der kurzsichtige Schütz.

„Geh weg Kleiner davorn, s'könnt dich sonst am
Ende Einer 'naufschießen!"

Ob der Fuchs lateinisch versteht?

„Vulpis ad est!"

Heimliche Liebe.

Herr Damon und Frau Galathee,
Die saßen auf dem Kanapee.
Was machten auf dem Kanapee
Herr Damon und Frau Galathee?

Er seufzt, Sie auch, in herbem Leid!
Im tiefen Schmerz, sie seufzen Beid'!
Sie fühlten nie noch solches Weh,
Wie jetzo auf dem Kanapee!

So seufzten auf dem Kanapee
Herr Damon und Frau Galathee,
Wie sie noch nie geseufzet je
Mitsammen auf dem Kanapee!

Sie liebt mich nicht! denkt Er bei sich —
Und Sie: Er haßt mich sicherlich!
Drob seufzten auf dem Kanapee
Herr Damon und Frau Galathee!

Sie denkt: sein Herz ist kalt, wie Schnee —
Und Er: ein Stein ist Galathee!
Und Beide denken: Ich vergeh'
Vor Schmerz noch auf dem Kanapee!

So saßen auf dem Kanapee
Und aßen Butterbrod zum Thee,
Und starben dann vor Liebesweh,
Herr Damon und Frau Galathee!

Joh. Bapt. Vogl.

Alle neune!

Schluß des ersten Bandes.

München, Verlag von Braun & Schneider. — Papier und Druck von Fr. Pustet in Regensburg.